中華民國經濟發展策略叢書・李國鼎主編

光復前後的臺灣經濟

袁穎生・著

序

　　自十九世紀以來，我國有識之士懍於國勢的積弱和人民生活的困苦，莫不對國家現代化寄以無比的期望，並亟思有所盡力；而國家現代化的最重要條件之一，便是經濟的開發。

　　國父　孫中山先生的三民主義，爲建設新中國揭示了一條正確的道路；其中的民生主義，則爲經濟建設提供了指導原則。但非常不幸的，自辛亥革命、肇建共和以後，中華民國歷經軍閥割據、對日戰爭，使國家長期陷於動盪不安之中。其間雖經種種努力，艱苦建設，終爲環境所限，不能有效開發，使經濟迅速成長；反而因戰亂緣故，陷國家經濟狀況於日趨惡劣之境。

　　民國三十八年（西元1949年）中央政府遷臺後，痛定思痛，毅然決定於面臨中共軍事威脅之際，同時進行加速經濟發展的國策，確認"三分軍事、七分政治"的原則，從政治、經濟、文化各方面埋頭建設，使臺灣成爲三民主義的示範地區；以宏揚三民主義優越性，達到號召大陸同胞共起建國的無形力量。

　　自民國四十年代至六十年代的二十餘年中，中華民國在臺灣地區的經濟發展，已被國際間公認爲是第二次世界大戰以來最成功的範例之一。這一＂經濟奇蹟＂的創造，實至爲可貴。回憶臺灣光復初期，物資極端缺乏，通貨膨脹惡化，由於政府一連串的改革措施，包括與通貨膨脹的搏鬥，土地的改革，鼓勵民營事業發展，按照進口替代工業、加工出口工業、中間原料工業、基本工業、技術密集工業的政策順序發展工業，投資環境的改善與鼓勵，外匯和賦稅制度的興革等等，乃得扭轉局面，使經濟自動邊趨於穩定，在穩定中得到發展；使社會自貧乏轉爲豐足，在豐足中厚植力量。不過，在這一段努力的過程中，並不是一帆風順，中間曾經遭遇數不淸的誤解和責難。因此，我們覺得有必要把這一段艱辛歲月中的奮鬥過程，加以整理記錄，不應讓其隨著歲月的消逝而被世人遺忘。

　　我們中華民族具有悠久的歷史文化，有其極爲優越的傳統；但傳統有時也會成爲束縛進步的力量。當我們檢討過去二十多年臺灣經濟發展史時，會發現自觀念、制度、方法處處都受到傳統的約束，而利弊互見。在決定經濟發展策略時，最大的困難並不在於新知的吸收、技術的學習、資金的引進；而在於觀念的溝通。在進行經建計畫時，用於溝通觀念的時間恆較用於執行計畫的時間爲長。在這樣一個社會中，從事經濟建設，需要更多的勇氣、決心和魄力，而這種精神條件實在並不易得。

　　臺灣二十多年的經濟發展，在我國經濟發展過程中，另一值得重視之處，便是在這一段時間中，我國從以農業爲主的社會轉變爲以工業爲主的社會，這實在是一個極爲重要的轉捩點或里程碑。由於這一轉變，不但使固有的社會經濟結構脫胎換骨，而且也對社會的其他層面，如生活規範、價值標準、道德觀念等等，產生巨大的衝擊作用，有待我們去調整它、引導它，俾使中華文化蘊孕新的內涵。

　　國鼎有幸曾經廣泛的參與這一階段的經濟建設，爰發起編纂"中華民國經濟發展策略叢書"，對這一期間臺灣經濟發生重大影響的若干策略，作有系統的追記和評述。這部叢書的執筆者，大部分都是當年實際參與建設工作的人士，他們以可靠的資料加上親身的體驗，追述當年釐訂政策和檢討問題的經過，也是本叢書的一大特色。希望這部叢書的編印，能夠產生"前事不忘、後事之師"的教訓，為國家今後更大的進步，提供參考和激勵的作用；同時也可供其他開發中國家，作為經濟建設的借鏡。從而因經濟狀況的改進，使更多的人能夠改善他們的生活條件，共享時代進步的福祉！

　　最後要向資助本計畫的"中國技術服務社工程教育基金"和承擔出版發行工作的"聯經出版事業公司"致最大的謝忱！

李 國 鼎

目　次

統計表目錄

緒　論

——臺灣經濟新貌與研究宗旨及架構

一、臺灣經濟新貌與國際定位

　　我國臺灣地區的經濟，在民國六十年代完成"十大建設"所增強與擴大的基礎上，進入民國七十年代以來，亦仍能維持著先前的強勁衝力，因勢利導，繼續穩定的迅速發展，乃已建立一個富裕繁榮的現代化社會，對於一般大衆而言，不論來臺先後或出生於本地，皆能享有不虞匱乏的自由生活，並能在海闊天空的世界各地任興遨遊，實爲中華民族立國於東亞五千年來未有的盛世。

　　臺灣的土地面積不及三萬六千平方公里，並無豐富及重要的天然資源，但是，長時期以來，人口大量的增加，已久爲世界人口密度次高的地區，迄民國八十二年底，已近二千一百萬人，足爲地狹人稠的典型。然而，儘管臺灣的基本經濟條件並不深厚優渥，惟在經歷四十多年來全民齊一心志的奮力建設發展後，經濟上的成就則足稱至爲優異，此由後擧的若干整體經濟數據看來，可概見其一般情形，也正是臺灣經濟的新貌。

——民國八十二年的國民生產毛額（GNP），按當年價格計算，已達新臺幣五兆九千七百零五億元，折合二千二百六十二億美元，在全世界一百七十多個國家中，排名第二十位以內；以國內生產毛額（GDP）各大類行業產值表示的經濟結構，農業占3.66％，工業占39.00％，服務業占57.34％，已臻先進工業國家水準；平均每人國民生產毛額相當於一萬零八百五十二美元，世界排名第二十五位以內。

——同年的通關對外貿易總值，已達一千六百二十一億五千三百萬美元，其中，出口值爲八百五十億九千一百萬美元，進口值爲七百七十億六千一百萬美元，在全球的對外貿易中，分別排名第十二位及第十五位，乃爲第十三位貿易大國；且由民國六十五年起，已持續出超十八年，就民國七十三年至八十二年之最近十年言，每年出超金額均超過八十億美元，七十六年曾接近一百八十七億美元，十年累計達一千二百一十八億美元。

——我國保有的國際流動性資產：以外匯言，民國八十二年底爲八百三十五億七千三百萬美元，在全世界僅低於日本（而在其上年的九月底，更曾達八百九十五億三百萬美元，且在此前後的一年均爲世界第一位）；另有黃金一千三百五十五萬八千盎司，世界排名第十二位，價值五十七億二千五百萬美元；兩項合計爲八百九十二億九千八百萬美元。

——根據國際收支資本帳顯示：我國自民國七十三年起出現直接投資與其他長期資本淨流出，至八十二年已持續十年，各年的淨流出金額，自初期的七億多美元至七十八年達七十四億多美元不等，十年累計已有三百三十九億一千四百萬美元之鉅；而自七十七年起並見短期資本淨流出現象，至八十二年亦已持續六年，各年的淨流出金額則自八億餘美元至趨近四十九億美元不等，六年累計有一百五十二億一千八百萬美元；此等長、短期資本之淨流出，已有四百九十一億三千二百萬美元，我國逐爲重要的資本輸出國及債權國。

　　──民國八十二年底，全體金融機構所收存的企業及個人存款總餘額爲新臺幣九兆七千三百二十二億元，另有信託資金三千七百六十六億元，人壽保險準備七千七百六十四億元，政府存款亦有七千四百五十三億多萬元，合計之，乃達十一兆六千三百零六億餘萬元，以同年底的銀行間即期交易收盤匯率換算，相當於四千三百六十八億美元。

　　我國在民國六十年秋退出聯合國後，國際地位及外交上的處境俱遭遇重大困難，但是，由於我國已有上述輝煌的經濟金融成就與實力，乃吸引著全球的高度注意，並獲得肯定。

　　有二十四個會員國的經濟合作發展組織（OECD），素以“富人俱樂部”著稱，同時也是國際經濟強權，雖然我國並非該組織的成員，但是，近五年來，該組織所舉辦的諸多經貿研討會，每多邀請我國參加，足可顯示其對我國的重視。而曾擔任該組織秘書長職務長達十五年的范林立普（J.E. Van Lennep），在卸職後，曾於民國八十一年四月下旬來華訪問，更對我國新聞界明白的表示：臺灣強大的金融與經貿實力，將使臺灣成爲 OECD 各項重要金融會議的重要參與國。事實是以我國與該組織的各國比較，根據1990年的資料，我國的國民生產毛額已高於奧地利、丹麥、芬蘭、希臘、冰島、愛爾蘭、盧森堡、紐西蘭、挪威、葡萄牙及土耳其等十一國，平均每人國民生產毛額亦多於希臘、葡萄牙及土耳其等三國；而我國的資本輸出及爲新興債權國,更非該組織的許多國家所能企及。

十年前,並無任何一位專研的學者或觀察家、乃至美國的中央情報局,敢於預言共產世界將在數年間崩潰,但是,曾幾何時,倏忽間柏林圍牆拆毀了,東歐集團及前蘇聯亦相繼解體。此等國家皆與我國有長時期的阻隔,然而仍都久對我國的經濟發展與實力密切注意及心儀,遂在其國家體制與政策改變後,紛派官員來我國訪問、甚至於希望我國提供援助,我國亦對若干國家伸出了援手。

而在近二年多期間,更有曾在國際間叱咤風雲,對世界局勢具有決定性影響力的三位國際間領導級政要,在卸職後來訪,俱對我國有高度的稱許。其一是美國前總統布希,指稱"歷史終將記下,此地的變革,對人類在和平及繁榮的恆久追尋上之重要性,臺灣經濟改革將為亞太國家依循的道路"。其二是英國前首相柴契爾夫人,認為"臺灣的成就是非凡的,憑著努力工作、源源不絕的企業活力及健全的經濟政策,已成就了世界級經濟"。"很高興'柴契爾主義'在臺灣發揚光大。將向倫敦表達對臺灣衷心的支持"。其三是前蘇聯總統戈巴契夫,肯定"臺灣的角色及貢獻已很明顯。臺灣的進步,將對大陸產生重大影響。臺灣的成就及經驗,是世界的財產"。

民國八十年起,政府更以極大的魄力,堅毅的將我國推向工業化國家行列邁進,同時,正積極推動建立臺灣為亞太地區多方面的營運中心,尚待國人齊一心志的共同努力。

二、研究宗旨及架構

西諺云:羅馬不是一日造成的;則我國今日居住在臺灣地區的一

般人民，能享有相當富裕的生活，亦自非倖致。近二十年來，我國的
"經濟奇蹟"或"臺灣經驗"，固屬光彩奪目，吸引世界上許多國家
注意；但是，再溯顧四十多年前的情景，臺灣在光復時及其初期、即
民國三十年代的後半期，原是處境極爲艱困，且曾岌岌可危；然而，
隨後至民國四十年代，即告渡過危機，已獲致相當的穩定，並不斷的
發展，其間所經歷的過程，允應嚴肅的予以省察。

第二次世界大戰在日本宣布投降後結束，於是民主國家與法西斯
陣營的存亡搏鬥，至此劃下了終止符。但是，由於踵接著更有自由世
界與共產體制國家尖銳的對抗，繼且形成東西方冷戰，以是許多先前
受到戰爭嚴重摧毀的先進國家，在廢墟上重建，包括戰敗的西德、義
大利及日本，都在獲得美國的強力援助後，經濟迅速的恢復，甚至於
比較戰前更有過之，乃繼續爲先進國家。惟在另一方面，不僅有更多
同遭第二次世界大戰激烈戰火破壞的國家，並有衆多新興崛起的國
家，儘管其資源等基本條件及既有的建設，都遠優於我國臺灣地區，
亦在戰後積極的發展經濟，卻多是遲滯不前，進展緩慢，且不乏仍在
貧困中掙扎以求生存者，其在經過將近半個世紀後，能與我國臺灣經
濟並駕齊驅者，屈指可數，寥寥無幾。所以，我國與新加坡、香港、
南韓之俱在經濟發展中脫穎而出，併稱"亞洲四小龍"、"亞洲四
虎"或新興工業國家，都倍受國際間的讚譽，常被引爲範例。

然而，再檢視近十年來臺灣的社會現象，在經濟奇蹟中，同時可
看到：奢靡浮華，驕縱橫暴，擾攘蜂擁，紛爭頻仍，甚至於頹廢怠
惰，毒品氾濫，以致於秩序蕩然，法紀隳墜。而先前締造奇蹟的基本
精神，樸實刻苦，勤儉奮發，幾乎已不絕如縷。故不僅長期居住在
臺、曾經奮力奉獻的有識之士痛心不已，深以爲憂；三年前，有一位

自大陸初次來臺的訪客，即曾表示：粗粗所感，許多臺灣朋友在富足之後，似乎已淡忘了當年是怎樣從貧困、圍困中掙扎過來的苦難歷程。此君之言，確實是語意深長。

　　事實是現在的中、青年人，對臺灣在四十多前的艱險，也是大多所知有限，或全無了解，更且有附和惡意的曲解者；而另外又有人認為臺灣能有今日的成就，仍係日本人占據時期所奠下的基礎，乃不知臺灣經濟早已脫胎換骨。為此，基於知識分子的良心，茲特以就事論事的態度，將臺灣在光復前後大約三十年間的經濟演進過程及變革，盡可能尋取具體的數據，予以有系統而較為翔實的回顧與檢討。

　　長時期以來，析論臺灣經濟發展的著述，固屬甚多，惟祇對此一發生劇烈起伏動盪期間所為的探析，似尚未見。而在許多的析述中，復多以文字的描述為主，如稱：光復以前戰時的工業生產已甚為興盛，戰爭末期整體經濟受到戰火嚴重的破壞，光復後至民國四十一年的生產已恢復日據時期最高水準；至於其具體情形如何，則著墨不多。以是，茲即以可得的數據及相關資料予以印證，藉數據所隱藏或代表的意義，以增進對實際狀況的了解。

　　基於上述宗旨，本稿除首尾之〈緒論〉及〈結語〉外，係分四篇，計有十七章：第一篇〈臺灣光復前的經濟〉，為關於早期經濟背景的敘述，側重在日據後期的經濟變動，計有三章，分別是第一章〈日據時期臺灣經濟的演進〉，第二章〈日據時期的生產、交通與貿易概述〉，第三章〈日本侵略戰爭對臺灣經濟的影響〉；第二篇〈光復臺灣的決策與方案〉，係政府訂定光復決策的過程、方案及所採措施概要，僅有兩章，一為第四章〈光復臺灣的宣示與策劃〉，一為第五章〈臺灣的接收與公私產業處理〉；第三篇〈光復初期的臺灣經濟〉，爲對光復初期國家情勢與臺灣經濟情況演變的分析，遂有五章，依序爲第六章〈大陸局勢變化概要及對臺灣的影響〉，第七章〈農、工業生產與交通的恢復〉，第八章〈出、進口貿易的嬗變〉，第九章〈財政的整頓與重建〉，第十章〈金融、物價的劇烈動盪與轉機〉；餘爲第四篇〈臺灣經濟的奠基發展〉，係臺灣經濟起步進入發展初期的經過情形，計有七章，分別是第十一章〈轉化危機與邁向發展的關鍵因素〉，第十二章〈迅速完成土地改革〉，第十三章〈匯率的演變與向合理化調整〉，第十四章〈推行有計畫的經濟建設〉，第十五章〈重要政策措施〉，第十六章〈生產、交通與貿易邁向嶄新的發展〉，第十七章〈財政、金融、物價穩定的運行〉。在此架構下，本稿對臺灣在光復前後三十年間經濟演進變化的溯顧與省察，儘管仍非充分，惟就增進有系統的具體了解言，或不無裨助，其中，並有若干鮮爲世人所知及留意的釋述；同時，也是在當前的變局下，一種飲水思源的認知與呼喚。

第一篇
臺灣光復前的經濟

　　本稿的主要宗旨，係在溯顧與省察臺灣光復後的經濟演進，但因臺灣前曾爲日本割據長達五十一年之久，正是爲此，方有光復，從而日據時期的經濟，不僅與光復後有密切關係，並對光復後有重大影響，自應亦有所了解，爰以本篇的三章篇幅，將日本占臺的基本政策、經濟演進、農工業生產、交通運輸及對外貿易等情況，尤其側重於日據後期的盛衰變化，予以概要的析述。

第一章　日據時期臺灣經濟的演進

第一節　日本對臺灣的覬覦及占臺政策

　　考諸史乘(1)，日本人係於我國宋眞宗大中年間（西元十一世紀初）發現臺灣，其後曾有相當長的時期幾無往來；迨至明憲宗成化年間（十五世紀後半期）以後，因其國內不靖，乃開始對臺灣進行"亦商亦盜"的侵掠，且寇及我國東南沿海；續至明神宗萬曆二十一年（1592）十一月，遂"謀奪臺灣"。故日本覬覦臺灣，原有長久的歷史。嗣至淸光緒二十年（民國前十八年，1894），中、日兩國發生"甲午戰爭"，我國戰敗，其翌年，由於〈馬關條約〉的訂立，日本終於獲償夙願，將臺灣割據，歷時五十一年之久。

　　十九世紀之末，帝國主義仍盛行於世，列強均在爭相擴張殖民地。在此背景下，後起的日本旣占臺灣，遂以臺灣爲其殖民地，且爲

(1)《臺灣通史》，連橫著，臺灣文獻叢刊第一二八種，臺灣銀行經濟研究室編印，民國五十一年二月。

其第一個殖民地，較其占據朝鮮為第二個殖民地早十五年。其時，列強的殖民地具有三大基本任務，也是殖民地的共同特徵：第一是提供原料給宗主國，第二是為宗主國銷售資本主義生產的工業產品，第三是容納宗主國過剩的人口與資本。日本之對臺灣，自不例外，乃在占據臺灣後，雖曾喊出“一視同仁”、“日臺如一”等響亮動人的口號，以安撫臺灣的民心，但其一切設施的前提，則是以日本的利益為依歸，此即其占臺的基本政策。

日本原為一個土地面積不廣、人口眾多、而天然資源並不豐厚的島國；明治登基（1868）後，方奮發圖強，世稱“明治維新”，遂以不過二十多年的時間，即將其國內建設一新，各方面都有重大進步，乃躋身列強行列。但是，就經濟而言，據日本學者矢內原忠雄指稱：儘管在甲午戰爭前，“日本已經整飭（建立）資本主義經濟的機構，逐漸形成發展的陣容”，實際上，尚不過甫告完成以紡織業為中心的產業革命，“當時日本的經濟實力，還未達到獨占資本主義的高度發展階段（這是被認為帝國主義的特徵）。”[2]據此，可顯見其時日本的資本尚非雄厚扎實，猶處於資本主義發展的初期。然而，由於將資本主義亦推行於臺灣，不僅可促進臺灣的開發，俾將臺灣迅速納入與日本仍在演進中的相同體制內，同時，亦有裨助於日本的資本主義化，所以，日本占據臺灣後的諸多設施，胥以發展經濟為主，各種政策皆係圍繞著經濟的要求進行，而在臺灣實施資本主義生產制度，即為其對臺之經濟政策。

---

(2)《日本帝國主義下之臺灣》，矢內原忠雄著，周憲文譯，臺灣研究叢刊第三十九種，臺灣銀行經濟研究室編印，民國四十五年六月。

　　惟再觀諸日本隨後特別創設“株式會社臺灣銀行”所揭示的宗旨，略稱：成立“臺灣銀行爲臺灣的金融機關，目的在對商工業及公共事業融通資金，開發臺灣的富源，以謀經濟的發達，並進而擴展營業範圍至華南及南洋群島，對其商業貿易機關調劑金融”。[3]此即表示，日本並將以臺灣作爲其未來向我國南方及南洋擴張的基地。關於此點，在其時的日人松島剛、佐藤宏所合編之《臺灣事情》中，更有明顯的釋述：“現在臺灣落入日本人手中，正予大日本以擴展的機會。……南望，菲律賓已近在咫尺，而南洋群島有如卵石之相連，香港、安南、新加坡亦不遠，皆將爲邦人可以振翅雄飛之地。”[4]此語，一方面顯示出日人沈醉於勝利的狂妄自大，再一方面亦將日本打算以臺灣爲其西進、南進侵略基地之野心暴露無遺。

　　然而，臺灣在清咸豐八年（1858）開港後，隨即有諸多其他外國的經濟金融勢力進入，此等情況，在日本占據臺灣後，自都與日本的利益不符，遂在政策上亟欲予以扭轉及驅除，以將臺灣緊密的依存於日本。

　　對應於資本主義化的實施，由於教育關係經濟開發至大，教育普及後，知識的增進，可提高生產力，以是日本在占臺後，對發展教育亦有相當的重視。然而，再觀諸其在教育方面的設施，則是著重在中等學校以下，主要是基礎教育之建立，至於較高級的學校，即以教育

⑶《臺灣銀行四十年誌》，名倉喜作編纂，舊臺灣銀行編印，民國二十八年（昭和十四年）八月。

⑷《日本帝國主義下之臺灣》，矢內原忠雄著，周憲文譯，臺灣研究叢刊第三十九種，臺灣銀行經濟研究室編印，民國四十五年六月。

日本學生爲主，勿寧是爲日本人子弟所設置。舉臺北帝國大學爲例
⑸，僅其醫學部（即醫學院）有臺灣學生較多，可與日本學生人數相
近，在其餘的文學、理學、農學及工學等四部中，歷年底的臺灣學生
人數，以民國二十五年底最多，合計也不過二十六人，日本學生則有
一百二十八人，而在民國三十一年底爲此四部之學生總人數最多時
期，計有三百二十七人，臺灣學生竟少至僅有五人，祇占1.5%。此
種現象，可充分顯示日本對臺灣較高級人才的培育，係採取壓抑政
策。

　　另外，尚有應予特別指出的是，臺灣在日據時期，日本所推行的
各種政策，據光復後原來任職於前臺灣總督府的日人鹽見俊二稱：
“如果忽視了當時的警察，就不足以語臺灣經濟的發展。臺灣經濟政
策的收效，一半是得力於警察。”“前二十五年間，警察機關是經濟
政策的直接實踐者（意即執行者）；後二十五年間，警察機關是經濟
政策的間接支持者、推進者。”⑹自然此種情形祇有帝國主義對待殖
民地方克實現，但是，此一重要的政策性因素，實應併加重視。

　　原來臺灣在光緒十一年（1885）建省後，首任巡撫劉銘傳，已訂
立計畫，積極開展當時的現代化經濟建設，包括整理田賦，清丈土
地，振興農業，增設郵電，購置輪船，興築鐵路，冀以“一隅之設
施，爲全國之範”，亦獲致相當的成就。日據末期任敎於臺北帝國大

⑸《臺灣省五十一年來統計提要》，臺灣省行政長官公署統計室編印，民
　國三十五年十二月。

⑹〈日治時代臺灣之警察與經濟〉，鹽見俊二著，《臺灣銀行季刊》第五
　卷第四期，民國四十年三月。

學之日本學者東嘉生，遂稱劉銘傳爲＂臺灣資本主義開發的先驅者。＂[7]迨至日本將臺灣割據後，遂在此等初奠的基礎上，更加強資本主義的經濟建設，從長時期看來，亦迭見迅速與重大的進展，且在日本發動全面侵華及太平洋戰爭後，頗有突破與改變，然而，最後卻在不數年間，俱隨日本侵略戰爭的慘敗而使臺灣經濟受到嚴重創傷。

第二節　臺灣經濟演進的歷程

　　日本既占臺灣，遂以日本的利益爲前提，對臺灣進行資本主義化的開發。其時，日本的產業資本尚未過剩，而殖民地的任務之一，又爲對宗主國供給原料；再則，臺灣地處亞熱帶，原甚適宜於農業生產，事實是臺灣先前的產業，亦係以農業生產爲主體，至於工業，乃僅有簡單的農產加工業，包括已甚著名聲的糖、茶、樟腦等，生產設備都相當簡陋，其他的工業，或且尚待萌芽，更是有限，此種情形，不僅是在臺灣，即在我國大陸，亦然。另外，益以其時日本的糧食生產猶有不足，所需食糖且大部分仰賴進口。在此情況下，日本占據臺灣後，即採取＂工業日本、農業臺灣＂的產業政策，且維持超過三十五年之久。其間，臺灣原有的工業固屬曾有相當的改進，尤以日人投資開設的新式糖廠最具代表性，且有若干前所未有的輕工業陸續建立，從而產業結構自有所改變，惟在基本上言，臺灣仍以農業生產爲主，日本並未刻意在臺灣發展重要的工業，直迄日本決心發動對我國

---

(7)《臺灣經濟史研究》，東嘉生著，東都書籍株式會社臺北分社印行，民國三十三年（昭和十九年）十一月。

的侵略戰爭後，益以將進行太平洋戰爭，乃在邁向及支援戰爭中，方
有積極的調整。

　　在上述情形下，觀察臺灣在日據時期的經濟演進，大致上可區分
為下述的四個階段：

　　第一個階段係自日本占據臺灣起，至民國前五年（1907）止，為
日本資本主義在臺灣奠立時期，歷時十三年。在此期間，日本占臺當
局的 " 施政 " ，主要在進行將臺灣資本主義化的基礎工程，包括抑平
臺灣對日本占據的反抗，完成對人口、土地、山林的調查，建立對應
於日本的貨幣、金融及度量衡制度等，以切實掌控臺灣的情況，俾利
於日人的投資；同時，將臺灣原與我國大陸密切的經濟依存關係，以
各種手段扭轉為對日本的依存，使臺灣與大陸的聯繫減至最低程度；
此外，至本階段結束時，並將歐美的經濟勢力驅除淨馨(8)，於是臺灣
即為外人不得染指的禁臠。

　　第二個階段逐起自民國前四年（1908），迄民國八年止，為資本
主義的產業勃興時期，計有十二年。本階段的開始時間，距三年多以
前爆發於我國東北的 " 日俄戰爭 " 尚不甚遠，日本竟戰勝同為列強、
且為較先進的俄國，然後，兩國於美國簽訂的〈朴次茅斯和約〉，日
本不僅自俄國亦獲得割地（南庫頁島），並取得俄國原先在我國東北
的諸多權益，自是國威大振，對推展資本主義頗有裨助。而最重要的
是，嗣至民國三年爆發歐戰，旋且擴展為第一次世界大戰，在歷時五
年的戰爭期間，西方列強皆捲入歐洲戰火中，不遑兼顧其在東方的殖

---

(8)〈臺灣之社會經濟〉，潘志奇著，臺灣研究叢刊第五三種《日據時代臺
　　灣經濟之特徵》，臺灣銀行經濟研究室編印，民國四十六年七月。

民地，以致其中且有發生" 商品荒 "者，乃予日本以可乘之機，獲得重大的商業利益，抑有進者，日本且對歐洲戰場供應大量的軍需物資，對日本的工業發展具有強勁推動力量，遂為其資本主義的" 黃金時代 "。在此情形下，臺灣的經濟亦同霑雨露，若干工業皆於此時興起及獲得顯著進展。

　　第三個階段亦歷時十二年，係自民國九年起，至二十年止，為經濟沈鬱滯緩時期。在此期間，可看到下述的各種事故連續發生：首先是歐戰於此前之民國七年間結束後，但是日本與臺灣對應於歐戰之經濟擴張，都遽難立即煞車，故其翌年尚繼續維持相當的榮景；然而在另一方面，歐戰既告結束，不僅對應於戰爭消耗的龐大需求隨告終止；同時，西方列強紛紛重返東方殖民地，以致日本在此等地區的市場受阻與收縮；再加上在民國八年，我國發生風起雲湧的強烈反日及抵制日貨運動；凡此都對日本經濟具有重大的影響，於是至民國九年初，即告爆發日人稱為" 戰後反動 "的經濟恐慌。繼之，民國十二年日本發生" 關東大震災 "，更是傷亡狼藉，損失慘重，且有經濟恐慌發生。續至民國十六年，日本復有" 昭和金融恐慌 "發生，旋即波及整體的經濟。迨至民國十八年，乃更有後世稱為1930年代的世界經濟大恐慌爆發，日本既已為資本主義國家行列的重要成員，遂立即受到衝擊。如是的連串嚴重事故，正是前一波的駭浪侵襲尚在喘息，後一波的狂濤接踵蓋頂，臺灣經濟遂相對於第二階段，常處在沈鬱滯緩的困境中。

　　第四個階段為民國二十一年以後迄三十四年日本戰敗投降，計有十四年，臺灣經濟驟起暴落，乃為日本準備及進行侵略戰爭時期，日本學者東嘉生稱之爲“臺灣經濟的統制時代”(9)。緣日本於上一階段的最後一年秋季發動“九一八事變”，強占我國東北，充分暴露其將鯨吞我國的野心於世，遂自二十一年開始積極備戰，並逐步調整生產結構，增加工業生產，特別是增加對應於軍事需要的工業生產，甚至於改變其在先前占臺後即行訂定的“農業臺灣”政策，而對臺灣進行“工業化”。迨至二十六年秋，日本終於更發動“七七事變”，展開其對我國兇殘的侵略，然後，隨即在臺灣實施廣泛的經濟統制(10)，並訂定若干獎勵生產辦法，續至太平洋侵略戰爭爆發，其對臺灣經濟的統制就益爲增強。以是本階段的重要特徵，即爲生產持續較長時間而迅速的增加，猶超過第二階段，各種重要的生產，都頻創新紀錄。然而，本階段的生產增加，則是幾近全係用於支持日本侵略戰爭的消耗，臺灣人民的生活不但無改善增進之可言，猶且顯有降低。嗣至三十二年同盟國軍隊發動反攻後，臺灣的各方面生產即轉呈減退，至日本投降時，遂大多幾近停頓，而此一時期亦可稱爲日據之後期階段。

臺灣在日據時期的經濟演進歷程，自可採取不同的觀點予以區分(11)，茲係由生產的變動劃分爲上述四個階段，各階段的經濟情勢俱有

---

(9)《臺灣經濟史研究》，東嘉生著，東都書籍株式會社臺北分社印行，民國三十三年（昭和十九年）十一月。

(10)參見後述第三章第一節。

(11)日本學者東嘉生對日據時期臺灣經濟演進之區分，係以截止民國前七年（1905）爲第一期，接後至民國九年爲第二期，繼後至民國二十年爲第三期，其後爲第四期，與本稿之時間區分略有差異，見《臺灣經濟史研究》，東嘉生著，東都書籍株式會社臺北分社印行，民國三十三年（昭和十九年）十一月。

明顯差異，應是尚屬允當，關於其具體的起伏情形，則於下節述之。但是，本稿對於日據時期經濟背景的考察，在第三章以後，將祇側重於後期階段之探述。

第三節 總生產與產業結構變遷

日本係於民國前十七年（1895）占據臺灣，但是，在日人積極的建制、規劃與控管下，祇經過六年後，迨至民國前十年（1902），已迅速建立完成農業、工業、林業、水產業及其他等五種產業的生產統計資料，其中，所謂之"其他"業，經查證實際上為礦業，而此五種產業的產值，也就是日據時期所稱之總生產或生產總值，皆係以當年的臺幣表示，係與日幣等值。據此，概觀日據時期總生產及其結構變動情形，亦可按照上節將經濟的演進分為四個階段，對應於生產資料之所及，茲分述如後。惟尚有應予指述者，此等產值皆未考慮物價的變動，實際上日據期間物價亦曾有重大的起落⑿。

從而在第一階段為資本主義奠立時期的十三年間，因前七年尚無完整的統計，故祇有後六年的資料，上述五種產業的總產值係以民國前八年（1904）最低，僅有五千七百餘萬元，不僅較其前二年俱頗有不及，且為日據時期之最低值，嗣後即逐年增加，至民國前五年

⑿根據前臺灣總督府財務局所編臺北市躉售物價指數顯示，以民國三年七月為基期100的指數，民國八年為222.58，二十年為136.22，可概見其漲跌之一斑。見《臺灣金融年報》（昭和十八年版），民國三十三年出版。

（1907）為本階段結束之年，乃增為九千一百餘萬元。而概觀本階段的產業結構，六年平均，農業產值係占79.46％，工業占15.66％，林業占0.14％，水產業占1.86％，礦業占2.88％；但是，民國前九年（1903）為歷年農業產值所占比重最高之年，曾占達85.97％，相對的是同年之工業產值所占比重為歷年最低時期，僅占10.55％。

　　續至第二階段為產業勃興時期之十二年，總產值的變動情形，在民國前四年（1908）為其開始之年，雖不及八千六百萬元，但在此後，除民國二、三年出現頓挫外，餘年皆為增加，至民國八年已增為接近四億一千二百萬元。而本階段的產業結構演變，以十二年平均言，農業所占比重降為58.94％，工業則劇升占至35.35％，林業及水產業亦有所提高，分占0.84％及2.01％，礦業係占2.86％。

　　接踵至第三階段，在此十二年間，雖然是經濟沈鬱滯緩時期，惟五種產業總產值仍頗有擴張，以民國十一年最低，儘管已連續二年減降，亦有三億六千三百萬元，而至十八年則增至六億一千五百餘萬元，祇是此二者的差幅較前大為收縮。至於本階段的產業結構，亦續有改變，同為十二年平均，農業所占比重更減為50.77％，工業則升占40.70％，林業係占2.52％，水產業係占3.06％，礦業係占2.95％。

　　嗣至第四階段為經濟驟起暴落時期，原有十四年時間，但是最後二年日本侵略戰爭轉為挫敗後，已無完整的統計，故祇能就十二年期間觀察。由於本階段的經濟起伏特別強烈，而在其後，臺灣即告光復，爰將此十二年的變動情形列為表1-1，以窺其詳。據此，逐明顯可見下述兩點情況：其一是總產值在民國二十二年雖曾較其上年減少，但是繼後即連續增加九年之久，為先前所未見的現象，至三十一年遂為本階段、也是日據時期最高之年，乃增達十五億六千七百多萬

表1-1　臺灣於日據後期各種產業之產值變動及結構①②

產值單位：臺幣元

年別 (民國)	總產值	農業	工業	林業	水產業	礦業
21年	545,219,018 (100.00)	278,962,704 (51.16)	227,956,574 (41.81)	10,475,419 (1.92)	13,873,432 (2.55)	13,950,889 (2.56)
22年	504,170,796 (100.00)	237,987,786 (47.20)	224,560,443 (44.54)	10,486,833 (2.08)	15,939,484 (3.16)	15,196,250 (3.02)
23年	575,332,247 (100.00)	292,909,706 (50.91)	234,211,249 (40.71)	12,630,021 (2.20)	16,633,604 (2.89)	18,947,667 (3.29)
24年	709,535,145 (100.00)	361,046,421 (50.88)	293,504,542 (41.37)	12,731,163 (1.79)	19,414,268 (2.74)	22,838,751 (3.22)
25年	766,389,247 (100.00)	388,266,253 (50.66)	312,607,040 (40.79)	15,147,095 (1.98)	21,641,881 (2.82)	28,726,978 (3.75)
26年	841,076,130 (100.00)	402,995,815 (47.91)	363,810,264 (43.26)	16,664,490 (1.98)	21,382,407 (2.54)	36,223,154 (4.31)
27年	945,160,108 (100.00)	460,212,557 (48.69)	394,147,185 (41.70)	17,292,442 (1.83)	23,554,607 (2.49)	49,953,317 (5.29)
28年	1,242,874,724 (100.00)	551,826,343 (44.40)	570,763,328 (45.92)	24,813,699 (2.00)	35,088,930 (2.82)	60,382,424 (4.86)
29年	1,316,206,812 (100.00)	541,446,672 (41.14)	632,195,714 (48.03)	27,694,231 (2.10)	52,258,426 (3.97)	62,611,769 (4.76)
30年	1,393,119,369 (100.00)	573,689,069 (41.18)	659,772,525 (47.36)	40,063,493 (2.87)	54,025,151 (3.88)	65,569,131 (4.71)
31年	1,567,627,114 (100.00)	631,556,566 (40.29)	③(48.94) 767,258,692	55,465,768 (3.54)	51,100,567 (3.26)	62,245,521 (3.97)
32年	1,521,284,452 (100.00)	614,733,566 (40.41)	737,000,000 (48.45)	63,666,105 (4.18)	42,594,111 (2.80)	63,290,670 (4.16)

附註：①民國三十三年及三十四年無完整的統計，從缺。
　　　②括號(　)內數字爲產業結構百分比。
　　　③民國三十二年的工業產值爲估計數。

資料來源：(1)《臺灣經濟年報》(昭和16年版)，臺灣經濟年報刊行會編印，民
　　　　　　國三十年六月。
　　　　　(2)《臺灣省主要經濟統計》，善後救濟總署臺灣分署經濟技正室編
　　　　　　印，民國三十五年九月。

元。其二是農業產值所占的比重繼續趨降，至二十八年開始轉爲低於工業產值，迨至三十一、二年，遂僅稍高於40％，而工業產值所占比重至此已超過48％，顯見日人的“農業臺灣”政策已有重大改變。以是此十二年平均之產業結構，即更轉爲農業係占44.73％，工業占45.42％，林業占2.58％，水產業占3.08％，礦業占4.19％，後三者亦都續有提高。

　　在上述了解下，臺灣歷經日本長達五十一年的占據，經濟規模頗有擴張，產業結構亦顯有重大的改變，固屬事實，但是，由於日本對臺灣的開發與建設，係以配合及支援日本的需要爲前提，胥以日本的利益爲依歸，因之，臺灣一般社會大衆即未能獲享應得的經濟福祉，抑有進者，在日本掀起侵略戰爭後，臺灣人民的生命財產亦受到重大損傷，而最後的結局竟爲一場慘重的劫難。

第二章　日據時期的生產、交通與貿易概述

第一節　農業生產的擴張、降退與土地掠奪

臺灣在日據以前，原為一個農業經濟地區，且已有相當的開發基礎。迨至日本占據後，日本政府採取"農業臺灣"的政策，進一步推行資本主義的開發與生產，由於水利的改善與興修，種子的改良與引進，化學肥料的施用與推廣，農藥對病蟲害的防治，故農業生產雖難免在遇到重大的天然災害時而出現減退，但從長時期看來，仍有長足的進展與改觀。緣日人並未編製生產指數，祇觀乎其未包括林產及漁產的產值成長，在民國前八年（1904）為最低之年，僅有臺幣（亦不考慮物價變動）四千三百多萬元，而民國三十一年為最高之年，計有六億三千一百多萬元，亦可概見其一斑。

在上述的概括了解下，以歷年農業生產總產值最高的民國三十一年為基準，取歷年農產總值中常能占有超過1%比重的十種產品，併其歷年的最高、最低產量及日據結束之年產量列為表2-1，從而即可

概見主要農產品長時期的變化，可獲知三點情況：

表2-1　臺灣於日據時期常列為前十位之農產物及其變動①

名　稱	產量單位	民國三十一年			最高時期		最低時期		民國三十四年
		產　量	產　值（臺幣元）	占農產總值%	年　份	產　量	年　份	產　量	產　量
稻　米　②	公噸	1,171,182	248,077,219	39.11	民國27年	1,402,414	民前12年	307,147	638,828
甘　藷	公噸	1,556,390	39,192,648	6.18	民國26年	1,769,985	民前12年	205,996	1,165,268
甘　蔗	公噸	10,249,650	123,405,780	19.46	民國28年	12,835,395	民前 9年	409,895	4,159,279
落花生③	公噸	12,907	2,929,417	0.46	民國26年	31,704	民前10年	5,501	11,565
茶　葉　②	公噸	11,585	17,359,750	2.74	民國6年	17,165	民國34年	1,430	1,430
菸　葉	公噸	9,810	12,421,248	1.96	民國31年	9,810	民前7年	85	1,747
香　蕉	公噸	196,440	17,265,590	2.72	民國26年	218,589	民前3年	6,322	32,153
鳳　梨　④	個	116,213,149	5,415,636	0.85	民國28年	145,817,906	民國9年	6,084,118	17,521,995
毛　豬	頭	673,220	64,829,057	10.22	民國27年	1,199,017	民國13年	229,508	358,370
雞　　②	隻	4,952,534	13,748,284	2.17	民國27年	7,094,698	民國14年	2,118,360	3,997,525

附註：①蔬菜由於單一項目的產值皆未占至農產總值1%，未列入本表，民國三十一年蔬菜產值合計臺幣35,695,237元，占農產總值5.63%。

②稻米爲糙米，茶葉爲粗製茶，毛豬爲屠宰數，雞爲年底飼養數。

③落花生在民國三十一年嚴重歉收，其產值占農產總值之比重乃低於1%甚遠，但因其常爲排列在前十位以內之農產物，故仍列入本表。

④鳳梨由於民國元年以前的產量係以重量表示，故其最高、最低產量係民國二年以後資料。惟另據《臺灣之鳳梨》中所載資料，民國二十四年以後，另有一種以"斤"計算之產量，經換算爲公制，三十一年的產量爲69,428公噸，最高時期二十八年的產量遂爲139,900公噸，最低時期即爲民國元年，僅有6,258公噸，而三十四年爲25,380公噸。

資料來源：(1)《臺灣省五十一年來統計提要》，臺灣省行政長官公署統計室編印，民國三十五年十二月。

(2)《臺灣之鳳梨》，陳壽民著，臺灣特產叢刊第九種，臺灣銀行經濟研究室出版，民國四十年。

(3)《中華民國臺灣省統計提要》，臺灣省政府主計處編印，民國六十年十月。

　　其一是民國三十一年十種主要農產品的產值,合占農產總值85.87%,雖然歷年的前十項農產品項目未必盡同,且有若干項目的排列順序亦有進退,但是項目更換的現象並不常見,而稻米及甘蔗等二者,長時期皆分居首、次位,其在農產總值中所占的比重,以三十一年言,係合占58.57%,先前最高之年並曾占近三分之二,自為最重要的農業生產。

　　再則是此十種農產物在日據時期最高產量出現的時間,除茶葉係在民國六年較早、菸葉係在三十一年較晚外,餘八種皆在二十六年至二十八年之間,則日本發動全面侵華戰爭的初期,即為農業生產最盛的年代。迨至日本發動太平洋戰爭後,雖然三十一年農產總值為日據時期的最高峰,實際上諸多主要的農產物產量已頗見減少。

　　第三是將此十種農產物歷年的最高、最低產量予以對照,可以看出前者皆大幅的高於後者,並大致上顯示各種農產物產量均有長足的增加;惟至日據時期結束之民國三十四年,則莫不都呈急遽的降退,較其最盛時期產量有懸殊的差距。分析三十四年產量大為減少的原因,主要的可概括為:一是許多青壯年農民為日軍強迫征召服役後,勞動力大減,人心更是浮動;二是化學肥料的生產工廠遭盟軍炸燬,而自日本的輸入,且先在其上年即已斷絕,致化學肥料供應不繼,嚴重短缺;三是水利設施亦因轟炸受到若干破壞,並大量的失修;另外,在三十三、四年間,且連續受到嚴重的風雨災害侵襲。在此多方面因素的交互影響下,三十四年的農業生產遂普遍劇減。

　　惟對上述主要農產物生產的擴張,其中甘蔗及茶葉等兩項,尚有應予特加指述者:緣臺灣在日本占據以前,雖然已以產糖及茶葉馳名於世,但製糖的甘蔗種植粗疏,製糖技術亦甚簡單,茶葉的產製亦然，迨日本既占臺灣，遂積極的加以改良，同時，尚進行包括生產與銷售的資本主義化獨占，而日本的占臺當局，更以各種手段，包括法令與"規定"的頒布，對日人的獨占予以扶植。此對糖業言，如對日人所設新式糖廠發給獎勵金、補助金，並特別無償優先借予"官有地"開墾種植甘蔗，俟墾熟後即贈歸糖廠所有，後更規定"原料採收區"，以確保糖廠的原料供給；從而日本的財閥紛在臺灣開設新式糖廠，乃將臺灣的製糖業予以掌控，並擁有大面積的種蔗土地，此據日本學者矢內原忠雄記稱，至民國十五年底，"各新式製糖會社的支配土地，爲所有地78,601甲，佃權取得地25,237甲，合計103,838甲，爲臺灣耕地面積的八分之一強。……都爲日本資本家所支配。"[1]由此並知，各糖廠且將大量的土地出租予佃農耕種，矢內原乃稱其爲"糖業帝國主義"。至於日本人對臺灣茶葉產製的獨占經營，雖然不及糖業的規模，但早自民國六、七年起，三井合名會社開始以新式製茶工廠爲中心所直營的大茶園，就有2,434甲，臺灣拓殖製茶株式會社亦著手經營同樣的大茶園，也有1,318甲，莫不都甚龐大，而日本占臺當局亦獎勵大茶園制，相當於對糖業改良的獎勵。

在上述情形下，至民國二十八年，日本的十家獨占企業在臺擁有之耕地，即達145,200甲，占其時的耕地總面積17.5%。實際上，日本占臺當局早在民國前二年（1910）開始，藉舉辦山林原野調查等措施，已將提不出所有權確切證明的林野收歸其"國有"，遂爲上稱之

---

(1)《日本帝國主義下之臺灣》，矢內原忠雄著，周憲文譯，臺灣研究叢刊第三九種，臺灣銀行經濟研究室編印，民國四十五年六月。

"官有地"，而藉此手段所掠奪的土地竟達916,775甲之鉅(2)，以進行資本的原始累積，故日人所掌控的土地總面積，最後占逾臺灣土地總面積73%，俟第五章詳予列示。

第二節　工業生產的勃興與重挫

一、綜述

日據時期臺灣所稱的工業，觀諸後列之表2-2，明顯的僅指現稱之製造業而言，惟茲仍沿用其原先的稱謂，繼續稱之，乃與現代通稱的工業係包括礦業、水電燃氣業（又稱電力瓦斯自來水業或公用事業）、房屋建築業（又稱營建業）在內，頗有不同。

緣日本占臺後，係採取"農業臺灣、工業日本"的政策，故在較早時期，日人除為獨占臺灣糖業而開設新式糖廠，乃建立若干對應及配合的工業外，對於其他的工業並未積極創設，所需的工業產品，即以自日輸入為主，此亦符合其殖民地政策。繼後，雖經歐戰引發第一次世界大戰的有利時機推動，工業建設仍屬有限。直迄日本決定侵華及南進，臺灣亦配合備戰，而對應於電力建設的擴張，此即至前述經濟演進於民國二十一年進入第四階段後，日人逐在臺推行"工業化"，迨至日本展開全面侵華戰爭，其占臺當局更且實施兩次"生產力擴充五年計畫"，以是臺灣的工業亦曾見一片興盛氣象，乃呈迅速

---

(2)《日本帝國主義下之臺灣》，矢內原忠雄著，周憲文譯，臺灣研究叢刊第三九種，臺灣銀行經濟研究室編印，民國四十五年六月。

的發展。關於此點，觀乎日據時期工業產值的變動情形，就資料之所及，係以民國前九年（1903）最低，尚不及臺幣九百萬元，至民國三十一年為最高之年，計有七億六千七百餘萬元，較最低之年劇增85.10倍，遠高於前述農業產值之此項增幅為13.54倍，且自二十三年起，逐年都有增加，不復再見先前之連續增加從未超過四年的現象，當可獲致相當具體的了解。

二、生產特性與結構

臺灣在日據時期的工業生產，固屬頗有擴展，而再予以進一步的檢視，將日據後期的工業生產結構列為表2-2，可發現兩大重要的特性：一是恆以食品工業為主體，化學工業次之；一是對應於戰爭需要的工業迅速發展。

原來在前述經濟演進的四個階段中，就第二階段截止於民國八年的十二年間言，臺灣的工業雖已因第一次世界大戰而頗有進展，但是其時的食品工業產值仍常占工業總產值80％以上，最高時期且曾迭見占逾88％，而第一階段所占的比重更高。嗣在繼後至二十年止之第三階段十二年間，工業分類由先前的六大類增改為九大類，食品工業產值所占的比重，除十六、七年較低係占68％左右外，餘年仍都占逾70％以迄76％不等。再至進入表 2-2 所列為第四階段期間，配合日本的擴張侵略政策，臺灣亦處於備戰、乃至支援戰爭狀態，受此影響，食品工業產值所占的比重就續有降低，儘管如此，其在本階段仍都占逾58％至趨近76％不等，依然是最重要的工業。然而，尚有應予指出的是，此種現象卻不表示日本特別重視臺灣的民生，而是基於日本的需要及利益。至於化學工業次之的原因，則係以植物性油及化學肥料的

表2-2　臺灣於日據後期之各種工業產值占總產值比率變動

單位：%

年別 （民國）	總產值		紡織工業	金屬工業	機械及器具工業	窯業	化學工業	製材及木製品工業	印刷及裝訂工業	食品工業	其他工業
	金額 （臺幣元）	百分比									
21年	227,956,574	100.0	1.07	2.58	1.91	3.06	6.92	3.11	1.46	75.71	4.18
22年	224,560,443	100.0	1.24	2.87	2.49	3.44	9.01	3.31	1.59	70.76	5.29
23年	234,211,249	100.0	1.32	3.27	2.48	3.45	10.11	3.13	1.58	69.15	5.51
24年	293,504,542	100.0	1.23	3.01	2.29	3.01	9.26	3.17	1.49	72.45	4.09
25年	312,607,040	100.0	1.41	3.49	2.45	3.04	9.13	3.43	1.57	70.86	4.62
26年	363,810,264	100.0	1.39	3.95	2.36	2.43	9.28	1.52	1.37	71.82	5.88
27年	394,147,185	100.0	1.56	5.30	3.43	2.53	10.06	1.64	1.74	67.43	6.31
28年	570,763,328	100.0	1.59	5.48	4.21	2.58	10.91	1.38	1.41	66.98	5.46
29年	632,195,714	100.0	1.78	5.00	4.24	2.65	11.88	1.43	1.42	65.12	6.48
30年	659,772,525	100.0	1.73	8.96	4.55	2.99	11.56	1.76	1.90	59.88	6.67
31年①	700,072,475	100.0	1.67	6.86	4.63	3.54	12.83	1.96	1.81	58.35	8.35
32年②	743,000,000	100.0	1.22	…	…	3.46	10.24	5.07	1.85	…	…

附註：①表列民國三十一年工業總產值較表2-1所列少67,186,217元，差異頗
　　　大，雖查證多種資料，亦未能核對相符，不得不照原資料列入。
　　　②民國三十二年工業總產值爲估計數，部分工業產值不明。
資料來源：同表1-1。

生產爲主所致。

　　相對於食品工業產值所占的比重明顯下降，在表中可看到金屬工業、機械及器具工業、化學工業之產值比重俱頗有提高，蓋因此三種工業都與現代的戰爭具有密切關係，日人逐積極的發展，民國二十一年尚祇合占工業總產值十分之一強，至三十年、三十一年乃占達四分之一左右，可見其發展的迅速。

　　另外，尚有應附加指出的是，日據時期臺灣的工業，強烈的依附

於農業。關於此點，不僅在食品工業方面有其必然性，乃以製糖業為主，就日據後期言，民國二十一年的砂糖產值占達食品工業產值的83％之高，其後，除二十九年及三十年所占比重較低外，分別不及61％及略高於48％，餘年都占達72％至80％不等，而再加計其副產品糖蜜的產值，所占比重就更高；此外，尚有茶葉及鳳梨罐頭的產值亦較高。更就其他的工業觀察，取三十一年的資料看來：紡織工業係以麻織物及麻線為主，機械及器具工業主要生產製糖及農用器械，分別占各業產值53％及69％；再如化學工業中之植物性油、甘蔗板及肥料產值，亦占逾27％。此等工業產品，或以臺灣的農產物為原料，或係供為農產加工使用，或可增進農業生產，莫不與農業的關係密切，雖經日人積極的推動工業化後，在許多工業中仍未改變其對農業的依存。

三、後期增建的重要工業與主要產品概觀

民國二十一年以後，日本政府既在政策上對臺灣經濟進行調整，日人係稱“經濟再編成”，乃開始推行“工業化”；同時，日月潭發電所適時完成，可提供廉價且充裕的電力，更是有利的配合。在此情形下，日人旋即在臺建立新興的輕金屬煉鋁及合金鐵、化學肥料硫酸錏製造、利用蔗渣造紙、甚至於船舶及汽車整修等工業，皆有厚利。而為繼續促進工業發展，並不斷的擴建電力。

嗣至民國二十六年，日本於秋初掀起全面侵華戰爭後，臺灣總督府遂依據日本的軍事及物資動員要求，翌年在臺實施“生產力擴充五年計畫”，將工業發展的具體目標及內容，予以明確的揭示，以為產業界遵循的方向，自是偏重於軍需工業，從而重工業及基本化學工業

開始建立，漸有下述物資生產：金屬工業方面有鑄鋼、冶鐵、煉製鎳及鎂等，化學工業方面有硫酸、燒碱、尿素石膏、燐酸肥料、人造橡膠、炸藥等，機械及器具工業方面有火車機關車、小型機關車、精密計測器具、工作機械、通信器材等，皆係由日人投資，多為日本國內將予以停休或陳舊的設備，經整修後運臺安裝使用，故所生產的多屬半製品或粗製品，精製則仍在日本，以是在臺灣新設的工業，即為日本工業的附庸，惟較先前係以厚利為重已有轉變。

　　繼之，在日本更掀起南進的太平洋戰爭後，民國三十一年間，臺灣遂踵接實施第二次生產力擴充五年計畫，益為加強對應於軍事需要的生產，且在設備投資方面，雖仍盡量利用日本的休閒設備，但亦有若干新機具，乃能生產部分精製品及完成品，於是陸續增建煉銅、造船、石油煉製、航空汽油、天然瓦斯利用、紙漿、電石及其利用、海水利用等工業。

　　經過上述的擴展，臺灣的工業生產項目遂頗有增多。此據光復後經過整理的日人統計看來，稱為"主要物品"的工業產品雖有161項，但大多甚為零星(3)，實無重要性可言，其中，並有諸多項目僅有金額不多的產值而未列產量，以是茲選取列有產量、且在俟後尚可予

---

(3)根據《臺灣省五十一年來統計提要》中的資料，所列161項稱為"主要物品"之工業產品，如在紡織工業中列有刺繡，在金屬及機械器具工業中列有小刀、剪刀、鍍金，在化學工業中列有煤球、木炭、線香，在食品工業中列有肉皮、燻製肝臟，在其他工業中列有提燈、帚、簑、偶形玩具、牛角製品、蛇皮製品、貝及角細工，凡此，莫不甚為零碎，無何重要性。

以對比的19項，將其在日據後期的生產變動情形列為表2-3，據此亦可獲致後述的若干粗略了解。

　　表2-3所列工業產品項目固屬不多，僅有日人原列項目的18％，但其產值占工業生產總值的比重遠有過之，祇將砂糖、再製茶、鳳梨罐頭、麻袋、紙張等五項予以合計，取民國三十一年看來，係約占52％，明顯可見，此等產品皆具有甚高或較高的重要性，而其在日據時期的最高產量，即大多出現在二十八年至三十二年間，惟至三十四年，遂僅棉布及酒精等兩項的產量，尚約有最高時期產量的半數，至於其餘產品之此項對比，即以酒類、煤油、柴油等三項猶能高於三分

表2-3　臺灣於日據後期之十九項工業主要產品產量變動

名　稱	單位	生產最盛時期		民國34年產量	名稱	單位	生產最盛時期		民國34年產量
		年份	產量				年份	產量	
砂　　糖	公　噸	民國28年	1,418,731	327,200	氰氮化鈣	公　噸	民國30年	12,647	-
再 製 茶	公　噸	28年	13,236	1,287	過磷酸鈣	公　噸	32年	25,449	400
鳳梨罐頭	千　個	27年	59,982	404	燒　　鹼	公　噸	33年	6,949	439
棉　　布	千公尺	29年	1,967	1,016	酒　　精	千公升	32年	71,293	35,650
麻　　袋	千　隻	29年	8,481	1,026	精製樟腦	公　噸	28年	2,692	653
酒　　類	公　石	31年	509,597	191,643	汽　　油	千公升	20年	18,966	2,173
捲　　菸	千　支	32年	3,853,520	860,200	煤　　油	千公升	28年	2,247	803
紙　　張	公　噸	29年	19,861	2,512	柴　　油	千公升	28年	1,215	434
紙　　板	公　噸	30年	17,596	825	水　　泥	公　噸	33年	303,438	78,620
鋁　　錠	公　噸	30年	12,204	592					

資料來源：(1)《臺灣總督府第四十六統計書》，臺灣總督府編印，民國三十三年
　　　　　　　(昭和19年)三月。
　　　　　(2)同表2-1資料來源之(1)。
　　　　　(3)《自由中國之經濟建設》，經濟部編印，民國四十五年十一月。

之一，餘皆祇是略多於、或不及四分之一，甚至於有停產及接近停產者，此亦爲日本侵略戰爭的一部分代價。

四、電力的建設與毀損

由於現代的產業，莫不使用電力，尤以工業爲甚，故電力即爲工業之母。此在日據時期臺灣的電力發展情形言，雖然早在日本占臺後尙不過三年、即在民國前十五年（1897），臺灣總督府所特設的煉製鴉片煙膏工廠已裝設發電機發電，但直迄民國二十二年，已歷時三十七年之久，總裝置容量猶僅48,114瓩，同年的總發電量爲241百萬度，都仍甚爲有限，主要係用於照明，而可售與各種工業的用電契約容量不過10,519瓩，僅占裝置容量21.86％，相對於需要，此前一直是處於供電不足狀態，自爲發展工業的重大限制。

惟至民國二十三年，前於十五年前始建的日月潭第一發電所，在幾經波折後終告完成，其裝置容量達100,000瓩，爲先前的二倍多，於是先前供電不足的問題不僅立告紓解，且有廉價的電力，遂爲裨助工業發展的強大力量，並對日本正在積極準備侵華戰爭所需發展的軍需工業建立，提供適時的配合。其後，電力建設繼續擴增，迨至三十二年，爲歷年總發電量最高時期，乃達1,195百萬度，但總裝置容量係至其翌年到達顚峰，計有321,135瓩，分別較日月潭發電所竣工前增加3.96倍及5.67倍；而三十三年的工業用電契約容量，即告增爲183,554瓩，則較前劇增16.45倍，占總裝置容量的比率提高至57.16％。

然而，繼至民國三十三年十月間同盟國空軍對臺灣進行轟炸後，發電所自爲主要的摧毀目標，此外，同年及其翌年尙有空前的風雨災

害連續發生,以致三十四年的發電量即告急劇減降至祇有357百萬
度,不及其前年高峰的30%,此即主要係爲日本黷武侵略戰爭所犧
牲。

第三節　交通運輸設施的闢建與毀壞

清末,臺灣的交通運輸設施原已在多方面進行闢建中:沈葆楨鎮
臺時,曾興修四條各長二百華里以上的道路,稱爲北路、中路、南
路,後者係分兩條;另並倡議創設電信,雖係延至卸任後方開始架
設,但至日人占臺前,亦已建立相當的基礎。而劉銘傳出任巡撫後,
即更設置郵政,興修鐵路,先後修築完成臺北至基隆間28.6公里,臺
北至新竹間78.1公里,合計已有106.7公里,並在基隆興建碼頭,具
有現代港灣的雛形。

迨至日本強行占臺後,緣交通運輸爲關係國防安全與經濟開發的
基本設施,日人遂益爲積極的增建,而至日據的後期,爲配合其侵略
戰爭的需要,就更爲加強,乃具有相當的規模。但是,嗣亦因日本侵
略戰爭的影響,至太平洋戰爭的末期,無論是何種交通運輸設施,莫
不受到盟軍戰火的重大毀壞,或未能予以必要的經常維護,故至日本
投降時,就有許多係處於癱瘓狀態。對於日據時期的各種交通運輸設
施及所受戰爭損毀情形,茲可分別概述如後。

鐵路方面　日人係在清末所已初建的基礎上進行擴建,至日據末
期,計有901.2公里,其中,西部縱貫幹線408.5公里,臺東幹線
175.9公里,另有宜蘭線、臺中線、屏東線、平溪支線、淡水支線、
集集支線等六線合計316.8公里,而在此外,尚有分由糖業、林業、

礦業等產業修築的"臺車道",即俗稱之"小火車",分別深入農村、林區及礦場,其里程遠多於上稱之幹線,都可與幹線銜接,除以運載各業的原料、器材及生產物為主外,亦都經營一部分客、貨運載業務。因之,臺灣即有散布甚廣的鐵路網。

惟經戰火的洗劫後,由於幹線鐵路站場都是重要的摧毀目標,以致至日據結束時,已呈千瘡百孔的景象:全線鐵軌磨損須加抽換者長達150公里,占總線路六分之一,且枕木腐朽過半;全線有2,600餘孔鋼樑,原來在架裝時,就大多為先在日本及歐美國家使用過的舊樑,至此,載重不足者有926孔,鏽蝕彈穿者有486孔,合計達1,412孔之多,都亟待修換;而站場設備及行車保安裝置殘缺不全,損毀停用的機車(即火車頭)占全數48%,破損待修的客、貨車約占20%,有篷貨車漏雨者達80%,且大部分車輛超過使用年限;在此情形下,行車即有嚴重困難,夜間已不能行駛。

公路方面 日本占臺後,先是為鎮壓省民的反抗,繼為便於其對此一殖民地的嚴密控管,遂積極而深入的興修道路,至日據結束時,公路幹線及支線有3,375.2公里,鄉村道路且有13,717.1公里之多,合計有17,092.3公里,足稱甚為綿密。惟一般而言,工程標準甚低,有若干道路僅寬1.8公尺,大部分路線祇能行駛輕、小型車輛,且多為碎石路,而在經過戰時的失修及欠缺保養後,特別是多數重要的橋樑均遭炸毀,故有許多道路並不能暢通,且有形同廢棄者,以致日據結束時可通行普通車輛的公路僅約40%,不及7,000公里,亦仍需整修。

再就車輛言,民國三十二年為登記最多之年,計有4,973輛,其中尚包括機器腳踏車560輛、救護車及消防車等特殊車輛135輛在內。

同年亦為汽車營運最佳之年，由客運看來：日人經營的客運車輛平均每天有139輛，平均每月載客669千人次；民營客運車輛有933輛，全年載客40,128千餘人次；公共汽車有229輛，全年載客18,772千多人次。迄至日據結束時，不僅車輛毀損甚多，且油料供應困難，營運自即大減，此以資料之所及，就日人經營之客運言，三十四年十一月的載客人數減為42千餘人次，僅約為最佳之年的6％強，可概見一般情形。

　　港埠船舶方面　臺灣四面環海，港灣甚多，惟海港的關建，碼頭的修築，工程艱鉅，非短時間所能竣事，故皆常以分期方式進行。此就日據結束時言，仍係以基隆港與高雄港為最主要的港口：前者早在清末就已初具基礎，日人據臺後，再加擴充；後者係在日人占臺後未幾，基於軍事及經濟觀點需要所積極新建者；但是，兩港至日據結束時，都仍有未完成的增建工程。另外，尚有東部的花蓮港，係至民國二十年方開始築港，首期工程於二十八年完成後，繼續的增建工程旋即因戰爭而進度滯緩。此三港在戰時莫不受到慘重的轟炸，港灣設施都毀壞殆盡，抑有進者，基隆港內有遭炸沉之大小船隻150艘，高雄港內沉船更有178艘之多，其中有一部分係由日人自沉者，花蓮港內亦有不少沉船，以致各港的航道皆阻塞難行。

　　至於船舶，由於其時的貨物輸出、入及客運，皆係仰賴船舶，故日據時期的航運事業，曾頗為興盛，大型船隻亦不少。惟在經過盟軍的激烈轟炸後，絕大部分的船隻都毀沉無存，故至日據結束時，就不過剩下劫餘的機帆船96艘，合計噸位不及8,823總噸，其中尚有許多破損不堪使用者。

　　郵政與電信方面　臺灣的郵政及電信事業，原來在清末即已建立，略如前述，嗣至日本占臺後，對應於日人對郵電的利用與需要遠大於省民，遂更積極的擴展。

就郵政言，日據時期的最高經營業績，有郵路23,533公里，但對偏遠及深山地區並不投送郵件；然而，由於其設施不多，郵件的運送，皆係利用既有的交通運輸系統，故戰爭所加諸郵政本身的損毀也就較輕。惟在戰時，無論何種郵件亦都大為減少。

再就電信言，其在日據時期的最佳設施紀錄，分別為：島內有長途電話352路，市內電話交換機容量36,595門，用戶26,616戶，有線電報電路212路，無線電報電路7路，尚無國際電報。由於電信有較多的硬體設施，故在經過戰時的轟炸後，至日據結束時，長途電話尚能勉強通話之線路即告減為273路，市內電話全遭炸毀者有基隆、新竹二地，因外線損壞而不能使用者有臺北、彰化、嘉義、臺南、高雄、屏東、臺東等七地，從而尚可通話的用戶即僅餘八千餘戶，不及三分之一；至於電報，有線電報電路亦減為僅存109路，都有重大的毀損。

綜括言之，日本在占臺期間，對交通運輸方面的設施，固屬曾有相當可觀的建樹，但其長達五十年的經營，最後卻在瞬間又大多為其侵略戰火所毀損，有待重整。

第四節　對外貿易的盛衰變化與特性

一、出、進口的增長與降退概述

緣臺灣為一幅域不廣、資源有限的海島，自需有對外貿易以調劑經濟，此在日本占臺後，因推行資本主義化的生產，對應於經濟的演進，對外貿易更見長足的進展。

惟日本在占臺的最初二年，並未將臺、日間的貿易列入統計，故資料並不完整，嗣至民國前十五年（1897），方初有全部的統計，係以臺幣表示，但臺幣與日幣等值，出口金額爲一千四百八十五萬七千元，進口金額爲一千六百三十八萬三千元，此即日本占臺之初的對外貿易規模。

然後，無論是出口或進口，在逐年之間，固屬都曾迭見較上年、甚至於連續數年減少的現象，惟就長時期言，在生產增加與經濟發展中，對外貿易也就明顯的大幅擴張；特別是至日據後期之民國二十一年以後，出口出現連續八年的成長，進口更見連續九年的上升，俱爲先前所未見的情況，從而同係以臺幣表示的出口金額，至二十八年增爲五億九千二百九十三萬八千元，進口金額係至二十九年增爲四億八千一百八十一萬三千元，此即日據時期出、進口之最高紀錄，分別較日據之初增加38.91倍及28.41倍，貿易規模自是已擴大甚多。

對於上述以臺幣表示的出、進口最高金額，爲便於與以後的情況比較，經換算爲美元，遂分別爲：民國二十八年臺北與紐約間的電匯匯率，臺幣100元最高可兌27.375美元，最低係兌23.313美元，粗略的全年平均[4]爲25.95美元，亦即1美元可兌臺幣3.8536元，於是本年

---

[4]根據《臺灣金融年報》（昭和十八年版）資料，以民國二十八年各月之臺灣、紐約間電匯匯率最高價與最低價平均後，再計算其十二個月之平均數，乃求得內文中的全年平均匯率，因受資料不足的限制，自甚粗疏。

的出口金額接近一億五千四百萬美元（153,867千餘美元）；而二十九年的臺、美匯率全年皆無升降，係穩定於臺幣100元兌23.438美元，即1美元兌臺幣4.2666元，於是本年的進口金額相當於一億一千三百萬美元（112,927千餘美元）。

　　臺灣在日據時期的對外貿易，雖然曾有上述的快速發展，但是，繼後即因日本侵華戰爭的影響，特別是日本將侵略戰爭擴大至太平洋後，遂因國際的禁運封鎖，嗣更受到同盟國海、空軍的阻絕與轟炸，以致反轉為急劇的減降，迨至民國三十四年日本投降之年，前八個月的資料，出口劇落為臺幣二千四百十一萬元，進口且祇二千二百三十一萬三千元，分別僅為最高時期的4.07％及4.63％，足使臺灣經濟因而窒息，而此尚未考慮其時的臺幣已大幅貶值因素。

二、三點重要的特性

　　對於日據時期臺灣的對外貿易，更就其入超或出超情形、貿易地區變動及主要出、進口貨品考察，遂可進一步獲致三點了解如下：

　　其一，原來在日本占據臺灣的初期，以資料之所及，在截止於民國前四年（1908）的十二年間，除偶見一年為出超外，餘年均為入超，經對抵後，計有累計淨入超臺幣三千四百四十二萬元，此係由於日人大量的擁入，且日本在政策上亟欲疏離臺灣先前對大陸的經濟依賴，乃由日本運來較多的物資所致。但在繼後的三十七年間，則完全改觀，除民國二年又出現一次入超外，餘年皆為出超，包括日據結束之年亦係如是，且各年的出超金額大多甚高，從而雖減除先前的入超後，日據時期仍有累計淨出超二十二億六千八百五十八萬八千元；其中，尤其是進入自二十一年起的後期階段，就有十三億七百八十九萬七千元，占57.65％。值得注意的是，由於其時的對外貿易係在日人的掌控、甚或獨占下，故此等出超也就是日本對臺灣的資源掠奪，亦可稱是對日本的"貢納"或獻金。

　　其二，日本既占臺灣，遂積極拓展臺、日兩地間之貿易，以加強對日本的依存關係，同時，並以各種手段推動由日人獨占臺灣的對外貿易，如提供資金融通、優惠或減免出口稅及關稅等，而對於對大陸及其他外國的貿易，則採取抑制或阻礙的措施，以是臺灣對各地區的貿易結構，不旋踵間即見急劇的變化。原來在臺灣初建完整的貿易統計之民國前十五年（1897），總出口中，對大陸的出口係占66.49％，輸日占14.17％，輸往其他外國占19.34％；總進口的來源地則為大陸占44.95％，日本占22.73％，其他外國占32.32％。據此可見，無論是出口或進口，都係以大陸為主，顯示對大陸的經濟關係最密切，其次是其他外國，而日本係居於殿後的地位。但是，在日本政府的政策運作下，其翌年，對日本的出口已開始超過其他外國；再翌年，自日之進口即同時逾越大陸及其他外國；迨至民國前十一年（1901），此時日本占臺尚不過六年，對日的出口亦開始高於大陸，可見其轉變的急速。嗣後，對日出口的比重繼續上升，以民國二十六年為最高之年，竟占93.20％，而在自日的進口方面，係至二十七年最高，占89.44％。在此情形下，雖然日本未能包攬臺灣的出、進口，實亦相距不遠，而臺灣對大陸及其他外國的貿易，也就幾近於無何重要性可言。

　　其三，關於日據時期臺灣的貿易商品，可將日人矢內原忠雄所為之歸納節引如下：㈠以食物、原料供給日本，而提供工業產品（紡織物、重工業製品、肥料、雜貨等）市場；㈡同種類的商品，以高級品供給日本，低級品由日本或外地進口（例如臺灣出口蓬萊米而進口外國米、將檜木輸日而輸入松杉）；㈢爲日本商品的轉運地（如棉織品、海產品等）；㈣特產的輸出（砂糖、茶、樟腦）⑸。此亦大致上可顯示出日本對待殖民地的貿易政策。然而，茲爲獲致更爲具體的了解，也是對矢內原的歸納之對證，故再特取上述日據時期出、進口最高之年的貨品予以觀察：在民國二十八年的總出口中，砂糖爲二億六千三百八十二萬七千元，米穀爲一億二千八百五十萬二千元，二者合計即占達66.17％，此時，臺灣的工業已顯有擴張，出口貨品仍高度的偏重於少數項目；而在二十九年的總進口中，就其超過一千萬元的項目言，依序是化學肥料二千九百三十二萬七千元，鹹、乾及墨魚二千五百二十三萬六千元，棉毛布一千九百九十五萬六千元，硫酸錏一千六百二十九萬四千元，豆餅一千五百五十萬一千元，麻袋一千四百零二萬八千元，菸酒一千三百八十萬四千元及紙張一千零八萬二千元，此八項合計占29.93％，即爲最重要的項目。

　　上述情況，亦可稱日據時期臺灣對外貿易的重要特性；而矢內原更指稱，帝國主義對殖民地的貿易具有掠奪性，則觀諸臺灣的對日貿易所占比重特高，且在長時期皆爲出超，遂可獲得充分的印證。

⑸《日本帝國主義下之臺灣》，矢內原忠雄著，周憲文譯，臺灣研究叢刊第三九種，臺灣銀行經濟研究室編印，民國四十五年六月。

第三章　日本侵略戰爭對臺灣經濟的影響

在第二章中，已述及日據時期臺灣的農工業生產、交通及對外貿易，俱在日本發動全面侵華戰爭後，至太平洋戰爭爆發前，急速的擴增，乃為最盛時期，其後，由於太平洋戰爭擴大，即頗有減退，迨至民國三十四年為日據時期結束之年，遂嚴重的衰降，不能與最盛時期相提並論，此等演變，固屬都是日本侵略戰爭對臺灣經濟的影響，另外，尚有嚴酷的經濟統制、財政金融的急劇膨脹、物價的劇烈上漲，乃至慘重的戰火摧毀等情況，茲以本章分述之。

第一節　政策更張與嚴酷的經濟統制

日本將臺灣占據為殖民地後，推行以日人獨占為目標的資本主義化生產，原係偏重在農業及其加工方面，但至民國二十年秋，日軍在我國東北發動“九一八事變”後，其帝國主義侵略的氣燄益盛，乃決定將發動全面侵華戰爭，適在此時，停工已近五年的日月潭第一水力發電所工程，亦因資金問題獲得解決而在十一月復工，預計三年內可完成，發電將大增。對應於此等情勢，臺灣經濟遂須有所調整，將資本主義的農業生產轉向工業方面謀求進一步發展，自為政策上重大的更張。

民國二十一年起，日本遂在臺灣推行所謂之“經濟再編成”，嗣且訂定三大政策目標，至其全面侵華戰爭爆發前後，占臺當局乃總括為三句標語：其一是“皇民化”，先係採取鼓勵的方針，後即強迫臺灣人民改換日本姓氏，以同化於日本，並便於日本的“工業移民”及動員臺灣人力參加侵華戰爭，用心實極狠毒；其二是“工業化”，改變臺灣經濟不再以農業為中心的政策，邁向工業發展，同時，亦係對日本侵略政策的配合，以將臺灣建成為重要軍需工業的基地；其三是將臺灣作為“南進基地”，不僅欲奪取歐美國家在南洋的工業品市場，並計劃自我國大陸華南及南洋輸入原料，以擴張臺灣的工業生產，進而建立“工業臺灣、農業南洋”的經濟依存關係。

日本係於民國二十六年七月七日掀開全面侵華戰爭的序幕，在其原來的戰略構想是“速戰速決”，期於“三個月內滅亡中國”，但是我國卻採取全民長期抗戰的策略，於是日本即在翌年四月一日制定“國家總動員法”，據此，臺灣亦實施經濟統制，迨至三十年末，日本更掀起太平洋戰爭後，乃將其對臺灣的經濟統制益為擴大與加強。

前臺北帝國大學教授園部敏，曾在民國三十二年間，將日本因侵華及進行太平洋戰爭而訂定的經濟統制規定，就其關係到臺灣的部分，包括僅適用於臺灣者，以截止於同年二月十日為準，予以彙整為〈臺灣經濟統制法令一覽〉[1]，分為三大類，竟列有二百零二種

---

(1)《臺灣經濟年報》（昭和十八年版），臺灣經濟年報刊行會編印，民國三十三年（昭和十九年）八月。

（項）之多，並有“施行規則”、“施行令”及“施行細則”合計七十種，其中，由於分類的原因，雖各有十四種規定及施行規則等係重複分列，就是扣除重複的部分，仍各有一百八十八種及五十六種，猶未包括日本的〈國家總動員法〉在內。而在上述以後，在截止於三十三年九月期間，另尚查獲續有二十八種統制規定⑵。據此，僅由其“法令”數量之繁，已可概見經濟統制的嚴密。

　　將上稱之三大類法令予以進一步檢視，分別是：第一大類爲“經濟統制組織法”，除七種爲調整日本政府官制的規定外，乃有二十五種調整臺灣“官廳及地方公共團體”組織、官制、職掌的法規，並有十八種組設及管理臺灣“經濟統制團體”的規定，另有五種施行規則。第三大類爲“經濟統制手續法”，係程序性及關於各機構間協調連繫的規定，故祇有三種法令及一種施行規則。其餘最多的是第二大類“經濟統制實體法”，皆爲關於具體管制的規定，更分爲一般性統制、物資統制、物價統制、勞務統制、事業統制、團體統制、資金統制、貿易統制及運輸統制等九類，極盡周密之能事。

　　對於上稱其範圍至廣的各種統制，茲有兩點應予特別指述的是：一爲其對米穀、麥麵、豬肉、魚介等食物、各種纖維、燃料、肥料、木材、皮革、橡膠、鋼鐵、非鐵金屬等物資之統制，俱訂有關於生產、配給及使用限制之規定，都尚可姑不具論，因有許多國家在戰時皆有類似的規定，但其統制之細密程度，竟且將舊銅及鐵屑、含有單寧的樹皮、麻袋回收、金屬類回收、廢油回收、稻稈及其加工品、疊

⑵《臺灣經濟年報》（昭和十九年版）〈經濟日誌〉，同⑴編印，民國三十四年（昭和二十年）四月。

蓆材料等物資，以及落花生、芝麻、砂糖，乃至甘藷、樹薯、雜穀等食物，都予以配給統制(3)，尤其是後三者，每為國人遇到荒災大凶之年時，用以度過饑饉活命的食物，亦都為日人所管制，實酷苛至極。另一為日人旋即設置眾多的統制機構或團體，不僅有地區、且以物資名稱區分，如後將述及的"臺南纖維製品配給統制株式會社"，即為一例，以貫徹其統制政策，逐嚴密至極。

據此，乃可了解日本對臺灣實施經濟統制的廣泛與徹底，而其對臺灣所特別訂定的統制規定，更是一種相對於日本的差別待遇。以是前稱臺灣在進入戰時後的生產與貿易快速增加，為日據之全盛時期，實際上，不但民眾生活未獲改善與提升，更且急劇的降低，實為在束緊褲腰帶中掙扎生存。

第二節　財政、金融急遽的膨脹

一、財政狀況分析

縱觀日據時期臺灣的財政，茲僅就其時的臺灣總督府、即省財政情況探察，以歲入、歲出決算為依據，至於地方財政則從略。

長時期以來，配合日本政府政策的更張，對應於臺灣的經濟起伏，日據時期臺灣的省財政，雖逐年間的歲入及歲出，俱曾迭見出現

---

(3)舉例而言，日人分別訂有：舊銅及鐵屑配給統制規則、金屬類回收令、飼料配給統制規則、關於甘薯樹薯配給統制文件、麻袋等回收配給統制規則。

收縮的情況，甚至於曾見連續二、三年較上年減少的現象，但其長期趨勢則爲明顯的大幅度擴張。

先就截止於日本發動侵華戰爭前之民國二十五年度言，歲入接近臺幣一億七千六百萬元，歲出爲一億三千四百萬元，較諸民國前十六年（1896）度日本初建臺灣的財政時，係分別增加66.17倍及11.52倍，此項倍數的懸殊差異，係因開始時的歲入甚少、基數過低所致。

而在其後，民國三十三年度爲日據時期最後的一個決算年度，歲入遂增爲八億四千四百萬餘元，歲出亦增至六億零七百萬元，分別再較二十五年度又增加3.80倍及3.53倍，但卻不過八年的時間，爲先前任何同期間所不及，乃遠較快速。抑有進者，歲入係自二十一年起，歲出延後至二十二年起，都且連續的增加超過十二年，更是先前所未見的情況。

從以上的對比中，固屬已可初步了解日本侵略戰爭對臺灣財政的影響，再深入的探察，乃可發現——

在歲入方面，對應於支援日本侵略戰爭的需費大量增加，遂開徵衆多的新稅。根據統計[4]：在侵華戰爭爆發前，民國二十五年課徵中的租稅不過十四種，分別是印花稅、地租、礦業稅、酒類出港稅、砂糖消費稅、織物消費稅、噸稅、銀行券發行稅、關稅、酒精稅、第一種所得稅、第二種所得稅、第三種所得稅及臨時利得稅；迨至其翌年以後，竟陸續增加二十二種之多，分別是營業稅、資本利得稅、法人資本稅、相續（繼承）稅、外幣債券利得稅、揮發油稅、家屋稅、股

---

[4]《臺灣省五十一年來統計提要》，臺灣省行政長官公署統計室編印，民國三十五年十二月。

息紅利稅、特別法人稅、清涼飲料稅、廣告稅、馬券稅、特別行為稅、超額紅利稅、公債及公司債利得稅、通行稅、入場稅、特別入場稅、物品稅、建築稅、遊興稅及華北事件特別稅，另外尚有一種未列入統計之骨牌稅，皆為因應戰爭的稅課，殊為繁苛，但對維持其財政的健全性則甚有裨助，並吸收大量的資金。據此，同時可看出其時的苛捐雜稅名目之繁多。

　　更就歲出言，民國二十六年日本展開侵華戰爭後，在截止三十三年度之八年期間，據曾任職於臺灣總督府之日人鹽見俊二在戰後指稱(5)，戰時臺灣財政所增加的"新規經費"，計有八個項目，分別是："強化治安及其他前進根據地設施"，提供"南洋及華南關係設施"與"軍事援護及其他後方設施"，實施"經濟統制"、"生產力擴充"、"國際收支改善"、"國民訓練"，以及撥入"臨時軍事費特別會計"帳戶等，累計接近十二億六千九百萬元之鉅，而同期間之累計歲出為二十五億九千二百萬元，則上稱之經費即占達48.9％之高；但是，其中之前七項尚缺少後三個年度的資料，遂非完整的數據；至於最後一項"特別會計"帳戶，即為臺灣對日本的"軍事獻金"，在二十六年開始時尚不過六百餘萬元，經過逐年都大幅的、甚且加倍的增加後，八年合計達三億八千萬餘元，占同期間歲出累計數14.7％（最後一年係占24.4％），乃超過二十九年度的總歲入將近8％，並高出三十一年度的總歲出2％，不可謂不多。如是鉅額的財政支援，自皆為臺灣人民的重大犧牲。

---

(5)《日據時代之臺灣財政》，黃通、張宗漢、李昌槿合著，聯經出版事業公司印行，民國七十六年一月。

　　將日據後期的臺灣財政狀況，與表1-1所列農、工、林、漁、礦等五種產業的生產總值相對比，乃知：先在民國二十五年時，歲入係占生產總值22.9％，歲出係占17.5％，雖已甚高，其後配合資料之所及(6)，迨至三十二年，歲入逐占43.8％，歲出係占33.3％，都較七年以前所占的比重幾告倍增，前者當與日本政府的政策具有重大關係，不僅是將大量的資金掌控在其公庫中備用，並藉以抑制民間的消費，自有助於穩定物價，而後者即為支出的增加所致。

二、通貨發行概述

　　緣金融係以貨幣為基礎，而在日據時期臺灣尚無貨幣供給額統計，茲即以通貨發行額概觀其時的金融變動，大致上亦可顯現出金融之擴張情形。

　　臺灣在日據時期的通貨發行，係由日人所特設之臺灣銀行辦理，原仿日本的"銀行券條例"，採取"伸縮限制發行制"，將發行分為兩類：一為現金準備之發行，乃以金銀幣塊為準備，可為同數額的發行；一為保證準備之發行，係以證券、票據為準備，初以五百萬元為限。但是，後者嗣以因應經濟金融擴張的需要，至民國七年四月已將限額擴增為二千萬元，乃歷時十九年無變動；迨至日本發動侵華戰爭後，即呈急遽的擴展，二十八年四月逐增為八千萬元，明顯的與其侵華戰爭具有密切關係。然而，再至三十年春，由於日本的金銀幣塊等現金準備，都已為其侵華及正在準備南進的侵略戰爭耗用殆盡，於是

――――――――――

　　(6)因生產總值資料僅及民國三十二年，見表1-1，其後即未見統計，故以本年從事比較。

日本政府即將日本、臺灣及另一殖民地朝鮮的通貨發行，俱改爲全部採用保證準備，由大藏大臣另行規定限額，從而發行制度就蛻變爲"最高限額發行制"，而限額歷有提高。

在上述了解下，日據時期臺灣的通貨發行，至日本發動侵華戰爭前之民國二十五年底，雖已增至臺幣七千九百餘萬元，但是相對於繼後的情況，則可稱祇是溫和的增加。而在日本侵華及南進侵略戰爭相繼展開後，遂爲急劇的膨脹，就各年底比較上年底的增幅言，除二十九年爲16.7％及三十一年爲14.4％較低外，餘年都超過22％，特別是二十六年增加41.6％，三十二年增加43.7％，三十三年更且增加91.6％，已都是嚴重的發行膨脹，迨至三十四年十月底爲日據時期結束時，發行額遂達二十八億九千八百萬元之鉅，竟較上年同期增加3.39倍之多，乃更爲惡性的膨脹。

而在其中，並有三點應予指出的是：其一爲民國三十二年二月起之發行，逐月都有上升，一直延續至日據結束，歷時三十三個月之久；此時，日本侵華戰爭已受到重大的阻挫，對太平洋的侵略且轉爲敗退，其本土旋亦受到同盟國空軍的轟炸，臺灣同遭波及，產業及商業活動俱遭到嚴重的損失，需要金融的支援，同時財政收入亦感到調度上的困難，每需增加發行爲挹注。其二是三十四年七月底的發行，尚祇十四億二百萬元，半個月後，日本宣布戰敗投降，八月底的發行即較上月底劇增二億五千萬元，再創單月的最大增加紀錄，而在其後的兩個月，更都各增六億元以上，以致十月底的發行竟較三個月以前倍增，此對光復後的經濟及金融都有深遠影響。第三是在迅速的發行膨脹中，乃發生鈔券的印製供應不足現象，故曾分別在日本與臺灣印製未印號碼的鈔券，以加速印製，並在日本已宣布投降後，自日緊急調運前所未有的千圓面額日本銀行券來臺，由臺灣銀行加蓋戳記背書後發行，以應需要，遂亦為臺灣銀行鈔券發行額的一部分，此即益見其時發行的氾濫。

另外，尚有應附加指出的是，在日據的長時期，臺灣所流通的通貨，亦有日本銀行的兌換券，係與臺灣銀行發行的通貨等值流通，而此一部分通貨並未包括在臺灣銀行的發行額中，在日本發動全面侵華戰爭前之民國二十五年底，累計淨流入數額計有四千零六十萬八千元，相當於同期的臺灣銀行券發行額51.3％，可見其重要性，迨至日本投降後，根據後將述及的收存日本銀行券特種定期存款資料，更增為五千六百七十九萬一千元，但卻不過僅相當於臺灣銀行券發行額的1.96％，此係由於臺灣銀行券之發行增加過速所致。

第三節　物價劇烈的上漲

緣臺灣既為一幅域不廣的海島，對應於經濟的盛衰變化，天然災害之有無，農作物收成的豐嗇，金融的起伏，出進口貿易之是否順暢，以及有無重大事故發生，皆足以引發供需的迅速變化或失調，導致物價激劇的升降，此亦 " 淺碟式經濟 " 的重要特徵之一。

日據時期臺灣的物價，先概觀其在較早時期的變動情形，根據其時臺灣總督府財務局編製的 " 臺北躉售物價指數 "，可明顯看出下述的重大起落。自民國前十年（1902）始編後，在至民國前一年（1911）的十年間，累計上漲26％；而在繼後至民國九年的十年間，且挺升1.48倍之高；但是，在續至民國二十年的十一年間，累計降幅亦達47％之深；再至民國二十六年上半年之五年半期間，遂更出現逐年連續的提升，乃爲前所未見的現象，累計漲幅爲34％。關於上述長時期物價升沈的原因，茲不具述。

踵至民國二十六年下半年日本展開侵華戰爭後，臺灣在支持侵略戰爭龐大的消耗下，物價變動自即與戰爭具有密切關係。惟上述的指數，至三十二年起未再發表，故本稿對繼後變動的考察，即改以其時的臺灣銀行所編指數爲主，並取光復後由臺灣省行政長官公署溯編的指數相參證，具如表3-1。然而，尚有兩點應予先行指述者：其一是在日本侵華戰爭爆發一年後，至二十七年十月，日本即行建立"經濟警察"制度，其任務並包括調查商品價格、勸導各公會及團體協定商品價格等。其二是續至二十八年九月十八日，日本政府更宣布〈價格等統制令〉，對一般物價實施強力的管制而予以凍結，日人遂稱其爲"物價停止上漲令"；嗣至二十九年七月一日，復訂定〈暴利行爲等取締規則〉，同年十一月二十六日且宣布〈宅地建物等價格統制令〉，乃對房地產價格亦加以管制。此等措施，亦都實施於臺灣，對物價具有強力的壓抑及扭曲(7)。在此了解下，檢視表3-1，可分述如下——

首先看臺灣總督府財務局所編之指數，在至民國三十一年之五年

---

(7)對於臺灣的物價在光復前受到重大壓抑與扭曲，可舉下述情形爲例。據吳修齊〈口述歷史〉略稱：1944年4月底開始出任農業會雇員，其時申請加入農業會爲會員的農民甚多，蓋因"當時樣樣東西都配給，農民耕種所需的肥料也靠配給，而且是農會會員才有。肥料的黑市價格高出好幾倍，非會員有錢也不一定買得到，所以大家爭相申請加入農會"。《中央日報》，民國八十二年四月二十二日。

表3-1　臺灣於日據後期之臺北躉售物價指數變動

年　別	指　數　編　製　機　構							
	臺灣總督府財務局		臺　灣　銀　行				臺灣省行政長官公署	
	採　用　公　式							
	簡單算術平均		簡單算術平均		加權算術平均		簡單幾何平均	
	基				期			
	①民國26年=100		①民國26年=100		②民國26年6月=100		③民國26年1-6月=100	
	指數	上漲%	指數	上漲%	指數	上漲%	指數	上漲%
民國27年	114.33	14.33	115.51	15.51	…	…	116.6	16.60
28年	122.99	7.58	128.34	11.11	119.78	…	133.9	14.84
29年	136.91	11.32	144.39	12.50	135.05	12.75	151.3	12.99
30年	151.27	10.48	150.80	4.44	141.69	4.92	164.6	8.79
31年	160.79	6.30	158.29	4.96	148.20	4.59	162.7	-1.15
32年	…	…	168.45	6.42	157.82	6.49	277.9	70.81
33年	…	…	189.30	12.38	177.07	12.20	466.1	67.72
34年	…	…	1,179.14	522.89	1,195.41	575.11	2,393.6	413.58

附註：　①均係根據日人原編以民國三年七月爲基期100之指數所換算。

　　　　②係自民國二十八年始編。

　　　　③係在民國三十五年間，依據國民政府主計處〈物價調查與統計方案〉
　　　　　之規定所編製，以便與大陸各地之物價指數在相同的基礎上對比；惟
　　　　　其至三十一年的指數，係將臺灣總督府財務局原編算術平均指數改以
　　　　　簡單幾何平均計算，其後，方根據我國的方案編製，但表列係三十八
　　　　　年初之修正數字。

資料來源：(1)《臺灣金融年報》(昭和18年版)，臺灣總督府財務局編印，民國
　　　　　　　三十三年。

　　　　　(2)《臺灣金融經濟月報》(第187號)，臺灣銀行編印，民國三十五年
　　　　　　　五月。

　　　　　(3)《臺灣物價統計月報》第十八期，臺灣省政府統計處編印，民國三
　　　　　　　十六年六月。

間，已漲逾60％，雖仍低於上述其前在經歷第一次世界大戰期間的漲
幅甚多（十年係漲1.48倍），但卻是先前的其他時間所未見之漲幅，
並高於臺灣銀行所編兩種指數的漲幅，而此時係處於戰時，於是自三
十二年起不再發布。

　　繼觀臺灣銀行編製的指數：先取其以簡單算術平均公式所編製者
言，在截至民國三十二年的六年間，前三年的漲幅都有兩位數，自超
過11％至高出15％不等，但是後三年的漲幅都尚大為收縮，而三十三
年的兩位數漲幅12.38％，亦祇相當於上稱前三年的水準，或猶有不
及，然而，三十三年的臺灣物資供應已遠不如先前，秋後並開始遭受
盟軍的空襲，且通貨發行持續大幅的增加，在此情形下，物價的漲幅
卻並不突出，實不合理，遂為嚴密管制壓抑下的假象，故至三十四
年，即出現急遽的躍升，漲幅達5.23倍，明顯的為惡性通貨膨脹，至
此，即較二十六年累計上漲11.79倍。至於臺灣銀行所編製的另一種
加權算術平均指數變動情形，雖計算公式不同，但基本變動態勢及差
異卻不大，而在三十四年上漲5.75倍後，係較二十六年六月累計上漲
11.95倍，略高於前一種指數的漲幅。

　　對於民國三十四年的物價劇漲，更檢視其歷程，此在臺灣銀行所
編之同基期加權算術平均指數中(8)，則是：七月為236，與其上年同
月比較之年上漲率已達31.11％，乃較前大幅的提高；嗣至日本於八
月十五日宣布戰敗投降後，八月的指數即告陡升為1,177，遂較上月
猛漲3.99倍，年上漲率即達5.54倍；而九月的指數為2,441，續較上
月升高1.07倍多，年上漲率乃達12.49倍，此時，我政府尚未派員來

────────────

(8)《臺灣金融經濟月報》，第四號，臺灣銀行編印，民國三十六年三月。

臺，並無開支，對物價自無影響可言，但此兩個月的累計漲幅（與七月比較）竟有9.34倍多，而三十四年的物價暴漲，也就以此兩個月爲關鍵時期，分析其原因，基本上固屬反應供需，實際上爲日本宣布投降後，對物價的嚴密監控管制已無能爲力，乃有以致之。而由此亦可進一步了解，前稱日人對物價的壓抑與扭曲，實極爲強勁，一旦鬆綁，遂如洪水潰堤般奔騰。

從而在臺灣光復後，臺灣省行政長官公署改換公式所編製的另一種指數，雖然至民國三十一年，相對於日人所編的三種指數，尚無太大的差異，但三十二、三年的漲幅分別超過70％及接近68％，都已大爲提高，繼至三十四年，遂比較戰前累計上漲22.93倍，應是都更能反映及接近眞實的情況。

第四節　慘重的摧毀

一、劇烈的轟炸

原來日本在發動侵略戰爭的初期，無論是對我國大陸或太平洋及東南亞，皆蓄謀已久，經過周密的策劃與部署，而遭受侵略的地區，或是力有未逮，或是未曾料及，或是猝不及防，以致日軍的侵略都進展迅速。但是，此等地區旋即奮起堅強的抵抗，使其攻勢受挫，進而是各國結盟聯合反攻後，日軍因即轉爲節節敗退，且早在民國三十一年四月十八日，日本本土已開始受到美國空軍的轟炸，最後並受到原子彈的重懲，終於宣布戰敗投降。

臺灣其時既爲日本的侵略“南進基地”，延至民國三十三年十月十二日開始，逐亦爲美軍轟炸戰火所波及，自此以後，頻受重創。但是，其時臺灣所受轟炸的詳情，卻鮮見文獻予以詳盡的記述，茲以蒐尋之所及，將我國當時收聽日本廣播戰況所爲之統計(9)，就其截止於三十四年五月十五日之首尾八個月情況，分爲四點轉述如後，而此距日本在同年八月十五日宣布投降之期亦已不遠，大致上可看出一般的摧毀情形。

其一，在此八個月期間，除民國三十三年十一、二月外，其餘的六個月，每月都有三天以上的時間遭到美軍空襲，以三十四年一月有八天爲最多；將受到轟炸的日數合計之，乃有三十二天，以一天算爲一次，計爲三十二次。而實際上此種根據廣播的統計，尚有遺漏(10)。

其二，美軍每次轟炸所出動的飛機架次，以首次轟炸計有1,000架次最多，其後出動100至550架次的轟炸尚有十三次，但有十次日本未廣播架次；將日本歷次所公布的架次合計之，計有5,577架次，而實際上尚頗有偏低，蓋爲日本軍方每僅宣布三分之二的架次，故估計

(9)《光復臺灣之籌劃與受降接收》，張瑞成編輯，〈陳儀致蔣廷黻檢送臺灣各城被炸損失調查統計表函〉，中國現代史史料叢編第四集，中國國民黨黨史委員會出版，民國七十九年六月。

(10)據《吳修齊自傳》（景文出版公司印行，民國八十二年九月）記述：民國三十四年三月一日、五月一日及七月上旬，臺南俱曾遭到轟炸，且稱在前的兩次大空襲，臺南市＂損失相當嚴重，房屋多遭轟炸燃燒，所剩完整者甚少＂。吳氏曾親歷當時的轟炸，但是根據日本廣播戰況之統計，俱未見列入。又據後引《臺灣銀行史》之記述，在三十三年十月三十日、三十四年一月十日、三月一日、五月十六日及五月三十一日，亦都有轟炸，上稱之統計中亦皆未記入。

累計總架次當超過10,000架次，雖然並非全爲轟炸機，尚有護航的戰鬥機在內，惟其震撼力及摧毀力都極爲強烈。

其三，臺灣受炸的地區，廣及全省，日本宣布的各地受炸次數，分別是：高雄及臺南各十三次，臺北、新竹、岡山及"臺灣各地"均爲四次，淡水、屏東、臺東、澎湖及馬公、臺灣西部、各機場及港口各三次，臺中五次，基隆二次，宜蘭、大甲、甲仙、花蓮、臺灣北部、臺灣中部、臺灣西南部各一次，合計爲七十四次（原稱七十五次）。

其四，在上述的轟炸中，日本所宣布的臺灣受損情形，係以民國三十三年十月十二日至十七日連續六天的初期轟炸爲主，"高雄之港口設施、工廠、民房被炸甚劇"，"臺南市內民房亦被炸甚多"，"尤其岡山之工廠及其他設施、民房被炸甚慘"，此六日合計炸死381人，受傷348人，民房毀壞1,949戶，工廠、軍事設施、船隻、鐵路均有損失，人口移動達九十萬之多，城市及受炸地區之人口逐紛向鄉間疏散逃避；其後，日本所宣布的受炸情形都更爲簡略。而美軍宣布的戰果是：上稱六日的轟炸，岡山有三分之二遭炸毀，並毀日本飛機621架、船艦227艘；又在三十四年一月四日的轟炸中，再毀日機111架，重創220架，擊沈船隻27艘，重創68艘。

在上述情形下，日本自侵略戰爭轉爲挫敗後，其所配置、或可用於防護臺灣的戰力及運補能力，殆即在先後不過一週的時間內幾爲美國空軍毀損淨罄，於是臺灣的空防即有如撤除，對外運輸亦幾近停頓，民心固屬極爲惶駭，社會及經濟秩序皆陷入混亂中，而其在民國二十一年以後所迅速興建的諸多重要建設，也就大多化爲廢墟，各地都滿目瘡痍，故至三十四年的農工業生產及對外貿易，莫不急遽的降退，已具如第二章所述，人民生活乃至爲艱苦，日據時期即在此種演變下終止。

二、臺北大空襲及製糖業之重創

臺灣於日據末期倒數計時期間所受之轟炸，固屬遍及各地及各重要產業，前已零散的有所述及，而茲在日人於戰後所撰之記述[11]中，尚發現若干關於臺北大空襲及製糖業受創情形之記載，描述頗爲生動及翔實，可簡略轉述如後。

如前所述，臺北曾多次受到轟炸，尤以民國三十四年五月三十一日的空襲，將臺灣總督府炸毀一部分最具震撼性。此次轟炸係"自上午十一時起，至下午二時左右止，歷時長達三小時，B25型重轟炸機輪番進行投彈"，主要目標爲臺灣總督府廳舍，亦波及總務長官官邸、臺灣銀行總行，皆遭命中起火燃燒。其中，"臺灣銀行總行命中七枚百公斤之重彈，周邊及行舍塌陷多處直徑廣達二、三間房屋的大洞穴，且有一彈貫穿屋底，大火延燒至地下室，迫使避難的行員不得不倉皇逃出"。"供消防用之儲水池，最先遭到炸毀，同時，市內的水管亦多爲彈片所破壞，以致消防隊員需遠至新公園水池取水，以灌救總督府等處之大火；有一部消防車正在取水時遭炸彈擊中化爲碎片，數名消防隊員立即斃命"。經過此次轟炸後，臺灣民衆對於日本的命運，也就瞭然於心。

至於製糖業受創情形，緣其爲臺灣最大的產業，居於主要地位的

⑾《臺灣銀行史》，本橋兵太郎總纂，臺灣銀行史編纂室編印，民國五十三年（昭和三十九年）八月。

新式糖廠皆係由日人所經營，分別是日糖興業、臺灣製糖、明治製糖及鹽水港製糖等四大公司，合計有四十三處製糖工廠，並有九處酒精工廠及七處軍用燃料工廠，在經過民國三十三年十月的多次空襲後，據臺灣總督府農商局派員的調查，燒燬砂糖約107萬擔（相當於64,200公噸），曾有延燒達四日之久者，"砂糖化爲焦糖流出，水道爲之阻塞"，倉庫自亦燒毀甚多，部分工廠且一再遭到轟炸，受到"徹底的打擊，生產設備毀壞殆盡，情況極爲悽慘"，匡計損失總金額約達臺幣三千三百萬元，而此猶爲轟炸初期的受損情形。再考慮港口受炸後之修復及倉庫重建，皆需要相當的時日，致砂糖不能及時順暢的發貨，其對糖業經營之影響尤大。製糖業經過如是的創損後，同時，甘蔗的種植及產量亦都大量的減少，益以電力供應不足，以是民國三十四年期的砂糖產量，即告銳降爲不及33萬公噸，僅約爲其上年產量的三分之一，不逮二十八年爲產量最高之年的四分之一，日人乃稱此爲"受炸產業的代表"。

第二篇
光復臺灣的決策與方案

　　清末，光緒二十年（西元1894年）甲午之役，我國慘敗，臺灣因而在翌年為日本所強行割據，乃我國在清代重大國恥之一。民國肇建後，在對日抗戰爆發以前，我國仍然積弱，無以湔雪此一國恥。迨至二十六年七月抗日聖戰展開後，全國軍民同胞都奮起拚死抵禦日本的又一次侵華，同時，亦綻現出雪恥收復臺灣的契機。本篇的兩章，即在將收復失土的決策與準備、政府的政策與收復方案、接收處理方針及辦法等，予以概述。

第四章　光復臺灣的宣示與策劃

第一節　收復失土的決策與準備

　　民國二十六年七月七日盧溝橋事變爆發後，日本進一步展開全面侵華戰爭，我全民敵愾同仇，人不分男女老幼，地無論南北東西，皆奮起保衛國土，進行長期的抗日聖戰，但是，在當時，中、日兩國政府皆未宣戰。

　　由於日本軍閥窮兵黷武，貪欲無饜，我中華民族存亡的殊死戰既告轟轟烈烈展開，至民國二十七年四月一日，領導全國抗日的蔣委員長介石，遂向國人鄭重宣示，決心將清末遭日本強行割據的失土——臺灣，於抗戰勝利後一併收回。繼後，其時代表全國國民公意的中央民意機關——國民參政會，亦在二十九年四月一日開始的大會中，提出"收復臺灣"的議案；而在續後的歷次大會中，更多次提出臺灣復省、建軍、建政、培育人才等議案。在此期間，三十年十二月八日，日本更偷襲珍珠港，發動太平洋戰爭，其翌日，我政府遂正式對日本宣戰，並毅然宣布廢止清廷與日本所簽訂割據臺灣的〈馬關條約〉[1]。

　　迨至民國三十二年十一月二十七日，中、美、英三國領袖共同發表〈開羅宣言〉，乃更聯合對世界宣示："……三國之宗旨，在剝奪日本自從1914年第一次世界大戰開始後在太平洋上所奪得或占領之一切島嶼。在使日本所竊取於中國之領土，例如東北四省、臺灣、澎湖群島等，歸還中華民國。"續至三十四年七月二十六日，同為中、美、英三國領袖所發表之〈波茨坦宣言〉，復於第八點重申，"開羅宣言之條件，必將實施，而日本之主權必將限於本州、北海道、九州、四國，及吾人所決定其他小島之內。"⑵從而臺灣回歸中華民國的版圖，即在國際間亦告確定。

　　由於開羅會議後，我政府確信光復臺灣之期將不遠，遂積極展開各方面的準備工作。

　　首先是在民國三十三年四月十七日於中央設計局內設立"臺灣調查委員會"，作為收復臺灣的籌備機構，主要任務除調查臺灣的實際情況外，尚有草擬"臺灣接管計畫"、翻譯其時臺灣所施行的法令、研究具體的問題等。而在不過一年的時間內，已將《臺灣接管計畫綱要》完成，內分通則、內政、外交、軍事、財政、金融、工礦商業、教育文化、交通、農業、社會、糧食、司法、水利、衛生、土地等十六項，計八十二條，相當的周詳。同時尚編撰譯述完成十九種介述臺灣概況之專冊，分別是行政制度、交通、教育、財政、社會事業、衛生、戶政、貿易、警察制度、專賣事業、金融、工業、糖業、電氣煤

⑴《光復臺灣之籌劃與受降接收》，張瑞成編輯，中國現代史史料叢編第四集，中國國民黨黨史委員會出版，民國七十九年六月。

⑵〈波茨坦宣言〉，同見⑴。

氣及自來水、農業、水產、林業、礦業、水利；並選譯臺灣施行的法規，分為行政、司法、教育、財務、金融、工商交通、農礦漁牧等七大類；另尚印製多種臺灣地圖，以為了解、研判及供訓練收復人員之用。此外更設立行政區劃、土地問題、公營事業等三個研究會，並迭次邀集在大後方的臺灣省籍人士舉行座談會，研討收復臺灣及繼後的興革措施，乃至可能遭遇之問題，嗣復完成臺灣教育、警政、金融、地政等四種接管計畫草案，亦都相當的完備。凡此，都頗為具體。

在另一方面，即為進行幹部的培訓，計有：㈠在中央訓練團內舉辦＂臺灣行政幹部訓練班＂，招選學員一百二十人，分為民政、財政金融、工商交通、農林漁牧、教育、司法等六組，予以四個月的訓練，民國三十三年十二月二十五日開訓，翌年四月二十日結業；學員須具有高等考試及格、曾任薦任或相當職務、專科以上學校畢業等三種資格之一，且服務成績優良者，由各機關選送，明顯的為中級幹部。㈡其時為對應戰時所組設的＂中央、中國、交通、農民四行聯合辦事總處＂，在附設的銀行人員訓練班中，調訓具有國內外專科以上學校畢業資格的學員四十人，予以五個月的訓練，旋並加入＂臺灣行政幹部訓練班＂受訓，儲為收復臺灣的銀行業務人員。㈢由中央警官學校設置＂臺灣警察幹部講習班＂，於三十三年十月二日開訓，至同年十二月二十二日結業，翌年並派員前往福建長汀辦理＂臺灣警察幹部訓練班＂，先後儲訓警察人員九百多人。

嗣至民國三十四年八月十五日，日本宣布無條件投降，政府隨即根據先前的研究意見，恢復臺灣設省，並因臺灣已為日本占據五十年，＂在初收復時，一切設施不能與各省完全一樣＂，例如，其時的大陸雖有許多省遭日軍占據為淪陷區，但其原有的省政府名義及架構仍然存在，而臺灣則是新光復的失土，須重新構建，以是政府特先行設立〝臺灣省行政長官公署〞，並成立〝臺灣省警備總司令部〞，任命曾在日本研習軍事的陳儀為行政長官兼司令，積極進行接收臺灣的部署，前者為行政機關，後者負責軍事。兩機構於九月二十八日聯合成立〝前進指揮所〞，其前站人員一行七十一人係於十月五日飛抵臺北，至十月二十五日舉行〝中國戰區臺灣省受降典禮〞完成，遭日本割據半個世紀之久的臺灣，遂重返華夏版圖。

中華民國肇建後，儘管國人之知識界對於收復失土臺灣，一直耿耿於懷，從未稍忘此一國恥，但是，在開羅會議以前，不僅是並未具備主觀條件，亦無此客觀情勢，故不論政府或知識界，都從無收復臺灣的具體規劃及思考，事實是亦不遑及此。因之，直迄民國三十二年四月以後，方積極進行收復臺灣的準備工作，乃在不過一年半的時間內已獲實現，在其時之人力、物力、財力皆極為艱難的環境下，雖然已研擬訂出諸多方案，同時，人員的培訓方面亦有進展，惟由實際上言，莫不甚為匆迫，且因〝甚少有研究臺灣問題者〞，圖書及參考資料亦不足，以是準備工作自難週全，甚至於有不能切合實際情況者。此外，尚有日本已宣布投降後，大陸局勢激劇變化產生的衝擊，更非先前所擬收復計畫曾加慮及的因素。凡此，對於光復後的臺灣經濟，皆有不同程度的影響。

第二節　政府的政策與收復方案

臺灣係在中華民國建國以前為日本所割據，至光復已歷時逾五十年之久，乃曾長時期為日本帝國主義的殖民地，而日本係在臺灣實施資本主義化的生產體制，且採取高壓政策統治。因之，臺灣的各方面情況，皆與大陸內地頗有差異。茲僅就經濟層面言：如日本人在臺灣擁有龐大的獨占事業，其占臺當局更曾以巧取豪奪的手段，將大量的土地收爲所謂之“國有”；同時，州、郡、公共團體及大企業亦都持有大片的土地；此外，尚曾以各種不同名目的規定、獎勵及輔導，使日本財閥及私人擁有大部分及最重要的企業。凡此現象，皆對臺灣經濟具有重大的影響，而爲大陸內地之所無。

　　中華民國建國後，固屬極欲振衰起敝，積極進行邁向現代化的國家建設，但是，無奈隨即遭遇軍閥各自稱雄割據，又歷經十多年的動亂，直迄國民政府於民國十六年奠都南京，十七年完成統一，然後方能依據國父　孫中山先生的遺教，全面推動各種軟、硬體建設，乃在不過十年間，不僅各種典章制度都迅速的陸續建立，同時，經濟方面不論產業或交通，皆有重大的進展，現今的學者逐稱此時期爲“黃金建國十年”。不幸的是，踵接其後，我國就進入八年艱苦的全面對日抗戰時期，以致許多既有的硬體建設，或毀於日本的侵略炮火，或隨大片的河山淪陷而落入日人掌控，於是蓬勃迅速的建設即告中輟。然而，中華民國的建國理想與奮鬥目標，並未有任何動搖，戰前十年間樹立的軟體規範與架構，仍都維持運作，而對收復臺灣的各種規劃，即都以之爲基本依據，均概括在三十四年三月十四日修正定案的〈臺灣接管計畫綱要〉中，此亦政府收復臺灣後的各種政策目標及具體方案。由於原“綱要”涵括的層面甚廣，具如本章第一節所述，茲摘引其一般性及有關經濟方面的部分如後[3]——

---

　(3)〈臺灣接管計畫綱要〉，同見(1)。

第一　通則

一、臺灣接管後一切設施，以實行國父遺教、秉承總裁訓示、力謀臺民福利、鏟除敵人勢力為目的。

二、接管後之政治設施：消極方面，當注意掃除敵國勢力，肅清反叛，革除舊染，安定秩序；積極方面，當注意強化行政機關，增強工作效率，預備實施憲政，建立民權基礎。

三、接管後之經濟措施：以根絕敵人對臺民之經濟榨取、維持原有生產能力、勿使停頓衰退為原則，其所得利益，應用以提高臺民生活。

四、接管後之文化設施：應增強民族意識，普及教育機會，提高文化水準。

五、民國一切法令，均通用於臺灣，必要時得制頒暫行法規。日本占領時代之法令，除壓榨、箝制臺民、牴觸三民主義及民國法令者應悉予廢止外，其餘暫行有效，視事實之需要，逐漸修訂之。

第五　財政

二十三、接管後，對於日本占領時代之稅收及其他收入，除違法病民者應予廢止外，其餘均暫照舊徵收，逐漸整理改善之。專賣事業及國營事業亦同。

二十四、接管後之地方財政，中央須給予相當之補助。

二十五、接管後，暫不立預算，但應有收支報告。省政府應有緊急支付權，俟秩序完全安定，成立正式預算。

第六　金融

二十六、接管後，應由中央銀行發行印有臺灣地名之法幣，並規定其與日本占領時代貨幣之兌換率及其期間。兌換期間，舊幣暫准流通，逾期舊幣一概作廢。

二十七、敵人在臺發行之鈔票，應查明其發行額（以接管後若干日在市面流通者爲限），酌量規定比價，以其全部準備金及財產充作償還基金，不足時應於戰後對敵國政府要求賠償。

三十、接管後，如金融上有救濟之必要時，政府應予救濟。

三十一、日本在臺所設立之公私銀行及其他金融機關，我國政府接管臺灣後，先予以監督，暫令其繼續營業，一面調查情形，予以清理、調整及改組，必要時得令其停業。

第七　工礦商業

三十二、敵國人民在臺灣所有之工礦、交通、農林、漁牧、商業等公司之資產權益一律接收，分別予以清理、調整或改組；在中國對日宣戰以後，其官有、公有產業移轉爲日本私有者，得視同官產、公產，予以沒收。

三十三、關於工礦商業之維持、恢復及開發所需資金，由四聯總處及省政府統籌貸放，物資人力亦應預先準備。

三十四、敵人對臺之不良管制設施廢除後，其資產及所掌握之物資，應由省政府核定處理辦法。

三十五、關於工人福利之增進，應依照法令盡可能實施之。

三十六、恢復臺灣、內地及輸出入貿易。對於輸出入，應加管制，並計劃增加土產銷路。

三十七、工礦商業之處理經營，以實現民生主義及實業計劃爲原則，配合國家建設計畫，求其合理發展。

第九　交通

五十二、接管後，各項交通事業（如鐵道、公路、水運、航空、郵電等），不論官營、公營、民營，應暫設一交通行政臨時總機關，統一指揮管理。

　　五十三、交通事業接收後，盡速恢復原狀，並須與各部門事業配合。

　　五十四、接管後必須補充之各種交通工具（如船舶、火車、汽車、飛機等）及器材，須預先估計、籌劃、租購或製造，尤宜注重海運工具。

　　五十六、民營交通事業，應令繼續營業；其有產業糾紛者，由政府先行接管，依法解決。

　　第十　農業

　　五十八、敵國人民私有或與臺民合有之農林漁牧資產權益，一律接收，經調查後分別處理。

　　五十九、接管後，應特別注意保障農民、漁民利益，實施恢復耕作，貸給供應種籽、牲畜、農具，保護佃農各項。

　　第十二　糧食

　　六十八、糧食應專設機構管理之。

　　七十、接管後如發生糧荒現象，應由省政府轉請中央救濟之。

　　第十六　土地

　　七十九、敵國人民私有之土地，應於接管臺灣後，調查其是否非法取得，分別收歸國有或發還臺民原業主。

　　八十一、接管後，應即整理地籍（原有地籍、圖冊在未改訂以前暫行有效），如有散失，迅予補正。一面清理地權，調查地價，以爲實行平均地權之準備。

　　八十二、日本占領時代之官有、公有土地及其應行歸公之土地，應於接管臺灣後，一律收歸國有，依照我國土地政策及法令分別處理。

　　將上引 " 綱要 " 中訂定的政策目標及措施予以歸納，乃可顯示出政府收復臺灣後的政策，基本上可分為六點：㈠解除日本對臺灣人民的壓制與箝制，㈡重建臺灣的社會秩序，㈢改善臺灣人民的生活，㈣保障臺灣人民的權益，㈤盡速恢復臺灣經濟的運作，㈥政府盡可能提供各種支援。而對日人的產業，原則上由我國予以接收處理。

　　在上述 " 綱要 " 以外，民國三十四年間，政府尚另對經濟方面初擬完成兩種接管計畫草案；一為〈臺灣金融接管計畫〉草案，訂有十七點接管及管理金融的辦法；一為〈臺灣地政接管計畫〉草案，乃更訂有十九點接管處理土地的辦法。此二草案所擬的規定，自都較上述 " 綱要 " 周詳，雖然俱未定案而臺灣已告光復，但都有一部分付諸實施。

第三節　日本人的先期措施

　　民國三十四年八月十五日，日本既宣布無條件投降，其血腥的侵略戰爭遂告結束。時移勢轉，日本占臺當局自亦深知，前為支援與配合侵略戰爭，在各方面所加諸臺灣人民的統制及桎梏，已非適宜，乃在經過二十天以後，自九月七日起，陸續以命令將先前所實施的各種統制規定大多予以廢止，並解散各種統制會社[4]，從而受到強烈壓抑與扭曲已歷時八年的臺灣經濟，進而是人民的生活，都獲得相當的舒展與紓解。

─────────────

(4)〈臺灣光復後之經濟日誌〉，《臺灣銀行季刊》創刊號，臺灣銀行金融研究室編印，民國三十六年六月。

　　抑有進者，在第三章第二節中曾已指出，日本在民國二十六年間發動侵華戰爭後，臺灣的通貨發行額逐年都大幅增加，至其於三十四年八月宣布投降前之七月底，固屬已逾十四億元，但至日本宣布投降後，雖然臺灣已宣告光復，而在我國尚未開始接管以前，祇不過兩個多月的時間，至十月底的發行額已近二十九億元，較三個月前激增1.07倍之鉅。此時，一方面是生產經過戰火的慘重摧毀後，正陷入幾呈全面停頓狀態，物資供應嚴重的不足；可是在另一方面，日本占臺當局不僅立即將先前許多嚴苛的管制予以解除，同時尚釋出鉅額的流動性，足可增加驚人的購買力。在此情形下，人民已長時期飽受壓抑的消費及購買慾望，自告勃興奔騰，勢難阻遏，猶如餓虎之出柙，對嗣後的臺灣經濟具有重大影響。

　　關於日本宣布投降後，其占臺當局隨即釋出大量流動性的過程及詳情，未見詳為記述的文獻，茲以蒐尋之所及，獲得下述兩則記載，亦可略窺其一斑。

　　其一，日本宣布接受〈波茨坦宣言〉投降後，日本在臺灣設置的各種機構，包括各種統制會社，都立即研擬、並提出請求發給退職金及慰勞金。此就其時的臺灣銀行言，係將任事的員工分為五等發給退職慰勞金，分別是：日本人行員每人發三萬元，臺灣籍員工之男行員每人發二萬元，女行員發一萬五千元，雇員發一萬元，工員發一萬元以下，各先發給半數，其時計有"參事"以下行員2,203人，隨即在九月底以前，對日本人行員459人發出七百一十三萬九千零五十九元，但對臺灣員工的發給情形未見記述(5)。據此，僅是對臺灣銀行的

　　(5)《臺灣銀行史》，本橋兵太郎總纂，臺灣銀行史編纂室出版，民國五十
　　　　三年（昭和三十九年）八月。

日本行員發給數額已達七百餘萬元，則推計總發給金額自甚龐鉅。

其二，現已退休的臺南企業家吳修齊先生，在其回憶錄中記稱：其時"經過二年的逃難生活，現款已全部花光"，"正在焦急之際，突然接到好消息，獲得一筆相當可觀的意外之財，恰可做東山再起的'資金'，實在令我及全家人喜出望外，詳情如左：臺南纖維製品配給統制株式會社解散，我於民國三十四年九月十二日受委囑處理會社清算事務，月俸照給，並於同年十月二十一日清算結束，蒙會社發給：一、退職慰勞金四百四十六元。二、臨時賞與金三百八十五元。三、解散手當（津貼）布足一批，經賣出後得款數千元。"(6)

據此，更可獲致三點了解：一是其時的數千元仍甚屬可觀，可為"東山再起的資金"，顯見臺灣銀行發給其員工、特別是日本行員的退職慰勞金頗為豐厚，此亦表示日本占臺當局係在採取"散財"的措施。再則是由此益見日本在其時對臺灣經濟統制之嚴密，各縣市分別設有按物資名稱區分的統制機構，全省遂甚眾多，茲既全部予以解散，且所發給的退職慰勞金及臨時賞與金等相當優渥，則其在全臺灣所發的合計金額自甚龐大。第三是此等統制機構明顯的都掌控有大量物資，乃在機構解散時散發予服務的員工，此在其員工言，遂為意外之財，受惠良多，而在實際上，係將原來應由我政府在光復後接管統籌運用的物資，先行予以處理，足可增加我國許多的困難。

對於上述情形，日本方面在我國政府尚未接管臺灣以前，其所採取的先期措施，雖對在臺任職的日本人，以及曾為日本服務的臺胞頗多照顧，但亦居心叵測，暗藏重大玄機。

---

(6)《吳修齊自傳》，吳修齊著，景文出版公司印行，民國八十二年九月。

第五章 臺灣的接收與公私產業處理

第一節 接收處理方針及機構

我國抗戰勝利後，政府對於大陸上淪陷區及臺灣的接收工作，所訂的共同原則是：工廠不停工，商店不停業，學校不停課，循序進行。關於日人的公私產業及設施，自都歸我國接收後分別處理。為順利完成接收工作，各省市分別成立接收委員會，行政院則設置"收復區全國性事業接收委員會"，以下再分區設立"敵偽產業處理局"，執行處理工作。為此，政府遂於民國三十四年十月二十三日公布一種全國性的〈收復區敵偽產業處理辦法〉，綜括其要點有以下五點：

㈠視產業性質，分交各機關接管運用。

㈡產業原為日人所有，或為日人出資收購，或產業原屬華人與日偽合辦者，均收歸中央政府。

㈢產業原屬本國、盟國或友邦人民，由日方強迫接收或強迫合作者，發還業主。

㈣產業適於公營者，交由主管機關經營。

㈤較小之工廠，以公平價格標售。

但是，臺灣的情況較諸大陸一般淪陷區顯有不同：特別是日本占據臺灣長達五十一年之久，採取殖民地政策，推行資本主義化的生產，雖有相當的經濟建設，同時亦使日本人擁有龐鉅的產業，而且，重要的工商金融事業皆為日本人所握有或掌控，故日本在臺的公私產業殊為龐鉅，並分布甚廣。再則，在臺的日本人相當眾多，關於此點，根據光復後的遣送日僑資料，包括少數琉球僑民在內，先後三期合計遣返323,246人之多，尚不包括駐臺之日軍。另外，臺灣並為日本南進侵略的基地，乃布署許多軍事設施，且有生產武器彈藥的軍事工廠。在此情況下，臺灣的接收與處理工作，欲在短期內完成，自甚艱鉅繁重。

臺灣的接收工作，先經派來受降與接管的官員研商後，由臺灣省行政長官公署與臺灣省警備總司令部聯合組設"臺灣省接收委員會"，下設軍事、民政、財政、金融會計、教育、農林漁牧糧食、工礦、交通、警務、宣傳、司法法制、總務等十一組。其中，軍事組係由警備總司令部擔任，負責日軍接管及軍事設施、武器彈藥裝備等接收；餘皆由行政長官公署統籌，分由各主管單位兼任有關各組之主任。於是接收機構之組設，即在臺灣宣告光復一週內完成，自民國三十四年十一月起正式展開接管與接收。

惟在經過兩個月後，至民國三十五年一月開始遣送在臺之日人，緣其所留下的私有財產至為繁雜，實際上是先已接收的日人公私產業，亦在性質、種類、規模上都有重大差異，為將凡所接收的產業與財產，皆能予以妥善的處理，省政當局遂於接收委員會之下，增設

"日產處理委員會"，為專責處理日產之總樞紐，且由行政院指揮監督。而為嚴密控管日產廣闊的散布於各地，並於其時的十七縣市中，分別成立"分會"，於同年二月間先後組設完成。

繼之，因所接收的日產，有須即行標售者，更有債權債務須加清算者，此等事務亦都日繁，乃更在"日產處理委員會"之下，另設"日產標售委員會"及"日產清算委員會"，前者處理日產之估價標售事宜，後者處理日、臺人民合資企業及金融機構之一切債權債務清算事宜，此二機構係於民國三十五年七月一日成立。對應於此等機構之增設，省政當局更以上述〈收復區敵偽產業處理辦法〉為依據，特在同年七月二日訂頒一種〈臺灣省接收日人財產處理準則〉，以資遵循。

據此可見，臺灣光復後的接收工作，固非易事，益以尚有處理的事宜，更增其複雜性，以是接收處理的機構，即在對應於實際情況的需要中，迭有擴增，先後歷時八個多月方完成其設置。俟至民國三十六年四月，所有的日人除留用極少數技術人員外，已全部遣返完畢，而日產的接收，即告完成，且大多已分別處理或運用，於是此等機構即在四月底結束裁撤，所餘之未了業務，乃移交其時的省財政處接辦。

第二節　接收處理辦法

政府對於接管光復後的臺灣，如第四章第二節之所述，在光復前，另外尚訂有〈臺灣金融接管計畫〉及〈臺灣地政接管計畫〉等兩種草案，都更為具體完備，雖然尚未定案，亦可用為接收處理的重要參考或依據。

　　迨至臺灣宣告光復後，緣政府鑒於日人對臺灣金融掌控之嚴密及勢力強大，而金融關係民生及經濟穩定至鉅，遂於民國三十四年十月三十一日，特別先行同時公布兩種關於接管及處理金融的規定，一為〈臺灣省當地銀行鈔票及金融機關處理辦法〉，一為〈臺灣省商營金融機關清理辦法〉，繼之，一週後，同年十一月七日，即更有〈臺灣省行政長官公署處理省內日本銀行兌換券及臺灣銀行背書之日本銀行兌換券辦法〉公布，期以此三種辦法，先將金融予以掌控，亦可有助於接收及處理。

　　然後，對應於日產的種類、性質諸多不同，殊為複雜，而其數量又都甚多，省政當局乃在一方面接收中，一方面配合實際情況及需要，陸續訂定接收日產的處理及有關辦法或規定，有十九種之多，可分為五部分⑴列述其名稱如后：

　　其一是關於一般接收處理的部分，計有七種規定，分別是〈臺灣省接收日人財產處理辦法〉、〈臺灣省處理境內撤離日人私有財產應行注意事項〉、〈臺灣省日產清算規則〉、〈臺灣省日產標售規則〉、〈臺灣省日產清算委員會委託清算辦法〉、〈臺灣省日產委託標售辦法〉、〈撥歸省公營之接收日產其資產負債處理辦法〉。

　　其二是關於工商企業的部分，有兩種規定，分別為〈臺灣省各金融機構資產處理辦法〉、〈臺灣省接收日資企業處理實施辦法〉。

　　其三是關於房地產的部分，計有五種規定，乃各為〈臺灣省接收

⑴《光復臺灣之籌劃與受降接收》，張瑞成編輯，中國現代史史料叢編第四集，中國國民黨黨史委員會出版，民國七十九年六月。

日人房地產處理實施辦法〉、〈臺灣省接收日人房屋繳免租金標準〉、〈臺灣省接收日人房屋修繕費處理規則〉、〈臺灣省日產破屋比價出售應行注意事項〉、〈臺灣省日產破舊房屋原修繕人承購應行注意事項〉。

其四是關於存款現金及證券的部分，雖然大多已散見於上述之有關規定中，另亦尚有四種規定，分別是〈臺灣省行政長官公署處理省內日本銀行兌換券及臺灣銀行背書之日本銀行兌換券特種定期存款存戶支取暨抵押借款辦法〉、〈臺灣省留用日僑存款解凍辦法〉、〈臺灣省留用日僑存款解凍補充辦法〉、〈臺灣省集中金融機關日僑存款辦法〉。

其五是關於動產的部分，亦有一種〈臺灣省接收日人動產處理實施辦法〉。

實際上，在上述以外，尚有許多以公文"代電"形式予以補充或附加之規定，從而可見，政府對於接收與處理日人在臺的財產，在規定上可稱相當的慎密周詳，務期妥適，雖然政府留存有眾多的產業變為公有、公營，但對不宜留存者，亦立即變賣予民間，因之，政府尚另外公布兩種有關的辦法，一為〈臺灣省土地登記補充辦法〉，一為〈臺灣省土地處理規則〉，以補上述有關規定之不足。

第三節　接收處理方式

遵循政府的既定政策，以上述第二節所列舉各種辦法及規定為依據，並兼顧安定戰後人民的生活及經濟恢復，臺灣的接收及產業處理工作，自民國三十四年十一月起展開，凡是日本所設的官署、日人的企業，都連同其財產，乃至日人私有的財產及附屬權益，均包括在接收處理的範疇內，但因所接收之標的頗有不同，故在處理方式上即有重大差異，綜括前述各種有關接收處理辦法的規定，茲擇要述之。

一、官署公有財產之接收

此等財產又可分爲兩部分：其一是原列爲臺灣總督府的財產，分別由臺灣省行政長官公署之相對應單位及附屬機關學校等接收，亦有少部分係由中央派來臺灣的適當機關接收；其二是原列爲地方州、廳的財產，即由各縣市政府接收。此等財產在由各機關接收後，都繼續使用。

二、企業與其財產之接收及運用

關於此一方面的基本情況，另有不同的處理方式，乃略爲：

經指定機關接收者，由日產處理委員會會同接收機關處理運用；經日產處理委員會各縣市分會接收者，由該委員會會同各有關機關暨各該縣市政府處理運用；惟以上兩種情況，經日產處理委員會認爲有移轉運用之必要者，得另行指定運用。

各種企業之處理運用標準，不論是交通、工礦、農林、金融等企業廠場會社及組合，除爲事實所不需要者外，均應一律使之迅速復工使用或恢復營運，而係以下述四種方式報請行政院核定後處理：其一是撥歸公營，乃爲性質合於公營而規模較大者；其二是出售，乃爲普通工廠等未撥爲公營及其他處理者；其三是出租，凡企業產權尚有爭議、或認爲適宜出租、或出售時尚無人承購者；其四是官商合營，遂爲無人承購、承租或適宜官商合營者。

企業的財產，為企業不可分割及附屬的部分，即企業本身需用及為維持其業務所必需的部分，不論是房地產或車輛、船舶、器材、物資、家具等動產，在企業撥歸公營或公用、出售、出租及官商合營時，均合併處置之。

惟接收日人的產業中，如原屬同盟國友邦人民所有，經查明屬實，係由日方未依法律手續而強迫接收者，應准原主具保予以發還。

又，下述的兩種情況，另有不同的處理方式：其一是接收之日人財產中，原屬本國人與日人合辦產業，其合辦部分經查明屬實，得准本國人以等值產業具領保管，或委託繼續經營。其二是接收日人產業之全部或一部分，如原係向本國人租用者，經查明屬實，如無須繼續使用時，得將其租賃部分予以發還。

三、私有財產之接收及運用

關於日人私有財產的接收，乃除臺灣省行政長官公署指定接收者外，餘皆由臺灣省接收委員會日產處理委員會各縣市分會接收，並分為房地產及動產等兩種情況。惟房地產與動產的性質不同，同時，配合政府的政策，故其處理即有不同。而上述的企業財產，其可予以分割及並非附屬於企業的部分，處理的方式亦與日人私有財產相同。

就房地產部分言，其處理係分撥歸公用、出租、出售等三種，產權尚未確定者，應以出租為限。撥歸公用之房地產，以各機關本身或其事業及各級公立學校本身必須應用者為限，並限於接收日人之公有產業；接收日人之私有房地產須撥為公用時，須經層轉核定辦理租用或借用手續。房屋商店等建築物，未撥為公用及未決定另行處理前，一律先行出租；屬於房屋商店或原為房屋商店之基地，除撥為公用的部分併予撥用外，均一律出租。耕地及其他可供農作使用之土地，應以耕者有其田之目的，分配租與能自耕之農民。無人承租之房地產，其地上之房屋或屬不堪修理及破舊剩餘不易保管之建築物，應盡先標售。

至於動產部分，此即祇有撥歸公用及出售等兩種處理方式，產權尚未確定者先妥予保管。所謂撥歸公用的範圍，係分兩種：一是各機關學校原接收或指撥必需之家具物品，另一為撥歸公營、公用企業所附屬或必需之器材用具。附屬於企業之動產中，其材料及已成、半成品，在該企業出租時，應另行出售。除上述情形外，其餘的動產一律以投標方式出售。

臺灣光復後，關於日產的接收及處理，在上述情形下，乃有三點應予特別指出的是：一為日人先前曾將臺灣大量的土地劃為“國有”，同時，日本的企業亦擁有大片的土地，從而我政府在接收後，即持有廣闊眾多的公有土地，其詳情繼將述及。再則是臺灣先前的企業，凡較為重要及較具規模者，皆為日人所經營，我政府在接收後，遂大多改為公營，致有大量的公營事業。第三，儘管如是，但政府對於國人省民的權益，亦充分的兼顧。上述的前兩點，對繼後的臺灣經濟金融，皆具有重大深遠的影響。

第四節　對土地及企業接收後的處理情形

臺灣光復後的接收，至民國三十六年四月將所有日僑遣返完畢，即告完成，以先後不過一年半的時間，將日本占據後經營五十一年之久的產業全部接收，並分別予以處理，洵屬艱鉅的任務。其中，特別是政府因而持有大量的公有土地，並建立龐大的公營事業，應予以進一步的了解，茲分述之。

　　先就土地言，經整理光復之初清查土地的登記資料[2]，民國三十五年十二月之臺灣公、私有土地情形，具如表5-1，此雖稱是光復後的資料，實際上仍為日據最後時期土地狀況的轉錄，祇不過有部分名稱有所改換而已，從而可指述三點情況如下：

表5-1　臺灣光復初期之公、私有土地構成情形

(民國三十五年十二月)

面積單位：公頃

名稱及區分	面積	百分比	名稱及區分	面積	百分比
土地總面積	3,596,121.2510	100.00	山胞保留地	132,061.9853	3.67
公有已登錄地	779,767.0116	21.68	學校實習林地	124,615.4819	3.46
前總督府所有	71,111.1227	1.98	其他山林原野	178,884.5076	4.97
前州(市)所有①	18,205.6435	0.51	公有未登錄地	1,865,863.5564	51.89
前街(庄)所有①	17,182.4643	0.48	省民私有已登錄地①	950,490.6830	26.43
前日人私有①	18,639.0043	0.52	公有水田②	71,966.7021	2.00
前日人社團所有①	203,327.2555	5.65	公有旱田②	104,064.3661	2.89
前日本軍事用地	15,739.5465	0.44	公有雜種地	14,351.1414	0.40

附註：①在日據時期，列為州有、街有、日人私有、日人社團及省民私有之五種
　　　土地，係併稱民有地，光復後，除最後一種仍為省民私有外，前四種皆
　　　由我政府接收改列公有。
　　　②各種公有之水田及旱田都包括在內。
資料來源：《臺灣省統計要覽》第三期，臺灣省行政長官公署統計室編印，民國
　　　　　三十六年三月。本表係整理其中第(4)、(5)兩表資料編製。

---

(2)《臺灣省統計要覽》第三期，臺灣省行政長官公署統計室編印，民國三
　　十六年三月。

其一，日本在占臺期間，完成登錄的公有及省民私有土地，係占土地總面積48％強，其中，登錄爲省民私有的土地，雖超過半數，有95萬餘公頃，占逾土地總面積26％，但登錄爲日人私有及日人社團（主要爲企業）所有的土地，合計亦近22萬2,000公頃，占土地總面積高於6％，相當於省民的私有土地23％，而日人卻不過32萬多人。

再則，由於日本將未登錄地全部列爲其"國有"地，而已登錄地中除省民私有部分外，都由政府及有關機關接收，於是光復後的公有土地，即占逾土地總面積73％，此乃歷史的因素所致。

第三，政府由是而掌握大量的土地，其中，且有相當多的可耕種土地，祇就公有的水、旱田言，合計超過17萬6,000公頃，占土地總面積近5％，凡此，亦爲政府在其後推行土地政策的重大有利因素。

繼觀對企業的接收及處理情形，在接收方面，乃秉承政府的處理方針，將重要及較具規模的企業987單位，此亦日據時期主要的企業，依其性質及實際情況，分別指定接收機關，係分爲三類：第一類爲行政長官公署之各處、局及附屬機構，計有十四個單位，接收企業數爲582單位，以工礦處接收264單位最多，次爲農林處接收170單位，再次是交通處及財政處分別接收47、40單位，合計爲521單位，此亦大致上可顯示所接收各企業的性質。第二類機構爲七個市、縣政府，共接收38個企業單位。第三類機構爲日產處理委員會的十七個縣市分會，合計接收367個企業單位。

各機關對所指定企業接收的處理，實際上均係先行派員檢查，其中必須與尚能維持營運及生產的企業，並予以監理。同時，在另一方面亦將各企業予以全面的檢討後，決定將一部分企業配合政府的政策撥爲公營，其劃歸國營、國省合營及省營的企業，計有383單位，分別設置二十八個公司或其他名稱的事業單位經營，具如表5-2，此外，並將111單位劃歸縣市等經營，合計之，劃爲公營的企業有494單位，恰爲上稱接收企業之半數。所餘部分，乃分別予以標售或價讓。

表5-2　臺灣光復後最初建立之公營事業
(民國三十五年)

區分	接收單位名稱	撥交企業單位	區分	接收單位名稱	撥交企業單位
國營	中國石油公司台灣油礦探勘處	12	省營	臺灣省通運公司	37
	臺灣鋁業公司籌備處	3		臺灣醫療物品公司	18
	臺灣銅礦公司籌備處	3		臺灣營建公司	5
	國營小計	18		臺灣銀行	3
國省合營	臺灣電力公司	1		臺灣土地銀行	1
	臺灣肥料公司	4		臺灣工商銀行	1
	臺灣碱業公司	4		彰化商業銀行	1
	臺灣機械造船公司	3		華南商業銀行	1
	臺灣紙業公司	7		臺灣省合作金庫	1
	臺灣糖業公司	13		臺灣人民貯金互濟公司	5
	臺灣水泥公司	10		臺灣信託公司	1
	國省合營小計	42		臺灣物產保險公司	12
省　　營	臺灣工礦公司	121		臺灣人壽保險公司	14
	臺灣農林公司	56		臺灣省專賣局	31
	農林處林務局山林管理所	7		省營小計	323
	臺灣省航業公司	37		合計	383

附註：本表所列，限爲接收日人企業時所建立之公營事業，乃有尚處於籌備階段者，嗣後猶頗有改變、或且有取消而與其他相關公營事業合併者，本表主要在顯示當初接管日人企業之處理情形。

資料來源：《光復臺灣之籌劃與受降接收》，張瑞成編輯，中國現代史史料叢編第四集，中國國民黨中央委員會黨史委員會出版，民國七十九年六月。

　　表5-2中所列臺灣甫告光復時建立的各公營事業，在繼後的數年間固屬尚歷有嬗變，但已將日據時期重要及規模較大的日人企業均納入公營範疇，分別依據原先企業的性質，將其撥劃為國營、國省合營及省營事業，而原先為規模較小及具有地方性的企業，即撥交縣市等，於是建立起光復後龐大的公營事業體制。同時，由表5-2尚可明顯看出下述現象，各單一公營事業所接收日人企業的單位數，頗有重大差異，其少者如臺灣電力公司及省營六行庫中之臺灣土地銀行等五行庫，都僅接收一單位，而臺灣工礦公司竟接收121單位之多，次之者為臺灣農林公司亦接收56單位，經此整合後，各公營事業乃都具有相當可觀的經營規模。

第三篇
光復初期的臺灣經濟

　　茲所稱之光復初期，係指由光復開始至民國四十一年爲止的一段期間而言，約計七年又兩個月，爲戰後的經濟恢復時期，但亦有若干初步的新建。而對應於在此期間所實施的幣制改革，具有劃時代的重大意義，政府在三十八年六月十五日開始發行新臺幣，本時期並可區分爲舊臺幣階段與新臺幣階段，各約三年半稍多。

　　惟臺灣既告光復，即與我國大陸恢復密切的經濟依存關係，故由光復至民國三十八年以前的四年稍多期間，大陸局勢及經濟都劇烈的動盪，臺灣亦受到重大衝擊。以是本篇的五章篇幅，係先將大陸局勢變化情形及對臺灣的影響予以概述，再對光復初期的生產、交通、貿易、財政、金融、物價等情形予以溯顧。

第六章　大陸局勢變化概要及對臺灣的影響

　　我國在歷時長達八年的艱苦抗戰期間，產業受到戰火慘重的摧毀，生產不振，人民流離失所，生活疾苦，國家經濟自是殘破不堪，凋敝衰弱至極，從而金融與物價都劇烈的動盪。迨至抗戰勝利，全國善良的人民，莫不對戰爭深惡痛絕，熱望和平與休養生息，但是，基本上是共產國際亟欲赤化中國，於是戰爭繼續在廣闊的國土上進行，仍然是兵連禍結，生靈塗炭，以致已極為疲弱的經濟，旋即難以維持，困陷入極為混亂的狀態，國家局勢遂迅速惡化，中央政府於民國三十八年底播遷來臺。對於此等情況的演變，茲分由通貨發行、物價變動及時局變化等三方面略述之。

第一節　通貨發行激劇的膨脹

　　中華民國肇建後，係至民國二十四年十一月四日起，方以中央、中國、交通等三家銀行所發行的鈔票定為 " 法幣 "，後再加入中國農民銀行的發行，乃有四種；然後，直迄三十一年七月一日起，始由中央銀行統一發行，迨至抗戰勝利的前夕，三十四年七月底的法幣發行餘額為四千六百二十三億二千七百萬元。

　　原來在抗戰期間，由於稅收不足，財政支出即常以發行挹注，發行膨脹已甚劇烈。嗣至抗戰勝利後，益以復員、且繼續有龐大的軍事支出，仍都係以發行通貨是賴，另外，尚有收兌"汪偽政權"貨幣之發行(1)，因之，法幣發行額就逐月都有大量的增加，在此情形下，繼後的發行演變，以資料之所及(2)，略為：

　　民國三十四年底已超過一兆元而為一兆零三百十九億三千二百萬元，僅是五個月的時間，即較勝利前夕增加1.23倍。

⑴民國二十七年十二月十八日，擔任國民參政會議長之汪精衛突離重慶，脫出抗戰陣營，勾結日本，至二十九年三月三十日，乃在淪陷區南京亦成立偽"國民政府"，實為日本之又一傀儡，國人遂稱其為"汪偽政權"，並設有兩家發行鈔券的銀行，所發行鈔券係在淪陷區內流通。此兩家銀行之發行額，在抗戰勝利後，截止於政府接收前，偽"中央儲備銀行"計有四兆一千九百九十三億元，偽"中國聯合準備銀行"計有一千四百二十億元。政府對此兩家銀行發行之鈔券，為免淪陷區內之持有人民受損，都在三十五年四月底以前予以收兌，所訂收兌比率，分別為法幣1元兌偽中儲券200元，兌偽聯銀券5元，乃各需法幣約二百一十億元及二百八十四億元，實際收兌情形前者約達90％，後者不明，雖均未全額收兌，亦都對法幣發行之增加具有影響。另外，尚有偽"滿洲國"鈔券、蘇聯軍隊進占東北延不撤出期間所發行之軍用票，中央銀行亦均予收換或收進後不再流出，惟未直接增加法幣的發行，而受影響的為"東北流通券"。資料來源同注(2)。

⑵本節資料主要引自《中國貨幣金融論》，張維亞著，民國四十一年一月出版。

　　繼至民國三十五年，以間隔六個月的半年增加率言，上半年為
1.05倍，下半年為76％，年底的發行額雖已達三兆七千二百六十一億
一千八百萬元，比較上年底的年增加率乃為2.61倍，但是尚為勝利後
的發行增加最低時期。

　　再至民國三十六年，其上、下半年的增加率即分別為1.67倍及
2.34倍，年底發行額為三十三兆一千八百八十五億七千七百萬元，年
增加率遂達7.91倍，為上年的三倍強。

　　踵至民國三十七年，六月底的餘額更達二百六十二兆五千三百五
十三億七千五百萬元，僅是上半年的增加率便有6.91倍，而其與上年
同期比較的年增加率即達25.42倍之高，更較上年有鉅幅的擴大；在
此情勢下，政府即決定實施幣制改革，至其宣布實施之日為八月十九
日，法幣的發行額遂超過六百兆而達六百零四兆六千四百二十七億七
千六百萬元，再較不及五十天以前的六月底增加1.30倍，較諸上年八
月底的年增加率乃達43.14倍，較諸三年前勝利前夕則增逾1,306倍之
鉅。

　　惟在上述以外，中央銀行尚另在東北地區發行“東北流通券”，
而臺灣係流通舊臺幣，都未包括在上述發行額內。東北流通券係於民
國三十四年十一月三日開始發行，至三十七年五月底的發行額亦近一
兆二千四百十五億三千三百萬元，以三十六年一月所改訂的換算率每
元兌法幣10元計算，此項發行額相當於法幣十二兆四千一百五十三億
餘元，乃以不過約計兩年七個月的時間，亦有如是劇烈的膨脹。至於
舊臺幣在此期間的發行情形，就其年增加率言，三十五年為1.31倍，
翌年為2.21倍，三十七年八月為3.32倍，雖然亦都甚高，但是相對於
上述法幣的年增加率尚落後甚多。

　　大陸的通貨發行膨脹既如是劇烈，政府遂於民國三十七年八月十九日公布〈金圓券發行辦法〉，進行對國幣的幣制改革，自即日起以金圓為本位幣，發行金圓券流通；其發行總額以二十億元為限，對於先前發行的通貨，法幣係以三百萬元、東北流通券係以三十萬元折合金圓券一元，均限於同年十一月二十日以前無限制兌換。同時，尚公布包括諸多配合措施的〈財政經濟緊急處分令〉，特別規定：限期收兌人民所持有的黃金、白銀、銀幣及外國幣券，逾期任何人不得持有；限期登記管理本國人民存放國外之外匯資產，違者予以制裁；整理財政，並加強管制經濟，以穩定物價，平衡國家總預算及國際收支。

　　金圓券開始發行後，益以有經濟管制措施的配合，且人心望治，一般大眾遂以所持有之金銀外幣，踴躍的向中央銀行繳兌金圓券；同時，廠商店舖出售貨物，因憚於新頒法令殊為嚴厲及政府嚴申整頓經濟的決心，乃大多能依"八一九限價"⑶的規定。故在最初的兩個月，大陸經濟曾出現相對於先前遠較轉穩的局面（後將述及）。而金圓券在截至十月底的發行額為十五億九千五百萬餘元，尚在規定的限額以內，約為其八成，且包括收換法幣的發行近二億元，收兌金銀外幣的發行為六億七千三百一十七萬元，餘為新增的發行約七億二千二百萬元。豈奈其時的國家局勢正在惡化中，瀋陽外圍與濟南的防衛戰

⑶政府於民國三十七年八月十九日公布〈財政經濟緊急處分令〉，並據以訂定及同時公布〈整理財政及加強管制經濟辦法〉，其中有"限價"的規定，"全國各地各種物品及勞務價格，按八月十九日價格折成金圓券出售。"一般遂稱為"八一九限價"。

正酣，徐蚌會戰將一觸即發，軍費浩大，以致金圓券在繼後的發行，不僅難以守住限額，旋亦步上如同法幣急遽膨脹的後塵而更有過之，至上海於民國三十八年五月二十五日陷落前，且不論上海，就是在廣州爲其時的中央政府所在地，至二十三日也已不能流通，乃告崩潰，而其發行總額則已逾一百零九兆五千餘億元，金圓券的壽命遂僅有九個月零三天。

然而，尚有應予特別指述者：關於金銀外幣之禁止持有及收兌，姑不論其是否合理，仍爲衆多守法大衆所遵守，自民國三十七年八月二十二日起在全國六十六個重要城市、包括臺灣的城市展開後，至十月底止，祇此七十一天，即共收兌黃金一百六十八萬五千餘市兩、白銀八百八十八萬一千餘市兩，銀元二千三百五十六萬四千餘元，美鈔四千九百八十五萬一千餘元，港幣八千六百零七萬九千餘元，以上合計，以官價計算，計值一億四千六百七十餘萬美元，如以市價計算，乃約一億六千八百二十餘萬美元，仍爲國家的一筆可觀財富，同時，亦表示仍有諸多善良人民對政府具有相當的信心，遂將積蓄或窖藏提出兌換金圓券。雖然在繼後的金融措施中，政府爲收縮通貨，曾在三十七年十一、十二月間，復兌出黃金三十六萬六千七百餘市兩，但是其餘的金銀外幣仍都留存在中央銀行金庫中，乃爲三十八年初運臺金銀外幣的重要部分，嗣對臺灣實施幣制改革、穩定經濟、挹注財政及調劑金融，皆有重大的貢獻，此即可稱爲大陸人民對臺灣的濟助。

在金圓券崩潰後，尚在政府區內的大陸各地，即紛以原先所窖藏而未向政府繳兌金圓券的餘存銀元代替流通，廣州則以港幣計價。以是至民國三十八年六月六日，廣東省銀行就發行一種“大洋”輔幣券，頗爲成功；至七月二日，財政部遂公布〈銀元及銀元兌換券發行辦法〉，再改革幣制，又恢復改定法幣爲國幣以前的銀幣本位，且以一比五億元回收金圓券；進而行政院爲適應戰局的演變，並通過〈省銀行發行銀元一元券及輔幣券辦法〉，准許各省的省銀行都可發行此等通貨。但是，在其後不久，中央政府即於十二月七日遷至臺北，而銀元券的實際發行數額不多，就中央銀行的發行言，流通數額爲二千六百餘萬元，戰區分行之發行，清查不及二千四百萬元，合計五千萬餘元，政府在遷臺時，曾撥出黃金一萬一千五百市兩，並另以田賦徵實的稻穀交由各省收兌，故尙收回一部分。

從以上的析述中，乃可了解，大陸在抗戰勝利後的通貨發行，自始就在激劇的膨脹，嗣在戰事的擴大與惡化中，更呈瘋狂狀態，雖經實施幣制改革，且曾採取嚴厲的經濟金融管制，亦未能予以有效的遏制，以致至政府退出大陸前的數月，竟又出現各省都可發行通貨的混亂局面。而在其演變的歷程中，金融之無法安定與正常運轉，固然是政府在大陸潰敗的重要原因之一，同時，有大量的資金匯入臺灣，尤以民國三十七、八年爲甚(4)，足對臺灣的經濟金融具有重大衝擊與影響。

――――――――――

(4)關於其時臺灣與大陸間的匯款情形，據統計：民國三十七年係將法幣及金圓券都換算爲舊臺幣表示，臺灣匯出爲一千八百八十八億八千萬元，自大陸匯入爲四千七百億九千八百萬元，爲匯出的2.49倍。三十八年上半年係以金圓券表示，匯出爲二兆九千七百二十三億九千四百四十九萬元，匯入爲九兆八千八百五十八億三千三百五十六萬元，爲匯出的3.33倍；但下半年以銀圓券表示的匯出爲七百九十三萬四千三百一十五元，匯入爲七百六十二萬零九百二十八元，猶較匯出略少。見《臺灣之金融史料》，陳榮富著，臺灣銀行經濟研究室出版，民國四十二年五月。

第二節　物價瘋狂的上漲

在通貨發行激劇的膨脹中，緣財貨的生產與供給，並不能有相對應的迅速增加，於是就出現絕對過多的貨幣，追逐相對過少之財貨，物價自即有高度敏銳的反應——大幅的上漲；更何況抗戰勝利後，大陸的生產不僅一直未能全面恢復，且因戰爭的繼續與擴大而益為凋敝，從而物價的上漲也就更為兇猛。

對於大陸在抗戰勝利後的物價變動情形，同以資料之所及，茲取反應最敏銳、亦最具代表性的上海市物價指數述之，並將同時的通貨發行額變動併列為表6-1，以相對照，從而明顯可見：抗戰勝利後不久，民國三十四年十二月的上海市物價，比較戰前的二十六年上半年，已上漲884倍多，固屬甚為可觀，但是此係八年半期間的累積漲幅。而繼後的演變，以三十七年六月與三十四年十二月比較，不過二年半的時間，竟再漲逾998倍之鉅；其每半年的漲幅，係以三十五年下半年較小，亦超過53％，餘皆有三位數，乃以倍數計，三十七年上半年遂超過9.5倍之多；而其年上漲率即由三十五年十二月的5倍多不斷擴大，至三十七年六月已高於28倍。抑有進者，三十七年七月僅是一個月的漲幅就接近2倍，嗣至八月十九日，政府即緊急改革幣制，發行金圓券取代法幣，從而九、十月的物價漲幅，都曾因限價而收縮至較低的兩位數，遠較先前穩定。惟嚴格的限價，亦導致貨物逃避銷售，迫使政府不得不於十一月開放限價管制，於是十一月的物價即暴漲10倍多。其後，乃除十二月的月上漲率不及41％較為緩和外，進入三十八年以降，在政局動盪與戰局惡化中，各月的物價漲幅遂都在2.5倍以上，至南京撤守之四月，竟高達超過50倍的瘋狂程度，金圓

表6-1　抗戰勝利後大陸（上海市）物價及通貨
發行變動情形

年　　月	①上海市物價指數(26年上半年=100)	②比較上期上漲率(%)	③比較上年同期上漲率(%)	④通貨發行額(百萬元)	②比較上期增加率(%)	③比較上年同期增加率(%)
民國						
34年12月	88,544	…	…	1,031,932	…	…
35年　6月	372,375	320.55	…	2,116,997	105.15	…
12月	571,313	53.42	545.23	3,726,118	76.01	261.08
36年　6月	2,993,071	423.89	703.78	9,935,177	166.64	369.31
12月	8,379,600	179.97	1,366.73	33,188,576	234.05	790.70
37年　6月	88,480,000	955.90	2,856.16	262,535,375	691.04	2,542.48
7月	260,600,000	194.53	8,260.99	500,671,256	90.71	1,408.57
8月	472,100,000	81.16	14,236.47	604,642,776	20.77	4,314.29
9月	197.0	25.18	…	…	…	…
10月	220.4	11.88	…	1,595	…	…
11月	2,543.1	1,053.86	…	…	…	…
12月	3,583.7	40.92	…	…	…	…
38年　1月	12,876.2	259.30	…	…	…	…
2月	89,778	597.24	…	…	…	…
3月	405,320	351.47	…	…	…	…
4月	20,957,009	5,070.48	…	109,500,000	…	…

附註：①此項指數究竟是躉售物價指數，抑爲零售或消費物價指數，未能查明；
　　　　又，民國三十七年九月以後，係以金圓券計價所編製的指數。
　　　②比較上期上漲率或增加率，在民國三十七年六月以前，即以表列各年
　　　　相鄰的兩個時期比較，乃爲每半年的上漲率或增加率，至三十七年七
　　　　月以後，係以相鄰的兩個月比較，遂爲月上漲率或增加率。
　　　③此即爲年上漲率或年增加率。
　　　④民國三十七年七月以前，爲各月底之法幣發行額，八月爲八月十九日
　　　　的發行額，都未包括東北流通券；自九月起爲金圓券發行額，但未能
　　　　查獲逐月的發行數額，致多不詳；又，三十八年四月的發行額，係截
　　　　止於五月下旬之初、金圓券不能流通前的數字。
資料來源：《中國貨幣金融論》，張維亞著，民國四十一年一月。

券至此，實已不具貨幣的任何功能，延至五月上海陷落前終告崩潰。

　　更將上述的物價變動與通貨發行情形予以對比：先就法幣時期言，雖然通貨發行的半年增加率，在民國三十五、六年的下半年，都分別高於物價上漲率，但因其餘的時間，皆爲物價上漲率遠大於通貨發行增加率，以致物價的年漲幅恆高於通貨發行的年增幅甚多；再同取三十七年八月與三十四年十二月比較，法幣發行的增幅接近585倍，自是很高，而物價漲幅更接近5,331倍，遠有過之。嗣至進入金圓券時期，由於表列的發行資料並不完整，茲僅取三十八年四月與三十七年十月爲概括的比較，僅是半年的時間，通貨發行係增加68,651倍，固屬遠高於上述法幣的增幅，物價漲幅則爲95,085倍，更遠較其在法幣時期爲凌厲，並超過金圓券的發行增幅甚遠。從而可見，抗戰勝利後的物價，持續典型的惡性通貨膨脹，基本上皆由戰亂而起，一方面是軍需浩繁，多賴增加發行支應，一方面是生產因戰亂停頓或受到毀損，供應短絀，物價上漲遂如同燎原野火般奔騰蔓延，難以控制。

　　臺灣光復後，在實施幣制改革前，物價的上漲固屬甚爲劇烈，後將略如第十章第五節所述，且不免與大陸的經濟金融情勢具有若干關聯，但因並未行使法幣及金圓券，乃未置身於大陸的惡性通貨膨脹烈焰中，允爲大幸。

第三節　危疑險惡的時局變化

　　光復初期的臺灣經濟，固然受到上二節所述大陸通貨發行與物價都激劇膨脹的重大衝擊，同時，國家局勢的惡化，特別是以民國三十七、八年爲甚，不僅對臺灣經濟亦有重大影響，且將臺灣捲入狂風駭浪中，處境萬分險惡，其演變經過，可概述如後。

　　原來在抗戰勝利後，雖然國家並未能夠進入和平時期，繼續困陷在另一場激烈的戰爭中，但在截止於民國三十七年上半年以前，整體的國家局勢尚未動搖，政府猶在三十六年元旦公布憲法，自同年十二月二十五日起施行，將國家推進入憲政時代，而已長時期領導國家的蔣總統介石先生，係於三十七年三月十九日當選首任總統，在同年五月二十日就任。

　　嗣至民國三十七年下半年以後，首先是東北地區的戰局逆轉，延至十一月二日，重鎮瀋陽終於棄守，在政府軍撤出後，廣袤富饒的東北即全部淪入中共控制。事實是在抗戰勝利的前夕，其時的蘇聯係在三十四年八月八日方對日本宣戰，立即派遣大軍進入與其鄰壤的我國東北地區，一週後，日本即宣布無條件投降，蘇聯軍隊遂輕易的虜獲日軍大量的裝備及武器，並引入中共的軍隊予以配備，以致我國在勝利後，政府軍一直未能全面接管與掌控東北。

　　另一方面，中原及華北地區，亦在民國三十七年間展開激烈的戰事。先是在三月間，河南省西北部的重要城市洛陽為中共軍乘虛攻占；繼至七月，其東北部的重鎮開封亦淪入中共掌握；踵至九月，山東省的樞紐城市濟南接續失守；再至十一月上旬，遂爆發江蘇省徐州會戰，旋且向南延伸而為徐蚌戰役，血戰至三十八年一月上旬結束，黃伯韜將軍、邱清泉將軍相繼壯烈殉國，政府軍慘敗；而北平、天津保衛戰係於三十七年十二月上旬展開，延至三十八年一月下旬，終於為中共所占據。此等戰役皆遭敗績後，政府軍的精銳大損，國家局勢即告出現嚴重的危機，中央政府遂於二月五日南遷廣州辦公；同時，政局不穩，亦使軍心渙散，士氣消沈，而民眾迷惘。

　　繼至民國三十八年春以後，在中共軍的乘勝追擊中，雖然在廣闊的國土上仍有許多戰事，但卻祇有兩場激烈的戰鬥：一在山西省太原市，四月中為中共軍所圍攻，至二十四日，係以山西省代主席梁敦厚先生率五百烈士自焚悲壯殉國而結束；一在全國第一大商埠之上海市，五月中陷入中共軍的全面包圍攻擊，儘管政府軍仍有相當強的抵抗，終以頹勢難挽，至二十五日陷落。在此期間，政府軍先於四月二十三日撤離首都南京。而在其後的半年稍多期間，政府更一再的播遷，十月十二日復自廣州西遷重慶，十一月二十九日遷成都，十二月七日遷臺北。至此，基本上言，大陸即為中共所全部掌控，且在十月一日宣布"建國"。惟直迄三十九年間，仍有一部分政府軍在大陸上若干地區有軍事活動，已無法挽回大勢。

　　在上述的演變歷程中，另外尚有四點應予特別指述的情況：

　　其一是在民國三十八年一月二十一日，蔣總統發表文告，略稱："戰事仍然未止，決定身先引退，以冀彌戰消兵，解人民倒懸於萬一。"同日，李副總統宗仁發表聲明就任代總統。蔣總統之引退，原期能有裨於政府與中共進行"和平談判"，終不可得。

　　其二是在同年的八月五日，美國政府發表《中美關係白皮書》，雖然明白的指出蘇聯協助中共，中共係為蘇聯的利益服務，但亦將其應對我國眾多苦難人民所負的責任，完全推卸，同時表示將不再支持我國的政府。抑有進者，其時的美國總統杜魯門（Harry S. Truman, 1884～1972），在繼後於三十九年一月五日發表的聲明中，更明顯的暗示，美國將不會阻止中共進攻臺灣[5]。

---

[5]見《一九四九年以來中美關係之研究》，邵宗海著，時報文化公司出版，民國七十五年一月。

　　其三是中共軍先在民國三十八年十月二十五日向福建省的金門島，繼在十一月三日向位於浙江省定海之登步島，連續兩次發動近海登陸攻擊，一則欲消滅政府軍餘存停留在此二島上的實力，再則也是在測試及演練其渡海作戰的能力，吸取經驗，明顯的在爲進攻臺灣作準備。祇是中共軍的此兩次攻擊行動，係在其連續的勝利中皆遭到重大挫敗，全軍覆沒。

　　其四是中共既已於民國三十八年十月一日宣布"建國"，政府於十月十二日再西遷重慶辦公，而西南地區的政府軍事情勢亦在迅速惡化，正值國家命脈不絕如縷的關鍵時刻，李代總統於十一月二十日以"胃疾復發"爲由飛赴香港，續至十二月四日更飛往美國，雖非潛逃，亦爲放棄職責，乃置國家與政府於不顧，足使人民與國際間誤認我政府已無人領導，國家已無元首，自必引起極爲嚴重的後果。

　　國家局勢如是的動盪變化，臺灣在各方面自都有反應，不僅對經濟金融有強大的推波助瀾作用，並引發民衆心理的強烈不安全感，特別是美國發表《白皮書》後，許多知識分子對國家前途喪失信心，而中共更不斷的叫囂著要"血洗臺灣"，益增社會的恐懼。事實是中共已在演試渡海攻擊作戰，其先已潛伏在臺分子則以耳語散播謠言，最使民衆杌隉不安，以致人心浮動，臺灣在其時的處境，自即十分危險。此據當時肩負安全責任的第二任副總統陳誠先生在事過十多年後透露(6)："民國三十八年，共產黨要打臺灣是很容易的，而且美國政

---

(6)此係陳故副總統在兼任行政院長時，對立法院之談話，時在民國五十年代之初。見〈飽經憂患〉，《中央日報》"政海微言"專欄，民國八十二年八月五日。

府替我們做了準備；美國政府通知我們，在必要時，用幾架飛機把總統和我，以及少數高級將領、高級政治領導者運到美國組織流亡政府。”但為蔣總統所拒絕，“願意和這個海島共存亡，……願意死在中華民國的土地上”，終於保住了臺灣，並進而開創出中華民國的新機運。

第七章　農、工業生產與交通的恢復

第一節　初步的修復與擴建綜述

　　臺灣在日據時期之末，因受到同盟國空軍劇烈的轟炸，且遍及各地，遂滿目瘡痍，欲恢復正常的生產，必須先行予以整修。但是，光復之初，則是無論人力、財力、物力，皆有嚴重困難。此對農業生產的恢復而言，尚較為簡易，而對工業及交通的恢復，都祇能採取拆東牆補西牆、拼合移湊的方式，為因陋就簡的整修，先勉強恢復一部分或少量的生產與運作，以能開工或營運為第一要務。嗣至中央政府於民國三十八年底遷臺前後，隨同有大量的內陸人口來臺，方有較多的工程技術人力補充，但財力、物力仍然無著。然後，三十九年下半年美援恢復，旋即有美援物資到達，再經過二年的積極修復，工業生產與交通運輸亦大多恢復光復前最高時期水準。而對應於各業的性質不同，其恢復的經過亦有差異，可先為以下的概述。

　　緣同盟國的空軍轟炸，主要目標為軍事設施、機場港口、交通線

路及重要工業，以削弱及癱瘓日軍的戰力，故農業方面所直接受到的
損傷較小，此當與農業主要散布在廣闊的田野山林具有重大關係。但
是，儘管如此，由於有若干水利設施，或為戰火所波及，或因戰爭關
係而失於養護，以致受到毀損，即對農業生產足有可觀的影響。如河
川的堤防及護岸，日據結束時已完成的總長度為419,153公尺，其中
損壞者即達33,243公尺之多，且鐵絲蛇籠大部分逾齡，已失防洪功能
⑴；又如灌溉埤圳，日據時期的灌溉面積已逾50萬公頃，至光復時，
由於埤圳受損而喪失灌溉效能的面積達26萬餘公頃⑵，而民國三十四
年的稻米產量遽減為六十三萬八千公噸，此亦為主要原因之一。惟此
等水利設施的修復，雖在水泥供應不足的情形下，大多尚可先行就地
取材，以土、石等物料為緊急的填充修補，遂較易整修，故上述受到
損壞的堤防、護岸及埤圳等，至三十六年即告修復完成。其後，在至
四十一年期間，就堤防護岸言，除復因天然災害損毀再加修復的且達
95,549公尺外，並新建30,129公尺，同時，埤圳數亦頗有增加。此等
情形，皆對光復初期的農業生產具有重大裨助。

　　繼觀工業及電力的修復，就遠較困難，可概括為三方面：首先是
人力嚴重不足，儘管政府派有相當多的工程及技術人員來臺，第因日
人的遣返，仍欠缺甚多，而大陸各地亦都需才孔亟，乃不願捨近就遠
而渡海來臺任職，故向內陸羅致亦非易事；再就財力言，由於修復所

⑴《臺灣省建設統計》（第一期），臺灣省政府建設廳編印，民國五十年
　十二月。

⑵《臺灣光復廿五年》，第七篇〈發展水利與電力〉，臺灣省政府新聞處
　編印，民國五十九年十月。

需資金殊為龐鉅，事業單位或工廠固屬難以自籌，政府更是財政困難，無力支應，而需用外匯者，尤其困難；同時，許多工業的機器設備已老舊逾齡，其中，且不乏原係日本所淘汰停用後運臺整修使用者(3)，不僅再行修復所需費用甚高，器材零件更難尋找補充，故在物力供應上亦極為困窘。然而，中國人的智慧及毅力，常是克服重大險阻困阨的最寶貴資源，以是臺灣光復後立即面對的工業修復，雖極為艱難，卻在參與者齊一心志、竭智殫慮、甚至於冒險犯難的努力下，經過周詳的擘劃，精確的掌握住關鍵，竟能以自力更生的方式將各種困難克服，茲舉不同的三例，以為佐證。

　　其一是前已述及電力設施在光復前受到嚴重的破壞。此就裝置容量最大的兩座發電所言，皆設在日月潭，分別是"大觀"為100,000瓩，"鉅工"為43,500瓩，盟軍的轟炸，將二所之屋外所有變電設備完全毀壞，壓力水管亦有破損；另外，民國三十三、四年夏秋空前的風雨災害，導致嚴重的山崩，並使各地有八個較具規模的發電所受到重大損害。是以光復時全臺的總供電能力，即告減降為僅有40,000瓩。光復後，經過緊急的搶修，三十四年底的最大可能發電能力雖已增至略多於100,000瓩，但是欲將日月潭的兩座發電所修復供電，根據當時留用的日籍工程師所提計畫，復經美國懷特公司顧問工程師來臺實地堪察，估算最少需有四百多萬美元向外國訂購大批的器材，方能完成，其時的臺灣電力公司，實無此能力，該公司乃竭力利用原來散置各地廢棄不用及損壞待修的設備，嗣且將前因山崩而沈埋砂中的器材挖出，東拼西湊，修整應用，而器材的搬運，更歷盡艱險，終於

―――――――――――

(3)《臺灣建設‧產業篇》，民治出版社編著，民國三十九年十一月。

將許多工程技術專家認為不可能的艱鉅工作完成[4]，至三十六年底，總供電能力乃增至213,355瓩。其後二年，經過繼續的努力，至三十八年，大觀發電所已恢復100,000瓩裝置容量的發電能力，鉅工發電所亦恢復至35,000瓩，而同年底的總發電能力續增為258,775瓩[5]，已相當於日據最高時期的80.58％。此一例證，可充分顯示其時修復工業設施的艱辛，也最具有代表性。

再就原都係由日本人經營而最具規模、也是最重要的製糖工業言：根據臺灣糖業公司的資料，係有四十二處製糖所[6]，在戰時的轟炸中，有五所受到嚴重的毀損，其中有毀損程度高達90％者，有十九所受到中度的毀損，僅有八所倖免或衹受到輕微的損傷。光復後，由於前在戰爭末期遭日本徵調赴南洋參戰的臺籍技術人員，多未見歸來，而日籍的工程技術人員均遣送返日，故立即遭遇內陸派來修復人手不足的嚴重困難；同時，估計僅是修復糖廠機械，就需要外匯資金七百多萬美元；而製糖機器則大多是第一次世界大戰期間由美、英、德、日等國所設計興建，皆古老逾齡，器材補充極為困難。但經臺糖公司員工勤勉奮發、胼手胝足的努力，拆廢補用，竟在兩年內修復十

---

(4)《臺灣建設‧產業篇》，民治出版社編著，民國三十九年十一月。

(5)《臺灣建設‧產業篇》，民治出版社編著，民國三十九年十一月。並見〈臺灣之電力〉，柯文德、盧承宗著，《臺灣銀行季刊》第五卷第一期，臺灣銀行經濟研究室編印，民國四十一年六月。

(6)《臺糖三十年發展史》，第二篇第二章，臺灣糖業公司編印，民國六十五年五月。本書記述日人之製糖所為42所，較第三章引據日人的記述有43處製糖工廠少1單位。

二所、三年內修復三十二所開工，僅餘兩所在繼續整修。事後檢討，如其時未能及時將大部分工廠迅速修復生產，無以保殘存廢，則臺灣糖業即有可能如同印尼糖業之一蹶不振，繼後就自不可能在至民國五十年代中期以前，一直是臺灣位居首席的出口產品；幸是當時迅速的完成搶修，乃能在民國四十年代為國家賺取大量的外匯，為最重要的外匯來源，對經濟建設與穩定皆有重大貢獻。

　　另有一例，民國八十年九月十三日，現為很多人推崇尊為臺灣"資訊科學之父"的總統府資政李國鼎先生回憶(7)略稱：三十七年四月，甫告改組設立的臺灣造船公司，其基隆造船廠前在日據時期係"臺灣船渠株式會社"，於戰時遭盟軍空襲，毀損極重（按：廠房有80％被炸毀、機器設備亦毀損達30％(8)），修復自甚艱難，但祇在光復之初的二年間，即將其拼湊整修完成，嗣並網羅造船技術人才，租用及自製若干必需的作業機械，遂已具有修理較大型船舶的能力，然而卻又營運資金殊為短絀，修船應備材料不足，業務甚難開展。同時，航運業者對修船資金的籌措與調度亦有困難。李資政其時擔任臺船公司總經理，遂趨洽臺灣銀行在其時的副總經理瞿荊洲、業務主管應昌期及王祝康等先生，建議由臺銀開辦"修船貸款"，獲得應允，使航運業及臺船公司雙蒙其利。此一例證乃說明其時將受破壞的工業予以修復，固屬備嘗艱苦，並且在經營上亦有諸多困阨需加克服。

　　修復日據末期受到盟軍空襲摧毀的工業，以使其能夠正常營運，在經過光復之初的二、三年積極搶修後，儘管並未能全部完成，但亦

---

(7)筆者曾於其時訪謁李資政國鼎。

(8)《臺灣建設・產業篇》，民治出版社編著，民國三十九年十一月。

已獲致相當的成果，嗣至民國三十八年以後，其尚待修復者，即繼續傾力進行。然而，在另一方面，由於大陸局勢至三十七、八年急遽的變化，遂有若干在遷移上困難較小的工業搬遷來臺，此可以紡織工業為代表，雖為舊設備，但對臺灣言，亦如同新設；同時，對應於大陸來臺人口劇增，需要增加，而臺灣光復已有數年，人民生活獲得初步的蘇息，民間乃亦有若干新投資；另外，政府對於關係臺灣經濟安定與未來發展的既有工業，如製糖、肥料、電力開發等，且在政策上予以積極的擴充。以是在光復初期的後三年間，即亦有若干新增及擴建的工業，可概稱為初步的新建，其具體的項目，併述於本章第三節。

　　關於交通運輸的修復，所遭遇的主要困難，頗與工業相似。如在鐵路方面，緣在光復前，行車的主要管理、調度、操控人員皆為日本人，光復後，即視大陸的鐵路專門人員來臺情形，分批遣送原有的日人返日。而各事業的毀損修復，係賴其員工運用高度的智慧，以鍥而不捨的精神與耐力，自行克服各種困難，基本原則是先行擇要修整，祇求能夠實用即可，亦都多能迅速的勉強營運，以配合急迫的需要。對於此點，可再取鐵路搶修集集支線為例(9)，雖然此線多在山區，其時的一般運輸重要性不大，但因修復日月潭電廠極具關鍵性，而所需的器材仰賴此線鐵路運補，以是鐵路局即特別優先搶修通車。關於其他交通設施的修復，亦係循此原則進行。

---

(9)〈臺灣光復後之交通事業〉，交通處，《臺灣銀行季刊》創刊號，臺灣銀行金融研究室編印，民國三十六年六月。

第二節　農業生產迅速的回增

　　日據時期之末，臺灣的農業生產急遽減退，略如前列之2-1表。
然而，由於日本先前曾長時期採取"農業臺灣"的政策，農業的基礎
較好，而在戰時所受到的損害又較小，益以日據結束時臺灣發生糧
荒，緣"民以食為天"，民眾最基本的生活係仰給於農業，故在光復
後，迅速恢復農業的正常生產，即為當務之急，政府遂立即調運大量
的化學肥料來臺⑽，並曾採取以工代賑⑾等各種方式盡快搶修毀損的
水利設施，同時傾力修復生產化肥的工廠。嗣至民國三十七年，乃建
立化學肥料換穀制度⑿，農民可穩妥的獲得所需化肥，增加生產，政
府則可掌握較多的糧食，穩定經濟。繼至三十八年，政府更實施"三

　⑽民國三十五、六年，政府為恢復臺灣的農業生產，緊急將大量的救濟肥
　　料撥運來臺，兩年合計達121,550公噸，皆為化學肥料，見《臺灣省糧
　　食統計要覽》民國五十一年版，臺灣省糧食局編印。

　⑾據〈臺灣光復後之善後救濟〉稱，行政院善後救濟總署臺灣分署曾於其
　　時辦理以工代賑工程四十一件（軍糧的工賑在外），比較大的有嘉南大
　　圳及烏山頭水池修復工程。見《臺灣銀行季刊》創刊號，臺灣銀行金融
　　研究室編印，民國三十六年六月。

　⑿肥料換穀制度係由民國三十七年第二期稻作開始辦理，由農民繳交蓬萊
　　稻穀1.5公斤交換硫酸錏1公斤，稻穀1.9公斤交換磷酸錏1公斤，稻穀2
　　公斤交換硝酸錏1公斤，稻穀0.8公斤交換智利硝1公斤，稻穀0.5公斤交
　　換燐酸石灰1公斤，此時計有五種化肥；翌年以後，肥料種類歷有增
　　加，農民繳穀數量則迭予減降，以嘉惠農民，鼓勵增產。

七五減租 " （第十二章將有專節述及），使農民的增產意願及勤奮都
大爲提升。因之，農業生產的恢復就較爲快速，茲仍取前列十項農產
物列爲表7-1觀察，從而可獲知以下兩點情況：

其一，臺灣光復後，在至民國四十一年爲止的七年間，十種主要
農產物的產量，大部分在逐年之間固屬尚迭見較上年減少的現象，但
是稻米及毛豬等二者都明顯的逐年增加。而此十種農產物的產量變動
趨勢，即皆爲迅速的成長，粗略的以四十一年與三十五年比較，其增
幅分別爲：雞隻的飼養數增幅最小，也接近23％；甘藷係增加57％
強，落花生乃增逾60％，稻米計增逾75％；餘六者的增幅遂皆以倍數

表7-1　臺灣光復初期十種主要農產物產量變動

名稱	單位	民國三十五年	三十六年	三十七年	三十八年	三十九年	四　十年	四十一年
稻米①	公噸	894,021	999,012	1,068,421	1,214,523	1,421,486	1,484,792	1,570,115
甘　藷	公噸	1,330,506	1,782,798	2,002,865	2,166,048	2,200,834	2,021,719	2,090,463
甘　蔗	公噸	1,006,526	796,012	3,113,062	6,193,818	5,860,958	3,584,997	4,800,883
落花生	公噸	37,379	46,572	53,348	53,284	57,110	61,158	60,037
茶葉①	公噸	2,919	7,446	8,452	10,184	9,645	10,502	11,582
菸　葉	公噸	351	3,474	3,837	9,556	6,271	10,574	8,972
香　蕉	公噸	53,412	124,357	110,447	98,427	117,278	100,008	106,856
鳳梨②	公噸	17,265	40,367	39,224	43,288	45,883	52,105	62,760
毛豬①	頭	303,307	378,288	540,691	555,565	905,311	1,173,926	1,258,167
雞①	隻	4,555,271	5,119,125	4,525,486	4,988,887	5,142,514	5,387,377	5,592,850

附註：①稻米爲糙米，茶葉爲粗製茶，毛豬爲屠宰數，雞爲年底飼養數，皆與表
　　　2-1相一致。
　　　②鳳梨產量在光復後改以重量計算，乃與表2-1係以個數計算不同，亦難
　　　以比較，惟另據該表附註④所引《臺灣之鳳梨》中所載資料，尚可銜接。
資料來源：(1)同表2-1資料來源之(3)。
　　　　　(2)《臺灣省糧食統計要覽》，臺灣省糧食局編印，民國五十一年七月。

計，香蕉增加1倍整，鳳梨增加2.63倍多，茶葉增加2.97倍，毛豬屠宰數增加3.15倍，甘蔗增加3.77倍，菸葉則增加24.56倍之多。

　　其二，以表7-1與表2-1相對照，明顯可見，十種主要農產物的產量，在民國三十五年雖有甘蔗、菸葉、鳳梨及毛豬等四項，猶較其上年的產量為低，但是其餘六項農產物的產量都顯有超過，而在繼後數年的增產中，不僅上舉之四項旋亦都見逾越，抑有進者，將此十項農產物更與日據時期的最高產量水準比較，並可見稻米係在三十九年、甘藷且先在三十六年、落花生更早在三十五年、菸葉係在四十年、毛豬係在四十一年，分別建立超出日據時期最高產量紀錄的新里程碑，而此五者除菸葉外，皆與民生的基本生活具有密切關係，至於另五項農產物產量，儘管直迄四十一年尚較先前的最高紀錄有所不及，惟上述的前五項中，稻米至此已超過先前最高產量12％，甘藷係多出18％，落花生竟增逾89％，毛豬亦高近5％，在此情形下，故一般即稱四十一年的農業生產已恢復至日據時期最高水準。

　　對於光復初期的農業生產，更就農業生產指數予以檢視，此項指數係在民國四十二年間始編而溯自光復起，除編製總指數外，並編製農產、林產、漁產、畜產等四大類指數，詳如表7-2所示，，從而即可顯現出全體農業生產的變動情形。光復後至民國四十一年的各年間，雖然四大類指數中祇有畜產指數係逐年都有成長，其餘三大類指數皆曾出現過減退的情況，特別是林產的起伏甚為劇烈，但因每年有至少一大類指數係呈兩位數上升，而在最初的二年，且為全體或大部分的指數皆見劇增，故總指數逐年均有提高。以四十一年與三十五年比較，全體農業生產的增幅接近1.3倍，其中，農產的增幅較小，不及1.1倍，漁產係增加1.3倍多，畜產增逾2.1倍，林產的增幅最大，

表7-2　臺灣光復初期之農業生產指數變動

指數公式：加權綜值式

年別及區分	指數(基期：民國35年=100)					年增率(%)				
	總指數	農產	林產	漁產	畜產	總指數	農產	林產	漁產	畜產
項　數	64	55	2	4	3	64	55	2	4	3
民國36年	126.2	125.0	133.8	120.9	135.9	26.2	25.0	33.8	20.9	35.9
37年	157.3	153.6	265.9	164.4	148.4	24.6	22.9	98.7	36.0	9.2
38年	186.3	189.9	219.0	162.9	177.1	18.4	23.4	-17.6	-0.9	19.3
39年	197.8	201.4	289.4	165.7	181.7	6.2	6.1	32.1	1.7	2.6
40年	206.8	191.7	326.7	187.8	292.2	4.6	-5.0	12.9	13.3	60.8
41年	229.5	209.3	397.6	235.5	312.5	11.0	9.2	21.7	25.4	6.9

資料來源：《臺灣生產統計月報》，第1期，經濟部　臺灣銀行合編，民國四十
　　　　　六年六月。

高達接近3倍。農業生產如是大幅的增加，對安定經歷戰火浩劫後的
民生與經濟，足有重大的貢獻。

第三節　工業生產的重整與重要特性

一、概述

　　檢視臺灣光復初期的工業生產情形，緣政府於民國四十二年間，
在始編前述的農業生產指數時，並開始編制工業生產指數，且亦追溯
自三十五年起，遂可據之先行加以探察。此項工業生產指數的內涵，
在總指數以下，係分為礦業及土石採取業、製造業、電力瓦斯及自來
水業（或稱公用事業）等三大類（其時尚未編房屋建築業類指數），

表7-3　臺灣光復初期之工業生產指數變動①

指數公式：加權綜值式

年別及區分	指數(基期：民國35年=100)				年增率(%)			
	總指數	礦業②	製造業	公用事業③	總指數	礦業	製造業	公用事業
項　數	117	15	99	3	117	15	99	3
民國36年	116.4	114.1	115.5	124.6	16.4	14.1	15.5	24.6
37年	239.8	179.1	256.4	167.0	106.0	57.0	122.0	34.0
38年	361.0	156.3	404.1	207.5	50.5	-12.7	57.6	24.3
39年	398.0	155.4	440.0	280.0	10.2	-0.6	8.9	34.9
40年	428.8	190.3	469.0	320.4	7.7	22.5	6.6	14.4
41年	578.5	247.1	647.2	336.8	34.9	29.8	38.0	5.1

附註：①本表係根據原編之修正指數編製，此等指數後至民國四十六年間曾經改
　　　　編，較原編略有差異。
　　　②原稱礦業及土石採取業，茲簡稱礦業。
　　　③原稱電力瓦斯及自來水業，後改稱公用事業，茲從之。
資料來源：《臺灣工業生產指數》第10期，經濟部編印，民國四十五年三月。

雖係以製造業為主體，但已顯較前述光復前工業範疇為廣，具如表
7-3所示，據此，即可獲致下述的了解。

　　以民國四十一年與三十五年比較，不過六年的時間，總指數增加
4.78倍，逐年均有提升，平均每年增加34％，尤以三十七、八年的增
幅為甚，主要係受製造業之推動。而製造業、也就是光復前所稱之工
業，即呈飛躍式進展，其指數竟急增5.47倍之多；次之者為電力、瓦
斯及自來水等公用事業，增加將近2.37倍；礦業及土石採取業的增幅
較小，也有1.47倍；此三者的平均年增加率遂分別為36.5％、22.4％
及16.3％。從而可見，三大類指數莫不皆有大幅的增加，但有重大的
差異。

對於上述工業生產指數急速的上升，遠大於前述農業生產指數之增幅，分析其原因，即與下述情況使工業生產指數的比較基礎過於偏低，具有重大的關係：其一是日人前所建立的各種工業，大多為盟軍所炸毀，在民國三十五年多仍處於癱瘓狀態，有待修復。再則是各工廠原來重要的或關鍵性技術操作及管理人員，幾均為日人，光復後大多遣返日本，在三十五、六年猶亟待補充。第三是電力亦嚴重受損，雖竭力搶修，但各種修復所需器材的補充至為困難。在此情形下，儘管政府的政策是各種工業在接管後都應迅速復工生產，而事實則是清理、接管與修復，皆需要相當的時間。因之，不僅是三十四年十一月開始陸續接管後，其能立即運轉生產的工業殊為鮮見，就是至翌年能勉強復工生產的工業，其產量亦甚低，以致繼後的生產增幅每見甚為突出。

二、各大類產業變動的差異分析

上述三大類產業指數變動有重大差異，考察其原因，分別略為：

首先就製造業分析，原來在光復以前，其所受到戰火的摧毀，遠較另外兩業為嚴重，故不僅民國三十五年的修復生產程度有限，就是至其翌年亦仍不甚高；續至三十七、八年間，一方面是修復情況已有進展，另一方面並有若干大陸企業遷來臺灣，故生產指數即見連續的突飛猛進，甚至於倍增；而在其後的二年，亦都有適度的成長，祇是不及前二年快速；繼至四十一年，遂因已有若干新設工廠投入生產，復見大幅的增加。

次觀公用事業，乃除民國四十一年的增幅較低外，此前五年皆有兩位數自24％至35％之大幅度穩定增加；其中，最主要的是電力，雖

然其設備在戰時曾受到嚴重的創傷，惟經臺灣電力公司員工周詳的策
劃與奮力搶修，利用已廢置不用、乃至已毀壞的設備予以拼湊，竟是
大多能修復完成（本章第一節已予述及），嗣至三十九年起，對應於
需要的增加，即且不斷的進行擴建，至四十一年，裝置容量增為
331,545瓩，不但較光復之年高出20.45％，並多於光復前最高時期
3.24％，同年的發電量已達1,420百萬度，則分別高出上二時期2.98
倍及18.83％，從而公用事業類指數亦迅速的上升。

　　至於礦業，由於臺灣的礦藏原非豐厚，生產遂不穩定，每見重大
的起落，而又經過日人前在戰時之竭力採掘，故在民國三十七年雖有
特別突出的大幅增加，但繼後二年即出現連續的降退，主要係受煤及
天然氣減產的影響最大，以致其後二年儘管都又有兩位數的成長，而
四十一年的指數仍顯著較另外兩業爲低。

三、主要產品的對比

　　緣上述情形並不能與光復前的生產相對照，故再就主要產品予以
概括的對比，此係指列入生產統計的項目而言。

　　相對於光復前所稱的工業，在表7-3中係稱製造業，其指數係由
99項產品所編製，但是，此等項目在民國三十五年的生產情形，包括
僅有象徵性產量者（如液氨爲三公噸、發動機爲六台）在內，卻尚不
過66項，其中，有若干產品如麵粉、食油、雪茄菸、棉紗、毛巾、甘
蔗板等，應是先前都已有生產，卻或是未見列入日據時期之統計中，
或是未列產量，故皆難以比較；繼後，至四十一年止，即陸續有潤滑
油、自行車、水泥磚、橡皮管、電扇、油墨、變壓器、毛紗、呢絨、
嗶嘰、塑膠製品、鋁片、純鹼、馬達、黑鐵皮、毛線、DDT、硫酸

錏、無水氨、汽車零件、馬口鐵皮、白鐵皮、味精、熔製燐肥、牙膏、平面膠帶、硝酸等產品生產，據其時的主管機關臺灣省政府建設廳指稱⒀，此都是光復後大多在三十八、九年以後所新建的工業主要產品，光復前在市場上或亦有此等貨品，卻非臺灣所生產而係自日本進口，由此亦可概見光復初期的一般工業水準。

在上述新增的產品中，尚有兩點應予特別指出的是：一為棉、毛紡織工業的初步建立。由於臺灣在先前祇有很少的棉花生產，並不出產羊毛，所以在光復前，雖有紡織工業，係以麻紡織、且以編織麻袋為主，棉紡織並無重要性；而在光復後，由於在民國三十七、八年間，有若干大陸的棉、毛紡織工廠遷臺或來臺設廠，嗣在美援恢復後，美援物資中有棉花、棉紗及羊毛，於是棉紡織工業，乃至毛紡織工業都建立基礎，特別是棉紡工業發展迅速。另一為肥料工業的擴建，緣其關係著糧食的生產，政府不僅在政策上優先傾力修復受到戰火摧毀的舊有工廠，且在三十九年間，將一部分兵工廠設備改設為生產化學肥料的新廠⒁，此對農業生產的恢復，頗有重大裨助。

再將表2-3所列日據後期之19項重要工業產品予以檢視，至民國四十一年，已陸續有11項超過日據最高紀錄，其名稱、產量及超過的幅度分別為：

棉布，85,418千公尺，41.43倍；

酒類，558,086公石，9.52％；

捲菸，7,663百萬支，98.86％；

⒀《臺灣光復廿五年》，第拾篇〈工業生產〉，臺灣省政府新聞處編印，民國五十九年十月。

⒁現在的高雄硫酸錏公司，即係民國三十九年間以兵工廠設備所成立。

紙張，24,197公噸，21.83％；

氰氮化鈣，68,070公噸，4.58倍；

過燐酸鈣，62,065公噸，1.44倍；

燒碱，8,758公噸，26.03％；

汽油，81,202公秉，3.28倍；

煤油，40,148公秉，16.87倍；

柴油，46,603公秉，37.36倍；

水泥，445,618公噸，46.86％。

在此11項產品中，有6項的超過幅度都係以倍數計，且有增加數十倍者，自屬進展甚大。惟其餘的砂糖、鳳梨罐頭、再製茶（即精製茶）、麻袋、紙板、鋁錠、酒精、精製樟腦等8項產量，都尚有所不及，或且減少甚多，可分為兩種情況：一是政府在政策上的調整，此可以砂糖為代表，由於增產糧食較生產砂糖為重要，且臺灣的砂糖生產成本高於國際甚多，外銷市場有限，遂減少種植甘蔗與砂糖生產。一是使用（即需要）減少，如酒精、鋁錠及麻袋等，先前俱曾大量的用於軍事用途，前者且供為軍車燃料，在光復後此等用途都減降甚多，其生產亦隨之減少。然而，儘管有部分產品的產量低於先前最高時期，但因大部分的產品產量已有超過，且有許多新增的產品，以是民國四十一年的工業生產水準，即亦恢復至光復前的最盛時期。

另外，為配合與對應製造業生產的恢復及擴增，電力既為工業之母，自更是優先，事實是其時對電力的修復，固屬極為艱苦，但成績亦甚為優異，發電量迅速的增長，民國三十九年已達10億4,000萬度，其翌年遂超過光復前的最高發電量，續至四十一年增為14億2,000萬度，高於光復以前，上已述及。

　　惟在礦業生產方面，主要因礦藏不豐，生產向不穩定，光復前固屬常見驟增暴減的現象，光復後亦然，遂難以與光復前對比。如煤在民國四十一年的產量已增達2,286千公噸，鹽且先在三十七年增至376千公噸（三十九年卻不及其半），都仍低於光復前的最高時期，而天然氣的產量皆在1,700萬立方公尺以上，恆超過先前的最高水準50％之多，但就整體的礦業言，仍有未逮。

四、工業生產的重要特性

　　由於在光復前，臺灣的重要工業，乃至其他的產業，皆係日本人投資或持有大部分股權，光復後，政府既將所有日人的企業接收，分別將其大多改爲公營，祇將少部分不適合公營及規模過小者予以標售或讓售予民間經營，其重要性及產能乃都較低，於是臺灣即告建立以公營爲主的工業生產體制。

　　而在光復之初，民間更是缺乏財力及資金，益以其時的時局混亂，經濟金融皆劇烈動盪，投資環境並非良好，以是民間對工業的投資也就不多。惟至民國三十七、八年間，大陸局勢迅速惡化，乃有若干公、民營生產事業將機器設備運來臺灣，同時帶來許多技術及管理人才與資金，在其時及繼後，民間即亦有較重要的產業新投資。然而，儘管已有此等變化，以公營爲主的生產體制仍未改變。

　　對於上述現象，證諸工業生產統計⒂，祇就製造業言，民國三十五年的66項產品中，全部由公營事業生產的有33項，公、民營事業共

⒂《臺灣省建設統計》（第一期），臺灣省政府建設廳編印，民國五十年十二月。

同生產的有21項，祇有12項係全由民營事業所生產；迨至四十一年，
乃在增爲91項的產品中，此三種生產的配置情形，分別爲44項、31項
及13項；據此，已可獲致粗略的了解。故在截至三十九年以前，雖有
公營製造業主要產品產值統計，卻無民營部分的資料可稽，此當與其
規模較小、調查不易有重大關係。繼至四十年，方初見較爲完整的產
值統計，製造業主要產品總產值爲新臺幣三十六億三千七百萬餘元，
公營事業部分的產值乃有將近二十三億二千萬元，占63.78％，民營
部分的產值不過十三億一千七百萬餘元，祇占36.22％，前者的產值
高於後者76％強；續至四十一年，製造業總產值增爲五十二億一千三
百萬餘元，公營產值爲二十四億八千萬元，仍占54.48％，民營產值
爲二十三億七千三百萬餘元，占45.52％[16]，雖已頗見提高，亦仍以
公營爲主。此二年的情況，遂可對公營體制的特性，爲進一步的印
證。

五、製造業生產結構

在以上的了解下，再具體的觀察光復初期之製造業生產結構，取
民國四十一年各業產值占總產值之比重看來，並與前列表2-2中二十
一年至三十二年間日據末期的情況相對比，具如表7-4所示。在此表
中，雖然分類上有重大差異，四十一年係分爲十七類產業，遠多於日
據後期仍係粗簡的區分祇有九類，尤有進者，光復前未將專賣的菸酒
生產納入製造業中，具有重大的影響，但是，以表列的方式對照表

---

[16]《臺灣省建設統計》（第一期），臺灣省政府建設廳編印，民國五十年
十二月。

表7-4 臺灣光復初期民國四十一年之製造業
生產結構與日據時期比較

業　　別	民國41年		日據後期之最高 (民國21-32年)	
	包括飲料及菸草	不包括飲料及菸草	年份	比重
合　　　　　　計	100.00	100.00	民國	
食　品　業	25.03	30.19	21年	75.71
飲　料　品　業	5.79	-	-	-
菸　草　業	11.30	-	-	-
紡　織　業	19.21	23.17	29年	1.78
製材及木製品業	5.31	6.41	32年	5.07
化學品及其製品業	11.01	13.28	31年	12.83
橡　膠　製　品　業	1.51	1.82	-	-
石油及煤製品業	4.77	5.76	-	-
造　紙　業	4.56	5.50	-	-
基　本　金　屬　業	2.92	3.53	｝30年	8.96
金　屬　製　品　業	1.02	1.23		
運輸工具製造業	0.14	0.16	-	-
機　械　製　造　業	0.97	1.16	｝31年	4.63
電器機械器具業	0.65	0.78		
非金屬礦物製品業	3.71	4.47	31年	3.54
印刷及裝訂業	-	-	30年	1.90
皮　革　業	0.52	0.63	｝31年	8.35
其　他　製　造　業	1.58	1.91		

資料來源：(1)《臺灣省建設統計》(第一期)，臺灣省政府建設廳編印，民國五
　　　　　十年十二月。
　　　　(2)同表1-1。

2-2，仍可明顯看出後述各點重要的變化。

其一是先前的食品工業，由於其中的製糖業曾長時期獨大，乃占有特別突出的比重，直迄日據的後期，仍至少占逾58%，而在民國二十一年係超過四分之三。光復後，食品業所占比重已大幅的減降，就四十一年言，在包括菸酒的總產值中僅占四分之一，不包括菸酒係占30%，亦遠低於日據之最低時期，蓋為製糖業的地位，已因其他產業的發展而急遽降退所致。

其二是光復後的紡織工業地位，迅速提升，民國四十一年已至少占逾製造業總產值19%，或更有過之，但在光復前的最高時期亦未占至2%。證諸一般先進工業化國家的產業發展歷史，皆係由紡織工業首先發展，則臺灣在進入民國四十年代之初，亦已初奠基礎，正進入先進國家發展的軌跡運行。

其三是民國四十一年的化學品及其製品工業所占比重，在包括與不包括菸酒的製造業產值中，分別占11.01%及13.28%，前者雖不及日據後期之最高比重為12.83%，但後者已有所超過。實際上，日人其時的統計，係將橡膠製品、石油及煤製品、造紙等業之生產，都併計在化學工業中；從而光復後的統計，如將此等產業的生產亦都併計在化學工業中，即分別占至21.85%及26.36%，都遠高於日據時期。

然而，縱然是以不包括菸酒在內的製造業產值言，直迄民國四十一年，基本金屬及金屬製品工業之合計產值尚不過占4.76%，又，機械製造及電氣機械器具工業之合計產值係占1.94%，都分別不及日據後期在太平洋戰爭爆發前後的最高時期水準甚多，其時的金屬工業係占8.96%，機械及器具工業係占4.63%，蓋在日據的後期，此兩大類產業對應於日本的侵略戰爭需要，皆有迅速的發展，但經戰時的破壞後，即尚待重建。

　　據上指述，大致上可看出光復後的製造業生產結構，相對於光復以前，實有懸殊的差異，此種變化，基本上與政府的政策亦有重大關係。

第四節　交通運輸的整修

　　由於光復前的戰時毀損及失修嚴重，光復之初的交通運輸整修，儘管人力、物力、財力俱有重大困難，但在非常急迫的情勢下，仍立即全面的展開，先係以能夠勉強維持通行及運轉為原則，俾能配合與支持其他產業的修復，再逐步的改進、加強、提升與擴展，迨至美援恢復後，亦獲得相當的協助，茲分述各方面的整修恢復概要情形如後。

一、鐵路

　　緣鐵路為臺灣最重要的交通運輸載具，必需維持其安全暢通，故在光復後，首重路線的修復與維護，包括路基的檢修，涵洞的疏通，翼牆的修補，將腐朽的枕木抽換，或注油延長其使用時間，將磨損與鏽蝕嚴重的橋樑予以更換或加固，將行車號誌及連鎖裝置予以整理；次為修理機、客、貨車，係以損毀停用的車輛拼裝、改造與補充；再次方為站場、房屋、倉庫、月台、天橋等之修繕。但為對應於需要，尚新築竹東支線，嗣且延展為內灣支線，路長27.9公里，於民國四十年完成；至此，加計若干零星的短距離增建，計有12.4公里，於是全臺不計小火車的鐵路里程，即由光復時實際接收899.5公里增為939.8

公里。而在中央政府遷臺後，並將西部幹線鋼軌一律抽換爲重軌，並提升橋樑的載重等級及將一部分重要橋樑重建，此都有美援的協助。

在上述情形下，對應於人口增加與經濟逐漸恢復，同爲不計小火車之鐵路營運情形，概括的取民國三十五年與四十一年相對比：客運即由不及四千五百萬人次增爲接近六千五百萬人次，惟在其間，三十八年至四十年間的運載人數，都較四十一年高出將近7%至13%不等；貨運係由2,408千公噸遞增爲8,231千公噸，大致上可顯示生產的增加。但是，尚有應予指出的是，機車卻是由252輛減爲249輛，貨車亦由5,942輛減爲5,470輛，表示二者的牽引及營運效率俱頗有提升，而客車係由464輛增爲553輛，表示對客運服務的改善。

二、公路

臺灣光復後，政府隨即參酌大陸的道路區分，將臺灣的既有道路分爲省道1,165.8公里，縣道2,209.4公里，餘爲鄉道仍爲13,717.1公里，均列有"道路臺賬"；前者爲混凝土或瀝青路面道路，僅占6.82%，後二者皆爲碎石路，此即進一步可以概見日據時期的一般道路情形。惟至民國四十一年，政府爲加強對道路的管理及維護，特別予以全面的清查，乃不論是否可通行汽車，祇列計寬在三公尺以上的道路，於是總里程頗有減少爲15,619.3公里，其中省道增爲1,364公里，縣道增爲2,815.1公里，鄉道大減爲10,554公里，另外劃分原係包括在鄉道內之市道爲885.6公里。在此期間，因限於財力、物力均感維艱，公路運輸係以提高行車速度、加強行車安全爲原則，乃以改進路面與強固橋樑或予以改建爲主，包括將一部分原爲碎石路之南北縱貫公路改鋪瀝青路面。

　　再檢視光復初期的公路車輛變動情形，以資料之所及，在民國三十六年以前的二年，登記車輛雖逐年增加，但仍低於光復前最多之年，然後，即皆有超過，至四十一年底已有10,710輛，為光復前最多之年的2.15倍。而在汽車的營運方面，仍祇就客運言，略為：公營之公路局為便利民行，大為提高發車率，早在三十六年的營載已超過日據最高時期，四十一年底有客車460輛，全年載客37,278千人次；惟民營客車直迄四十一年底尚不過618輛，全年載客44,534千人次，較諸日據最高時期，前者仍頗有不及，後者已略有超過，顯示行車效率亦頗有提升；至於公共汽車，四十一年底為291輛，全年載客則有76,634千人次，車輛祇較日據最多時期增加27％，載人卻超過3.24倍之多，表示其服務亦大為加強。

三、港埠船舶

　　由於三大港埠前在戰時都受到慘重的轟炸，航道都為沈船所阻塞，僅能勉強通過300噸以下的船隻，故在光復後，即以清除航道、修復碼頭為首要急務，以利較大型船隻進出與外來物資運輸，此在其時欠缺機具的情況下，自是極為困難，惟經二年多的辛勤努力整修後，舊有設施已大多可恢復使用，航道中的沈船亦大部分打撈出水，一部分係在海底支解或炸毀，大致上在民國三十七、八年間逐漸恢復。從而三港在光復初期的貨物吞吐量，三十五年不過958千公噸，基隆港占84.18％，高雄港占12.10％，花蓮港占3.72％，至三十八年為最多之年，乃達2,588千公噸，其後因對大陸的進出口停頓，僅餘對金門、馬祖的少量進出口，於是就有所不及，但至四十一年已又回增為2,258千公噸，而三港係分占29.31％、64.10％及6.59％，亦頗有改變。

關於光復初期的船舶變動情形，此即以接收日人在劫餘後的96艘機帆船爲基礎，但經整修後能夠使用者祇有69艘，重5,421總噸，自不足需要，卻又無力添購，遂轉向打撈沉船作打算，先後在民國三十五、六年間撈獲較大型輪船3艘及小型輪船2艘，其中尚有1艘不能使用，且皆爲燒煤船。然後，再租用及購置若干舊船，以應需要。嗣即因大陸局勢的變化，有許多輪船轉來臺灣。從而光復初期的運輸船舶登記演變，分取三十五年底與四十一年底看來，輪船係由2艘增爲182艘，小輪船係由9艘增爲18艘，機帆船亦由83艘增爲128艘，船舶數量顯有大量的增加。

四、郵政與電信

臺灣光復初期的郵政，訂有兩大政策目標：一爲普及服務，一爲伸展郵路，於是其營業服務單位即廣闊的增設，民國三十五年底已有1,313處，雖然繼後曾有所緊縮調整，但至四十一年底仍增達1,543處，對民衆利用郵政的便利，大爲增加；同時，郵路在三十九年底以前，固屬尚較日據最多時期有所不逮，惟至四十一年底較其上年倍增後，即達50,396公里，因而先前原未辦理郵件投遞的偏遠地區，亦可獲得郵政的服務。

再就電信方面言：由於市內電話在戰時的毀損過重，修復的進展較慢，故直迄民國四十一年底，其交換機容量增爲39,363門，方超過日據時期之最高紀錄，而用戶數爲24,609戶，尚有所不及。但是，長途電話之有線電路先在三十八年、無線電路繼在四十年，已都超過日據最高時期；抑有進者，對應於時代進步與需要，三十八年並開辦先前所無之國際電話、電報業務；在此等演變中，設備與服務都頗有改進。

　　另外，尚有應予指述者，第二次世界大戰後，民用航空事業蓬勃發展，而臺灣原無國際機場，中央政府遷臺後，旋即將臺北松山機場予以積極的整修與加強，於民國三十九年間宣布爲國際機場，嗣即有多家航空公司營運國內外航線，更是臺灣光復後的交通運輸新發展。

第八章　出、進口貿易的嬗變

　　長時期以來，臺灣的出、進口貿易，先是因為日本的割據，曾發生重大的轉變，由原先係依存於大陸，轉而以對日本為主，迨至光復後，立即又有激劇的變化，且在不過數年間一再的發生，將具如後述。

　　惟尚有應予先行指述者，臺灣在光復的初期，經濟金融劇烈的動盪，從而在嚴重、乃至惡性通貨膨脹下，以現稱舊臺幣表示的通關出、進口情形，固屬難以正確的顯示其真實狀況，就是至政府於民國三十八年六月實施幣制改革後，以新臺幣表示的通關貿易資料，亦然，且難以與先前相銜接。對於此種情況，雖然可透過物價指數予以平減，以剔除物價因素的影響，或以新臺幣與舊臺幣的兌換率予以換算，但經分別試算後，均欠妥適(1)。為此，對應於戰後在國際間一般

_____

(1)關於光復初期以臺幣表示的出、進口情形，具見表8-1，乃逐年均有激劇的增加，如內文所述，遂為假象。惟如以物價指數予以平減，經試算後，可舉民國三十七年至四十年的出口為例：將此四年的出口值分別以各年之物價上漲率（見表10-5）平減後，則三十七、八年的出口值分別相當於其上年之舊臺幣二百七十一億九千萬元及二千七百四十八億八千

的係以"關鍵貨幣"、即美元表示及比較貿易情況,因即以資料之所及,除以通關資料探察臺灣的出、進口貿易外,並以結匯資料予以對照,此即並可顯示出對外貿易之外匯收支情形。通關資料在基本上係以臺幣表示,惟其有換算之美元數據時,亦併予列示;而結匯資料即係逕以美元表示。

又,對外貿易之是否順暢與增減變動,並與外匯貿易制度及匯率具有密切關係,惟此等情況,因未便以年別予以區分析述,將俟後併在第十三章述之。

第一節　通關貿易綜述

臺灣光復的初期,以臺幣表示的通關貿易情形,由於政府曾實施幣制改革,遂分為舊臺幣與新臺幣等兩段期間,但仍可併列在表8-1中。雖然此等數據,都受到其時惡性通貨膨脹的嚴重扭曲,特別是觀察比較各年的變動情形時,實際上並不具有表示真相的意義,而係一種虛幻的假象,惟尚不無可供參考之處,同時可粗略的反映一些其時

三百萬元,遂各較其上年減少24.78%及增加21.49%;而三十九年相當於其上年的新臺幣一億四千七百七十萬七千元,即又見減少38.69%;繼至四十年,遂相當於上年的新臺幣六億五千三百零一萬七千元,復見增加9.02%,但是在表8-1中所列換算美元之出口值,係較上年增加35.78%,頗有差異。至於以新臺幣1元兌換舊臺幣40,000元的比率換算,緣其係在三十八年六月十五日實施幣制改革時所定的比率,乃不可用以換算先前的出、進口值,即甚明顯。

表8-1　臺灣光復初期之通關出、進口貿易情形①

年別 (民國)	出口金額		進口金額					
			合計		一般進口		美援進口	
	臺幣千元	換算 千美元	臺幣千元	換算 千美元	臺幣千元	換算 千美元	臺幣千元	換算 千美元
35年	2,481,865	…	1,085,247	…	1,085,247	…	-	-
36年	36,144,398	…	23,497,120	…	23,497,120	…	-	-
37年	226,268,155	…	187,513,025	…	187,513,025	…	-	-
38年②	240,917	…	186,828	…	186,828	…	-	-
39年	599,011	72,427	974,514	…	793,953	91,594	180,561	②…
40年	1,083,877	98,339	1,687,503	134,005	1,187,706	85,481	499,797	48,524
41年	1,467,859	116,474	2,532,781	187,215	1,768,210	112,985	764,571	74,230

附註：①民國三十七年以前之臺幣爲舊臺幣，皆未見換算美元金額，三十八年以
　　　　後之臺幣爲新臺幣。
　　　②民國三十八年之出、進口金額，以及三十九年之美援進口金額，亦均未
　　　　見換算美元資料，從缺。
資料來源：(1)《臺灣貿易五十三年表》(1886～1948)，臺灣省政府主計處編
　　　　　　　印，未印出刊年月。
　　　　　(2)《中華民國統計提要》(民國四十四年)，行政院主計處編印，未
　　　　　　　印出刊年月。
　　　　　(3)《財政金融資料輯要》，財政部編印，民國四十一年三月。

通貨膨脹之猖狂。

　　先就舊臺幣期間言，由於舊臺幣係與日據時期的臺幣在連接時等
值，從而民國三十五年的出口金額已近二十四億八千二百萬元，進口
金額亦逾十億八千五百萬元，不僅分別高出其上年祇有八個月貿易值
的102倍及47倍多，並各超過第二章所述日據最高時期3.18倍及1.25
倍；此時，臺灣甫告光復，如是巨幅的貿易值擴增，自非眞實。繼至
三十六、七年，出口金額又各較其上年劇增13.56倍及5.26倍，進口

金額更各增20.65倍及6.98倍，於是三十七年的出、進口金額，分別增達二千二百六十二億元及一千八百七十五億元之鉅，而此二年的生產亦尚祇是在初步修復中，進口的需要固屬甚高，出口的能力實甚有限。

嗣至民國三十八年，為新臺幣取代舊臺幣交替的一年，在表列的資料中，其皆以新臺幣表示的出、進口值，雖不過分別為二億四千一百萬元及一億八千七百萬元，但是將其按照新臺幣一元兌換舊臺幣四萬元的比率予以換算後，即分別高達舊臺幣九兆六千三百六十七億及七兆四千七百三十一億元，更較其上年各再增加41.59倍及38.85倍，乃較前三年的增幅益見擴大，實為不可思議的現象。

續至民國三十九年，出口為新臺幣五億九千九百萬元，進口且分為一般進口及美援進口等兩大類，合計遂達九億七千四百餘萬元，雖又較其上年再分別增加1.49倍及4.22倍，惟因通貨膨脹轉見減降（第十章第五節將具體述及），遂較前四年的增幅收縮甚多。而在繼後的四十年及四十一年，出口的增幅就更見分別降退至接近81％及35％，包括美援的全部進口則係各增73％及50％，亦逐年縮小，在此二年，儘管生產已頗有恢復，但在實際上仍都含有很高的通貨膨脹因素在內；以是如再就其換算為美元的情況觀察，出口的增幅即告分別收縮為36％及18％，至於進口情形，對應於資料之所及，包括美援的總進口在四十一年係增加約40％，一般進口則在四十年尚減少6.67％，翌年係增加32％強，較諸以新臺幣表示的貿易變動，顯有重大的差異。

由於上述無論是以舊臺幣或新臺幣表示的貿易情形，皆難與光復以前逐相對比，再取民國三十九年以後以美元換算的貿易值加以檢視：出口至四十一年已增至超過一億一千六百萬美元，固屬尚低於光復前的最高時期係接近一億五千四百萬美元，僅達四分之三強，自尚有待擴展；然而，同年不包括美援的一般進口為一億一千三百萬美元，即已略微超過光復前的最高時期近六萬美元，而包括美援的進口，估計在先三十九年已有一億一千二百萬美元，亦甚接近日據最高時期，其後二年逐皆超過甚多，至四十一年係高出將近66％，對充裕物資供應及穩定經濟都有重大的裨助。

臺灣光復初期的出、進口貿易，在上述的演變中，更就其貿易差額觀察，此在皆以臺幣表示的資料中，明顯的可分為兩個時段：先在截止民國三十八年以前，各年皆呈出超，且有重大的差距，如三十五年的出口竟高於進口達1.28倍之多，後至三十七、八年，雖已大為收縮，出口仍多於進口分別超過兩成與接近三成；分析此種現象發生的原因，主要的是國家在經過八年長期抗戰後，民窮財盡，困頓至極，大陸幾無可供應臺灣需要、主要為工業產品的出口物資，而臺灣在光復後又轉以對大陸的貿易為主，猶有原係以出口為主、而必需出口的砂糖等少數物資可輸往大陸，逐發生如是懸殊的貿易差額。嗣至進入三十九年以後的三年，雖祇就不包括美援之一般進口與出口相對照，亦皆為入超，進口多於出口的差距，係在接近10％至32％之間，此即與中央政府遷臺後，在政策上竭力增加進口，以供應需要，俾穩定經濟，具有重大關係；但是，將此三年的一般進口與出口值都換算為美元後，則為三十九年固屬仍有入超一千九百餘萬美元，然而其後的二年，又各有接近一千三百萬美元及三百多萬美元的出超，主要係因食米產量已頗有增加，對日本的外銷迅速恢復，且售價提高之故(2)。

---

(2)光復初期的食米產量，具見表7-1。關於民國三十九年以後三年的外銷

第二節　貿易地區及貿易商品分析

對於臺灣光復初期的出、進口貿易，更爲深一層的探察，遂可發現兩大重要的情況：一是主要的貿易地區，一再急遽的轉換；一是相對於日據時期的主要貿易商品，出口方面雖仍維持先前的架構，但是進口方面顯有重大的改變。

一、貿易地區的轉變

將光復初期的通關貿易地區，仍劃分爲大陸、日本及其他外國等三個地區觀察，可列爲表8-2，從而明顯可見下述的重大轉變。惟對其中的進口，茲係取表8-1所列之一般進口資料分析。

先看舊臺幣期間的情形：由於臺灣旣已復歸中國版圖，爲中華民國的一省，而又原與大陸沿海航程甚近，乃無論出口或進口，皆恢復五十年前的景況，以對大陸往來爲主，占有絕對的重要性；此在對大陸的出口言，至民國三十七年，其占總出口值的比重雖已較前二年顯有下降，亦仍占逾82％，自大陸的進口，遂皆占至總進口值88％以上。而此時的日本，一方面是在同盟國的軍事占領下，受到嚴密的管

量、值，根據通關資料，分別是，三十九年爲27,300公噸及新臺幣二千四百二十八萬八千元，四十年增爲84,935公噸及一億三千三百五十二萬元，四十一年續增爲105,254公噸及二億二千三百六十九萬七千元，平均計算，每公噸出口單價分別約爲新臺幣八百九十元、一千五百七十二元及二千一百二十五元。據此可見，外銷數量及單價都有大幅的增加。

表8-2 臺灣光復初期之通關對各地區貿易金額

單位：①

年　別	出口金額				進口金額②			
	合計	對大陸	對日本	對其他外國	合計	自大陸	自日本	自其他外國
民國35年	2,481,865	2,308,703	–	173,162	1,085,247	1,046,698	–	38,549
	(100.00)	(93.02)	–	(6.98)	(100.00)	(96.45)	–	(3.55)
36年	36,144,398	33,441,587	1,111,781	1,591,030	23,497,120	20,738,245	187,571	2,571,304
	(100.00)	(92.52)	(3.08)	(4.40)	(100.00)	(88.26)	(0.80)	(10.94)
37年	226,268,155	187,120,253	18,090,933	21,056,969	187,513,025	170,761,975	193,671	16,557,379
	(100.00)	(82.70)	(8.00)	(9.30)	(100.00)	(91.07)	(0.10)	(8.83)
38年③	240,917	...			186,828	...		...
39年	599,011	–	216,511	382,500	793,953	–	253,192	540,761
	(100.00)	–	(36.14)	(63.86)	(100.00)	–	(31.89)	(68.11)
40年	1,083,877	–	523,666	560,211	1,187,706	–	574,565	613,141
	(100.00)	–	(48.31)	(51.69)	(100.00)	–	(48.38)	(51.62)
41年	1,467,859	–	771,647	696,212	1,768,210	–	790,246	977,964
	(100.00)	–	(52.57)	(47.43)	(100.00)	–	(44.69)	(55.31)

附註：①民國三十七年以前為舊臺幣千元，三十八年以後為新臺幣千元。
　　　②此祇係表8-1中之一般進口金額，未包括美援。
　　　③民國三十八年之對各地區貿易資料，未能尋獲。
資料來源：同表8-1。

制，另一方面是經過戰火劫餘後，生產尚待恢復，故且不論民國三十五年之臺、日兩地間貿易竟呈中斷，就是其後二年的貿易比重，亦都甚低，或祇具有象徵性，遂不能與光復前的貿易往來相提並論。至於對其他外國的貿易，雖包括眾多的國家，但所占比重亦不高，出口未占達10％，進口未占至11％。

　　繼至民國三十九年以後的三年，也就是進入新臺幣期間後，同為通關資料顯示，又發生下述的激劇蛻變：在對大陸的出、進口方面，緣大陸局勢在三十八年間急速的逆轉，中央政府於同年底前播遷來臺,臺灣海峽兩岸的正常貿易船隻往來即告停航,從而貿易關係亦告斷絕。再看對日本的出、進口情形,儘管我國與日本在其時都極度缺乏外匯,但因兩國間互有需要,遂於三十九年九月訂立〈易貨貿易協定〉,以是對日本的貿易迅速增加,所占比重乃呈跳躍式竄升,至四十一年,對日出口已占逾總出口值52%,自日進口亦占逾總進口值44%(其上年且曾占逾48%),都又相當的集中於日本。而在對其他外國的出、進口方面,此即由於臺灣對大陸的貿易往來既告阻斷,除恢復一部分日本市場外,尚須向多方面拓展出口及尋找進口來源,故對其他外國的貿易比重亦大為上升,同就四十一年言:對其他外國出口占總出口值的比重,雖較前二年已顯有下降,仍占逾47%,係以新加坡及馬來亞(此時新加坡尚未獨立建國)占9.67%、香港占7.71%、英國占4.19%、美國占3.49%分居前四位;而自其他外國進口占總進口值的比重,更占逾55%,此則以美國恢復對我國的經濟援助後,美援以外的自美進口亦大為增加,遂占22.23%為主,餘以香港占12.85%、英國占3.29%、西德占1.88%較多;此等現象,不僅為舊臺幣時期之所無,亦為光復前所未見。

　　光復初期的出、進口貿易地區,一再出現如是重大的急遽轉變,一方面表示市場的穩定性不足,再一方面對出口的拓展亦有不利影響,惟此種現象的發生,主要係因國家整體局勢的變化所致,亦為一種甚為特殊的情況。

二、主要貿易商品

　　臺灣的資源不豐,而前在日據時期又長時期偏重於農業生產,以是出口的重要商品也就不多,乃有高度的集中性,但是,相對的是對進口商品、主要是對工業產品之需求，則甚衆多與廣泛，此種現象在光復後的初期，並無改變。茲更對出、進口商品項目或類別爲概括的探察，係取出、進口值已獲致相當進展後之民國四十一年爲代表，並與日據最高時期比較，具見表8-3，可分別略述如後。

首先看出口貨品，觀諸表8-3，逐明顯可見兩點情況：其一，民國四十一年的糖、米、茶及香蕉等四種貨品，通關出口值合計爲新臺幣十二億四千九百餘萬元，占逾總出口值85％，都是先前已長時期爲主要出口貨品之農產品及其加工品；而再與前在日據時期通關總出口值最高之二十八年比較，此四者係占72％，乃顯示其在四十一年的出

表8-3　臺灣光復初期民國四十一年之主要出口貨品與日據時期比較　　　　　數量單位：公噸

項目及區分	民國二十八年			民國四十一年			
	通關數量	通關金額（臺幣千元）	佔總出口值%	通關數量	相當於28年之%	通關金額（新臺幣千元）	佔總出口值%
糖	1,312,298	263,827	44.49	459,540	35.02	863,977	58.86
米	581,284	128,502	21.67	105.254	18.11	223,697	15.24
茶	11,922	20,790	3.51	9,323	78.20	84,704	5.77
香蕉	138,279	17,007	2.87	42,566	30.78	76,940	5.24
小計		430,126	72.54			1,249,318	85.11
其他		162,812	27.46			218,541	14.89
合計		592,938	100.00			1,467,859	100.00

附註：民國二十八年爲日據時期總出口值最高之年，除糖之出口數量亦爲歷年最多外，餘三項之出口數量最多之年分別爲：米在二十三年，計有727,206公噸；茶在十八年，計有12,767公噸；香蕉在二十六年，計有156,750公噸。

資料來源：同表8-1資料來源之(1)、(2)。

口比重更頗有提高。再則，復將上稱四種貨品在四十一年的出口數量
與日據時期予以對比，其相對於二十八年的差異，除茶可趨近八成
外，餘三項都不及甚遠；而米、茶及香蕉等三項在二十八年的出口數
量，都尚非日據時期的最高紀錄(3)，則其在四十一年的出口數量，低於
光復前最高時期的差距，就更爲擴大，特別是以食米爲甚。關於食米
的出口，尚可爲更進一步的對比：光復前，二十三年爲出口最多之年
計有727,206公噸，占近同年產量的56％；而四十一年的產量已高於
日據最高時期12％，但是外銷數量105,254公噸卻遠有不逮，祇爲光
復前最多之年的14.5％，僅占同年產量的6.70％。此即顯示一個重要
的事實：光復前的食米出口，主要的在對應於日本之需要，而光復以
後，政府的政策首在安定民生，以供應民食爲優先，儘管政府在其時
至感外匯短絀，緣人口在三十八年底後有大量的移入增加，對食米的
消費需要即大幅提高，遂祇以有限的餘糧，爲適量的外銷。

　　繼觀民國四十一年的進口貨品，緣通關資料的項目繁多，故取繼
將述及之結匯進口分類資料分析，爲包括美援到貨之全部進口，遂以
下述七類貨品爲主，而各類貨品金額及其相對於總進口值爲二億六百
九十八萬美元所占比重，依序分別爲：化學肥料三千五百五十四萬美
元，占17.17％；原棉、羊毛及紡織品三千四百三十三萬一千美元，
占16.59％；小麥、穀物、麵粉及豆類三千一百一十萬七千美元，
15.03％；礦砂、金屬及製品一千六百七十九萬七千美元，占
8.12％；機械及工具一千三百零六萬六千美元，占6.31％；原油及燃

---

(3)關於米、茶、香蕉在日據時期之最高出口量及所在年份，均見表8-3附
　　註。

料油九百九十七萬一千美元，占4.82%；西藥八百七十四萬一千美元，占4.22%；以上七類貨品進口合計一億四千九百多萬美元，占72.25%，皆為促進農工業生產、安定國民生活及維護公衆健康之所需。

更將民國四十一年的全部進口貨品，按其性質區分為三大類：乃有資本財二千七百十一萬五千美元，占13.10%；農工原料一億五千三百四十八萬二千美元，占74.15%；消費品二千六百三十八萬三千美元，占12.75%。前兩類貨品，均為促進生產的物資。

而再溯顧光復前的進口情形，總進口值最高之年為民國二十九年，所進口的棉毛紡織品僅占4.85%，化學肥料也不過占9.47%，都低於四十一年甚多，尤以紡織品的差距甚大。僅此，亦可概見光復後的進口，明顯的特別著重於民生需要，尤其是同係在實施管制分配下，更可凸顯出政策上的重大差異。

第三節　結匯貿易概觀

以上所述，主要係臺灣光復初期的通關出、進口貿易情形，茲更以結匯資料探察之，具如表8-4。但是，尚有應予先行指述者：其一是所謂之結匯，不論是結售或結購，皆係相對於外國貨幣而言，故對大陸的貿易往來，因都勿需透過外國貨幣完成交易，遂未辦理結匯，乃都未計入，而表8-4即為眞實的對外國貿易情形。再則，臺灣甫告光復時，不僅對外國的貿易甚少，如表8-2所示，且結匯係透過在大陸的外匯指定銀行辦理，以是民國三十五年無結匯資料可稽，翌年亦並非完整，祇是下半年的資料，嗣至三十八年以後，先是有"美援到

表8-4　臺灣光復初期之結匯出、進口情形①

單位：千美元

年別及區分	出口結匯			進口結匯					
	合計	自由帳戶	易貨帳戶	合計	政府外匯			美援到貨	自備外匯
					小計	自由帳戶	易貨帳戶		
民國36年	② 972	972	–	③2,178	2,178	2,178	–	–	–
37年	12,970	12,970	–	③3,222	3,222	3,222	–	–	–
38年	33,874	33,874	–	34,928	25,990	25,990	–	8,938	–
	(100.00)	(100.00)	–	(100.00)	(74.41)	(74.41)	–	(25.59)	–
39年	93,074	81,980	11,094	122,768	91,618	72,477	19,141	20,545	10,605
	(100.00)	(88.08)	(11.92)	(100.00)	(74.63)	(59.04)	(15.59)	(16.73)	(8.64)
40年	93,135	54,437	38,698	143,815	84,802	44,876	39,926	56,621	2,392
	(100.00)	(58.45)	(41.55)	(100.00)	(58.97)	(31.21)	(27.76)	(39.37)	(1.66)
41年	119,527	57,510	62,017	206,980	115,228	65,394	49,834	89,062	2,690
	(100.00)	(48.11)	(51.89)	(100.00)	(55.67)	(31.59)	(24.08)	(43.03)	(1.30)

附註：①民國三十五年因尙無在臺之結匯，乃無結匯統計，故未列入。又三十八年以後各年所列括號( )內數字 ，爲百分比。

②民國三十六年之出口結匯爲下半年數字，原列分別爲404千美元，115千餘英鎊，並有港幣1,166千元，馬來幣16千元，並無換算爲美元之合計數，此係取自《臺灣金融經濟論集》之“參考資料”，而其上半年亦尙未在臺結匯，並無統計。

③由於臺灣銀行在民國三十七年以前尙未辦理進口結匯業務，乃無統計，此係取自《臺灣金融經濟論集》之“參考資料”，爲中國輸出入管理委員會發表之數字。

資料來源：(1)《臺灣金融年報》，民國三十六年至四十二年，臺灣銀行經濟研究室編印，各該年之翌年六月。

(2)《二十四年來之臺灣銀行業務》，臺灣銀行編印，民國五十九年五月。

(3)《臺灣金融經濟論集》，瞿荆洲著，自由中國出版社印行，民國四十二年四月。

貨"，其翌年，我國更與日本訂立〈易貨貿易協定〉，以加強兩國間的貿易關係，於是不分出口或進口，都有"自由帳戶"及"易貨帳戶"之區分，皆係由政府掌握及運用，此在進口方面言，乃胥屬"政府外匯"，另外，政府在同年並開放"自備外匯"進口，於是進口即因外匯來源不同而分為多種。在此了解下，可自表8-4獲知下述的情況。

在不計對大陸地區的貿易後，至民國三十八年，對外國的出、進口值分別接近三千四百萬美元及三千五百萬美元，雖明顯的都已較前劇增，實際上仍都甚為有限，此種現象，一方面固屬與其時的出、進口皆以大陸為主，具有重大關係，另一方面亦表示對外國的貿易能力甚低。

繼至民國三十九年，雖然對大陸的貿易斷絕，但因與日本簽訂易貨協定及美援到貨增加，另外，尚有自備外匯之進口，而砂糖的出口亦驟增，為光復初期最多的一年(4)，於是對外國的貿易急遽增長，總

----

(4)臺灣光復初期至民國四十一年的砂糖出口量、值及占總出口值之比重，根據通關資料，分別為：三十五年50,917公噸，舊臺幣二十一億三千萬元，占85.82%；三十六年143,294公噸，舊臺幣二百三十三億九千三百萬元，占64.72%；三十七年255,534公噸，舊臺幣六百零五億五千七百萬元，占26.76%；(本年的比重明顯偏低，係因以下五種物資出口特別較多所致，其名稱分別為：①鹽115,964公噸，計值六十九億九千五百萬元，②茶8,894公噸，計值一百零二億一千三百萬元，③煤58,518公噸，計值一百三十億二千八百萬元，④礦物油111,924公噸，計值八百三十四億九千五百萬元，⑤未列名化學品15,241公噸，計值七十九億七千六百萬元，合計有一千二百一十七億七百萬元，多於砂糖1.01

出口值逐達九千三百餘萬美元，總進口值更達一億二千二百多萬美元，貿易情勢大爲改觀。

惟續至民國四十年，由於砂糖外銷數量大減，不及其上年的47％，儘管砂糖以外的出口頗有增加，特別是米、茶、水果的增幅甚大，但是總出口值並無進展之可言，而總進口值主要因美援到貨繼續大增，顯見成長。

迨至民國四十一年，在生產已有相當的恢復之支持下，總出口值逐增至一億一千九百多萬美元，總進口值更增達二億七百萬美元，俱見顯著的進一步擴展，同時，整體經濟相對於先前亦較爲穩定。然而，本年的結匯出、進口值則都高於前述的通關換算美元資料，此係由於統計基礎上的差異所致。

另外，尚明顯可見：美援到貨至民國四十年及四十一年，分別占近總進口值四成或更有過之，皆占有極爲重要的地位，對穩定幣制改革後的經濟，實具有重大貢獻。但是，三十九年中、日兩國間易貨貿易協定的訂立，雖對解決兩國均有外匯短缺的困難，並重建兩地間貿易關係，皆具正面意義，然而對於擴張臺灣的出口，殆未產生若何特別強勁的效果；關於此點，觀乎其後二年的自由帳戶出口值，猶都低於三十九年甚多，此即似係將一部分對其他外國出口的貨品轉爲外銷

倍。）三十八年情況不明；三十九年608,425公噸，新臺幣四億四千一百萬元，占73.62％；四十年283,515公噸，新臺幣五億七千七百八十三萬七千元，占53.31％；四十一年459,540公噸，新臺幣八億六千三百九十七萬七千元，占58.86％。據此，遂可概見光復初期砂糖出口在總出口中之重要地位。

日本，有“排擠現象”發生。惟由此亦更可概見一個事實，臺灣在其時的出口能力仍甚爲有限。

第九章　財政的整頓與重建

　　臺灣光復的初期，經濟金融都劇烈的動盪，在諸多錯綜複雜的原因中，政府的財政困難，一直是重要的影響因素，允應有較詳的考察。再則，曾有相當長的時期，由於國家處境的關係，政府係將財政資料列為機密，故即鮮見以具體的數據探討，而今是時過境遷，國家情勢已大異於曩者，亦正可藉此時機予以較為深入的溯顧，雖然仍有許多資料難以切實的掌握，且追查不易，但經較深入的檢視後，仍可增加若干了解，茲分為綜述、省財政概觀、中央財政的重建、稅捐對日據時期的比較等四節述之，至於縣市及鄉鎮財政，則從略。

第一節　綜述

　　緣臺灣曾為日本割據長達五十一年之久，情況自是甚為特殊，乃不能與我國大陸在對日抗戰期間的淪陷區，以及"九一八事變"後的東北地區相提並論，以是臺灣在光復後，行政院對於臺灣的財政，旋即核定一種〈財政整理原則〉，計有五點，內容為："㈠由臺灣省行政長官公署擬具計畫及收支概算，呈經中央核定辦理；㈡本省財政在整理期間，中央與地方收支暫不劃分，由本省求得平衡；㈢駐臺國軍軍費由中央負擔；㈣財政整理期間，省內國防建設費專案辦理；㈤暫准發行臺幣。"

據此，臺灣財政即行建立起其時的"特別預算"體制。而第㈡點所稱之中央與地方收支暫不劃分，且延續至民國四十年方告終止，雖在中央政府於三十八年底遷臺後，中央的一切收支，仍由省政府以代收代付方式處理，故"財政整理期間"即亦維持至四十年，乃歷時逾六年。

然而，由於下述的原因——

其一是臺灣在日本的侵略戰爭期間，歷經其竭澤的榨取及戰火浩劫後，經濟受到嚴重破壞與摧毀，光復後尚待恢復，以致生產停滯，民生凋敝，政府所可能收到的稅課及收入，自是甚為有限。

再則，日本前為支援其侵略戰爭，曾在臺灣開徵許多戰時性的苛捐雜稅，茲在光復後，理應廢止，以是政府隨即廢除十五種之多，甚至於包括與民生關係密切的一部分平時租稅在內(1)，自對稅課收入亦

⑴臺灣光復後，政府隨即廢除的日據後期苛捐雜稅，據臺灣省行政長官公署財政處提出的報告資料，計有特別行為稅、特別入場稅、酒類出港稅、特別法人稅、建築稅、廣告稅、資本利得稅、股息紅利稅、公債及公司債利得稅、外幣債券利得稅、超額紅利稅、馬券稅、骨牌稅、織物消費稅、臺灣銀行券發行稅等十五種。其中，後二者且非日人於戰時方開徵之平時稅課，織物消費稅係對出廠紡織品課稅，而織物與民生關係密切，發行稅則係對保證準備發行之超過限額部分課稅，但光復後的舊臺幣發行，已無關於保證準備發行及限額的規定，故都一併廢除。

有影響。

　　第三是臺灣經過日本長時期的占據，乃在各方面都有相當程度的
"日本化"，固屬亟應矯正；抑有進者，為臺灣既告復歸華夏版圖，
自應立即建立我國的體制，遂百政待舉，不可怠緩；另外，尚有最初
的接收工作，亦需有相當的經費辦理。凡此，皆為政府必要的支出，
無從撙節。

　　在此情形下，雖然上述的財政整理原則，行政院將應行歸屬中央
的收入交由省方處理，豈奈總收入原即不足，同時，駐軍及國防建設
以外的中央機構在臺開支亦未劃分，係一併交由省方辦理，故在截止
民國三十八年的四年期間，省財政一直甚為拮据。關於此點，觀乎其
時的省庫收支情形(2)，檢視收入相當於支出的比率，其中的收入，係
包括向銀行的借墊在內，都來自臺灣銀行，此項比率在三十五年為
73.10％，三十六年為71.82％，三十七年為105.77％，三十八年為
96.27％，除三十七年因"特殊門"中的銀行墊借款特別較多而為收
入多於支出外，餘三年的收入中雖亦有銀行墊借款，仍都明顯的為收
入少於支出，尤以三十五、六年為甚，不足的差幅皆超過四分之一，
其時的省財政之困窘，不難概見。

　　⑵光復初期四年的省公庫收、支金額差異，分別是：民國三十五年為舊臺
　　　幣十七億六千七百萬元及二十四億一千七百萬元，三十六年為五十二億
　　　六千五百萬元及七十三億三千一百萬元，三十七年為三百九十三億三千
　　　萬元及三百七十一億八千五百萬元，三十八年為新臺幣六千六百七十四
　　　萬四千元及六千九百三十二萬九千元。據此，除三十七年外，另三年皆
　　　有短絀。見《中華民國臺灣省統計提要》，臺灣省政府主計處編印，民
　　　國六十年十月。

　　實際上，中央在臺所需的經費開支，其應由中央直接負擔的部分，省方一向亦有相當的數額、乃至鉅額的墊付，此在民國三十八年六月十五日公布的〈臺灣省幣制改革方案〉中，且有明確的指述："……近數月來，復因中央在臺之軍公費用及各公營事業之資金多由臺省墊借，歷時既久，爲數又鉅，以及臺幣及金圓券聯繫，受金圓券貶值影響，使臺省在匯兌上蒙受重大虧損，……"而"京滬局勢緊張，中央軍政款項之墊借尤爲龐大，……"，此即明顯的表示，省財政對中央在臺的需費，不僅墊支甚多，而且此種墊付曾受到相當的損失，自對省財政具有重大的影響。

　　嗣至民國三十八年接近年底時，中央政府即遷來臺灣，且在同年春，先將所握存的若干黃金、白銀及銀元運臺，其確數有多少，政府從未公布。但據中共於八十一年十月一日發布的數據(3)，分別爲黃金三百多萬兩，白銀一千一百三十六萬兩，銀元三百九十八萬元，大致上可信(4)。惟所稱之"兩"，究竟是政府從前在大陸時期通用之"舊

___

(3)《中央日報》，民國八十一年十月三日。

(4)經就最主要的黃金部分，予以對證：根據《國際金融統計》（*International Financial Statistics*）中所載資料，我國在民國三十九年底的黃金存量計值四千五百萬美元，其時美國與外國政府及國際組織進行交易之價格爲每盎司35美元，乃約有1,285,714盎司相當於1,166,379市兩。又，後將述及（第十章第三節），政府在三十八年至三十九年間，透過臺灣銀行辦理之黃金儲蓄存款，曾變相拋售庫存黃金約1,998千市兩（三十九年九月並曾向美國購入黃金五萬盎司、合四萬五千餘市兩未包括在內）。將存金與拋售的黃金合計之，約有3,164千市兩，遂與中共所稱之三百多萬兩甚爲接近，故中共所稱之此等數字，大致上可信。

市兩”，抑爲中共現在所通用之“新市兩”，二者頗有重大的差異
⑸，卻未見註明，然而推斷應爲舊市兩。在此了解下，將前兩項皆予
以換算爲公制，並將黃金取其整數以三百萬市兩計，大約有93,750公
斤，白銀則約有355,000公斤。此等金銀運臺後，不僅在金融方面有
重大貢獻（後將述及），亦曾對財政提供相當的裨助。另外，據稱尙
有若干重要物資，但其名稱及詳情皆不明。迨至四十年以後，乃並有
美援“相對基金”對財政提供相當的支持。

　　中央政府旣遷來臺灣，從而自民國三十九年起，即在臺灣新建以
新臺幣表示的預、決算體制。此在其初建至四十一年的三個年度看
來，區分爲中央、省、縣市、鄉鎮等四級的財政，將各級政府間的協
助、補助等移轉性收支扣除後，各級政府的淨收支所占比重，在各年
間自有相當差異，爰取其三年平均數爲準，分別爲：淨收入中央係占
53.60％，淨支出中央更占59.53％，此與中央有龐大的軍事防衛臺灣
安全支出，有重大關係；省係分占26.23％及17.40％，縣市分占
15.17％及16.93％，鄉鎮分占 5％及 6.14％。此即明顯可見，不
論是淨收入或淨支出，均係以中央爲主，其次是省，將此兩級政府的
淨收支分別合計之，乃各占 79.83％及 76.93％，足可代表整體財政
狀況。

　　由於中央政府的財政已在臺建立，於是先前需由省方墊付的諸多
支出，即逐由中央自行調度，以是省財政的困難就轉較舒緩。然而，

　　⑸政府昔在大陸時期通用之“舊市兩”，係1市斤等於16兩、等於500公
　　　克，每市兩遂等於31.25公克；中共占據大陸後，將1市斤改制爲10市
　　　兩，仍爲500公克，每市兩乃等於50公克，自與先前有重大差異。

甫行在臺新建的中央財政，雖於民國三十九年年初開徵防衛捐，係就部分稅、費附徵，後且有所調整，另並整頓各項稅捐及國營事業的經營，以增裕庫收，其翌年爲四十年，且於年中制頒〈財政收支劃分法〉及〈臺灣省內中央及地方各項稅捐統一稽徵條例〉，以分配與便於調度稅收，但是，由於其時臺灣的處境正極爲險惡，係以謀求生存與安全爲首要之務，防衛開支龐鉅，以是中央財政在此時就至爲艱困，除變售先前運臺的黃金、物資及在臺的國有財產外，並曾將持有不多的外匯變價，以爲彌補，甚至於曾以黃金折發軍餉[6]，儘管如此，仍常有鉅額的賒借，後將述及。

　　上稱之變售黃金以支應開支及以黃金折發軍餉，主要係發生在民國三十八、九年，僅是黃金的變售價款，估計在此二年就分別有新臺幣超過一億六千五百萬元及接近三億九千四百萬元[7]，以其相對於繼將述及之此二年度省財政歲入分別不過一億六百萬元，及三億八千七百萬元，則變售黃金價款在三十八年即高出省財政歲入56.53%之鉅，三十九年仍略多1.86%，自爲政府的巨額收入，而在省財政及中央財政的歲入中，都未見列計。雖然此等變售黃金的價款，未必全部用於支應開支上，惟推斷當有許多開支係以此款所支應。

---

(6)《政府遷臺後之外匯貿易管理初稿》，徐柏園著，國防研究院印，民國五十六年二月。

(7)根據徐柏園著《政府遷臺後之外匯貿易管理初稿》中資料，政府於民國三十八、九年變售黃金數量，分別爲590,994市兩及1,407千餘市兩，均以官價每市兩新臺幣280元計，變售價款分別爲一億六千五百四十七萬八千元及三億九千三百九十六萬元。

　　綜括言之，臺灣在光復初期的財政，先是在省財政方面，嗣即轉為中央的財政，一直是極為困窘。而所謂之財政困難，基本上言，不外是經濟尚待恢復，財源不足，收入短絀，另一方面卻是必要的支出甚多，無從撙節；在此情形下，巧婦難為無米之炊，捉襟見肘，政府的施政，也就自難順逐開展。抑有進者，由於財政困難，在迫不得已的情況下，遂在金融方面採取增加通貨發行的手段挹注，以濟燃眉之急，但是，對物價則具有重大的衝擊，促使其劇烈的上漲，非唯影響經濟的安定，更對財政為強大的壓力，增加財政的困難，形成惡性的循環。惟政府終於以堅強的毅力克服重重艱難困阻，旋即脫出困境。

第二節　省財政概觀

　　由於“財政為庶政之母”，政府的各方面施政，都需有財政的支持與配合，以是臺灣在光復後，對應於大陸在抗戰期間已發生嚴重的通貨膨脹，臺灣應如何新建健全穩固的財政，即必須審慎的規劃處理。為此，行政院特別核定前述的五點〈財政整理原則〉，除暫不劃分中央與地方收支外，並准許臺灣繼續發行臺幣，以阻隔其時大陸通貨膨脹對臺灣財政及經濟的影響。

　　然而，妥適的建立臺灣新財政，卻不是在時間匆迫中所能克竣其功的事，於是當時的省政當局，即在奉准暫不成立法定預算後，自民國三十四年十二月十五日起，至翌年三月底止，仍沿用日人昭和二十年度的前臺灣總督府預算，自不切合實際。然後，再自編三十五年度的預算係起於四月至同年底，乃祇有九個月時間，而其決算亦同此。續至三十六年起，方編製與曆年相同的預、決算，儘管直迄四十年止，在此以前的預算皆爲"特別預算"，惟在三十八年已積極進行建立正常的預算制度，顯示政府雖在時局激劇動盪中，仍在爲國家久遠的制度籌謀。迨至四十一年，逐改爲依據上年制定的〈財政收支劃分法〉辦理，不復實施特別預算，至此，光復後的省財政體制方建立完成。

檢視臺灣光復初期的省財政情形，以決算爲依據，具如表9-1，從而可獲致七點了解：

其一是無論歲入或歲出，皆逐年大幅的增加。茲將民國三十五年度的九個月資料伸算爲十二個月(8)，並將三十八年度的新臺幣回算爲舊臺幣(9)後，各年的歲入、歲出增幅分別是：三十六年爲1.21倍及1.36倍，三十七年爲6.60倍及6.13倍，三十八年爲66.14倍及62.22倍，三十九年爲2.66倍及2.90倍，四十年爲71.62％及71.92％，四十一年爲67.29％及66.40％，都顯非正常現象，而是受通貨膨脹的影響，同時亦可反映物價上漲的劇烈。

其二是概觀各年的歲入與歲出差異，莫不是歲入大於歲出，以民國三十六年度約高出1％最少，以三十八年度約高出14％最多，餘五年都高出7％左右，就此而言，決算俱有歲計剩餘，自屬健全的財

────────────

(8)將民國三十五年度的九個月歲入、歲出伸算爲十二個月，係各除以9、再乘以12，於是分別約爲舊臺幣三十七億四千四百四十五萬九千元及三十四億七千八百六十三萬三千元。

(9)根據〈新臺幣發行辦法〉規定，"舊臺幣以四萬元折合新臺幣一元"，從而民國三十八年以新臺幣表示的歲入與歲出，回算爲舊臺幣時，分別爲四兆二千二百八十五億六千萬元及三兆七千六十三億六千萬元。

表9-1　臺灣光復初期之省財政決算概況①②　　　　單位：③

項目及區分	民國35年度	36年度	37年度	38年度	39年度	40年度	41年度
歲入 總計	2,808,344 (100.00)	8,289,632 (100.00)	62,980,320 (100.00)	105,714 (100.00)	386,775 (100.00)	663,800 (100.00)	1,110,471 (100.00)
稅課收入	546,376 (19.45)	4,125,082 (49.76)	31,333,176 (49.75)	53,460 (50.57)	159,6227 (41.27)	380,945 (57.39)	182,351 (16.42)
公賣利益	320,316 (11.41)	1,150,000 (13.87)	7,000,000 (11.11)	20,300 (19.20)	106,000 (27.40)	159,000 (23.95)	421,100 (37.92)
營業及事業盈餘	649,909 (23.14)	1,887,703 (22.77)	19,863,885 (31.54)	10,462 (9.90)	60,485 (15.64)	70,533 (10.63)	107,644 (9.69)
財產孳息及售價	—	951,445 (11.48)	3,480,208 (5.53)	2,253 (2.13)	40,915 (10.58)	38,994 (5.87)	43,960 (3.96)
賒借	1,255,282 (44.70)	—	—	—	—	—	—
協助及補助④	—	55,625 (0.67)	4,808 (0.01)	18,014 (17.04)	6,679 (1.73)	6,900 (1.04)	180,152 (16.23)
其他⑤	36,461 (1.30)	119,777 (1.45)	1,298,244 (2.06)	1,226 (1.16)	13,075 (3.38)	7,428 (1.12)	175,264 (15.78)
歲出 總計	2,608,975 (100.00)	8,220,591 (100.00)	58,629,836 (100.00)	92,659 (100.00)	361,137 (100.00)	620,857 (100.00)	1,033,101 (100.00)
教育及文化	219,393 (8.41)	1,707,797 (20.77)	15,121,191 (25.79)	25,610 (27.64)	89,971 (24.91)	97,930 (15.77)	112,586 (10.89)
經濟建設	131,047 (5.02)	1,198,989 (14.59)	7,952,419 (13.56)	7,632 (8.24)	26,911 (7.45)	35,782 (5.76)	219,611 (21.26)
保安及警政	118,442 (4.54)	454,668 (5.53)	8,321,393 (14.19)	6,153 (6.64)	22,816 (6.32)	41,612 (6.70)	76.960 (7.45)
事業基金⑥	796,368 (30.53)	2,584,951 (31.44)	9,444,314 (16.11)	18,595 (20.07)	108,643 (30.08)	158,329 (25.50)	
協助及補助⑦	394,578 (15.12)	996,482 (12.12)	8,928,157 (15.23)	23,888 (25.78)	63,161 (17.49)	179,042 (28.84)	462,499 (44.77)
其他⑧	949,147 (36.83)	1,277,704 (15.55)	8,862,362 (15.12)	10,781 (11.63)	49,635 (13.75)	108,162 (17.43)	161,445 (15.63)
餘　絀⑨	199,369	69,041	4,350,484	13,055	25,638	42,943	77,370

附注：①民國三十五年度係四月一日至十二月底，其後各年度皆與曆年相同，為一至十二月。
　　　②括號（　）內數字，為占總計之比重(%)。
　　　③民國三十七年以前為舊臺幣元，翌年以後為新臺幣千元，新臺幣1元兌換舊臺幣40,000元。
　　　④本項目在民國三十八年係以捐贈及贈與收入為主，計有18,000千元；三十九年係以信託管理收入為主，計有6,000千元，四十一年係以相對基金收入為主，計有180,000千元。
　　　⑤本項目包括罰款及賠償收入、規費收入在內。
　　　⑥此為建設基金、公有營業基金、其他事業基金之合計數，絕大部分為建設基金。
　　　⑦本項目在民國三十九年度以前，均為補助地方政府支出，其後二年分別為：四十年度協助中央政府83,900千元，補助地方政府95,124千元；四十一年度協助中央政府245,930千元，補助地方政府216,569千元。
　　　⑧包括政權行使、行政、財務、衛生、社會及救濟、債務、信託管理、公務員退撫及生活補助費等。
　　　⑨請參見內文第二、三點之分析。
資料來源：(1)《臺灣省財政統計》第2期，臺灣省政府財政廳主計室編印，民國四十四年十二月。
　　　　　(2)中華民國五十四年《財政統計提要》，財政部統計處編印，民國五十五年。

政，但在實際上此係一種假象。

　　其三是將上稱之歲計剩餘假象作進一步考察：民國三十五年度如無表列歲入中有鉅額的賒借款舊臺幣十二億五千五百萬元，即會出現將近十億五千六百萬元的歲計短絀赤字，相當於歲出的40.47％；又在四十一年度，倘將歲入中列在協助及補助項下之"相對基金"新臺幣一億八千萬元扣除，亦會出現超過一億二百萬元的赤字，占歲出的9.93％。至於其餘各年度的情況，觀諸後在表10-2中所列各年底的臺灣銀行對政府機關放款餘額，雖然未必都是對省政府的墊放，惟推斷應係以省政府為主，或至少在截止三十八年以前係如此（蓋因中央政府係於其翌年方在臺建立財政），從而將此兩種數據相對照，可發現表列各年度的歲計剩餘，其相當於臺灣銀行對政府機關放款的比率，三十六年僅有0.93％，其後在三十七年為6.72％，三十八年為5.02％，三十九年為7.35％，亦都不高，於是可為粗括的推論，此四年的省財政歲計剩餘，應都係來自臺銀的墊放，而實際上其對省政府更多的墊放並未顯示出來。但至四十年，省財政的歲計剩餘為新臺幣四千三百萬元，已超過臺銀之對政府放款減縮為僅有六百萬元，應是省財政至此方初有真正的歲計剩餘；然而四十一年復見實際上係屬短絀，已如上述。

　　再則是在此期間的稅課收入，曾有二年皆不及歲入總計數20％，固屬過於偏低：一在民國三十五年度，係占19.45％，主要因甫告光復，稅收尚待整頓，此亦表示稅收之有限；另一在四十一年度，係占16.42％，主要因〈財政收支劃分法〉初告施行，各級政府的稅課分配未盡妥適，尚待調整，另尚受到鉅額相對基金收入的影響。就是其餘的五年，亦祇四十年度較高，係占57.39％，另四年所占比重都在四成多至稍高於五成之間，有待提升。

　　第五是在甫告光復時，民國三十五年度主要因稅課收入過少，乃有鉅額的賒借達舊臺幣十二億五千五百餘萬元，占總歲入44.70％之高，足可顯示其時幾乎是在經常的舉債度日，賒借的來源，遂為臺灣銀行的發行；而且，此項賒借在其後二年間，雖然舊臺幣已急遽貶值，亦未清償，直迄三十八年改革幣制後，祇折合新臺幣三萬一千餘元，方編列預算清償。於是可同時了解，至三十六年度以後，歲入決算中固屬未再出現賒借，但是並不表示省財政已無困難，而再參證後述第十章第二節中臺灣銀行對政府機關放款情形，可推斷省財政在實際上仍有賒借，或變相的賒借係稱臺灣銀行墊款。惟至三十九年後，一方面是有先前接收日人的許多財產孳息及售價收入，另一方面亦獲得中央的若干協助，特別是四十一年度獲得可觀數額的"相對基金"，又在三十八年度獲得可觀的捐獻及贈與，都對省財政頗有裨助。

　　第六是在歲出方面的教育及文化支出，儘管財政困難，但是民國三十六年行憲後，三十七、八年度都有鉅幅的增加，遂居總歲出的首位，超過憲法第一四六條所定不得少於25％的規定，其後雖迫於事實，以致有所不逮，惟三十九年度仍甚為接近，而四十及四十一年度如減除協助及補助支出，亦尚分別占至22.17％及19.73％，表示省政府仍在竭力的支應教育文化支出。

　　第七是協助及補助支出、事業基金，都在總歲出中頗占重要地位。關於協助及補助支出，在民國三十九年度以前，皆為對縣市地方政府的補助，已常排名為第二、三位（三十六年度除外）支出，續至四十年度開始對中央政府提撥協助款後，加計對地方的補助，遂皆晉居首席支出的地位。至於事業基金支出，主要爲省方在光復後所接收的日人產業，前在戰時多受到嚴重的戰火毀損，其修復需要鉅額的資金，而此等修復則刻不容緩，以恢復臺灣的工業生產，提振經濟活力，自爲根本的要務，省財政遂必須強力的支援，提撥大量的事業基金，以是在總歲出中，迭居首位或次位，惟在經過連續六年後，至四十一年已未見此項支出。

另外，尚有應予指出的是：在上述情形下，省方能夠用於經濟建設的支出，也就有限，在此七年間，祇有民國四十一年度占總歲出超過21％，餘年都不及15％，三十五年度且僅有5％，各年所占比重並有重大起伏，顯係酌情量力而爲。以是其能用於涵括項目甚多的＂其他＂支出，具如表9-1附註⑧之列示，自都受到經費不足的影響，祇在三十五年度曾占總歲出的首位，實際上其中有59％係公務員的＂生活補助費＂，蓋因其時的物價已劇烈上漲，而原定薪俸則過於偏低，爲安定公務人員的生活，乃有此等鉅額的支出，迨至翌年將此項補助費分別併入各科目後，其他支出所占比重即急遽下降，而其連同三十五年度所眞實占有的比重，係浮沈在超過11％至17％之間，自屬不高，致有許多施政難以開展。

第三節　中央財政的重建

在大陸局勢發生激烈變化後，中央政府係於民國三十八年十二月七日遷臺，乃自三十九年起新建中央在臺的財政，而其在截止四十一年的歲入、歲出決算情形，具如表9-2所示，茲釋述五點情況如後：

首先將中央財政與前述省財政予以對比，緣中央負有軍事防衛臺灣安全的責任，以是中央財政的規模就較省財政高出甚多，民國三十九年度的中央財政歲入及歲出，係分別高出省財政1.54倍及2.59倍，翌年仍分別高出92.49％及1.30倍，迨至四十一年遂各高出66.47％及85.63％，此即明顯的表示兩點：一是中央財政規模大於省財政的幅度，均爲歲入小於歲出；一是此項差距都迅速的收縮，蓋因省財政歲入、歲出的擴張，二者在四十年均趨近72％，四十一年仍有67％左右，而中央財政歲入、歲出的增加，在四十年分別爲29.97％及10.45％，四十一年雖各爲44.67％及33.95％，都遠較省財政爲小。

　　次觀各年的歲入與歲出之差異，乃皆爲後者大於前者，即決算均有短絀；而歲入少於歲出的差幅，民國三十九年度達24.16％之高，惟繼後的二年已急遽收縮，分別爲10.75％及3.61％，都端賴賒借收入填補，亦都由臺灣銀行支應。但是，上稱的歲入中，尚包括同具賒借性質的發行公債收入在內，如將賒借與公債併計之，則此三年的實際歲入短絀數及其占歲出之比率，就分別爲：三十九年度短少新臺幣四億九百六十萬一千元，占31.60％；四十年度短絀三億四千九百二十萬九千元，占24.39％；四十一年度短絀一億七千四百三十四萬二千元，占9.09％。雖然短絀的金額及所占歲出之比重，皆逐年收縮，仍較上述情況都擴大甚多。

　　第三是民國四十一年度稅課收入占總歲入的比重逾54％，較前二年提高甚多，而前述同年之省財政稅課收入所占總歲入比重僅有16.42％，明顯的受到中央稅課收入大增之重大影響，此係由於初訂之〈財政收支劃分法〉有欠妥適所致，中央政府乃以相對基金予以補助，嗣即將〈財政收支劃分法〉予以修正。

　　其四是在歲入不足的情形下，中央除發行公債外，遂將自大陸運

表9-2　中央政府遷臺初期之財政決算概況①

單位：新臺幣千元

項目及區分		民國三十九年度 金額	%	四十年度 金額	%	四十一年度 金額	%
	總　　　　計	983,111	100.00	1,277,777	100.00	1,848,609	100.00
	稅　課　收　入	316,247	32.17	458,382	35.87	999,885	54.09
	營業及事業盈餘	26,031	2.65	179,165	14.02	73,537	3.98
歲	財產孳息及售價	180,533	18.36	125,850	9.85	57,403	3.10
	收　　　　入	96,461	9.81	195,230	15.28	105,175	5.69
	公　債　收　入	-	-	57,950	4.54	45,717	2.47
入	省 政 府 協 助	②106,000	10.78	40,000	3.13	290,000	15.69
	相　對　基　金	-	-	-	-	156,439	8.46
	外　匯　差　價	-	-	-	-	-	-
	其　　他③	257,839	26.23	221,200	17.31	120,453	6.52
	總　　　　計	1,296,251	100.00	1,431,756	100.00	1,917,776	100.00
	國　防　支　出	1,159,220	89.43	1,150,309	80.34	1,415,743	73.82
歲	債　務　支　出	17,816	1.37	91,606	6.40	137,013	7.14
	事　業　基　金	3,312	0.26	31,524	2.20	27,579	1.44
出	政　費　支　出	87,732	6.77	138,365	9.66	170,259	8.88
	經建及交通支出	14,656	1.13	5,957	0.42	13,265	0.69
	其　　他④	13,515	1.04	13,995	0.98	153,917	8.03
餘　　絀		-313,140		-153,979		-69,167	

附註：①各年度皆與曆年相一致。
　　　②原列係稱"公賣利益"，亦即省政決算中之公賣利益全部收入，而在中央財政收入淨額中係列在雜項收入，乃應屬省政府協助性質，故改列於此。
　　　③係罰款及賠償、規費、捐獻及贈與、雜項收入等科目之合計數。
　　　④包括教育科學文化、社會救濟及衛生、補助省政府、信託管理、雜項等支出。
資料來源：(1)同表8-1資料來源之(2)。
　　　　　(2)同表9-1資料來源之(2)。

臺的金、銀、物資等，以及先前接收日人而歸屬中央的財產予以整理出售。前述在民國三十九年度，政府曾變售黃金獲得價款約有新臺幣三億九千四百萬元，應是大多用於支應中央歲入之不足；另外，尚有愛國公債的發行，亦足對中央財政具有重大的裨助。而美援相對基金係至四十年度方開始對中央財政提供支持，雖然在當年占總歲入的比重不高，但至其翌年度占逾15％，即為僅次於稅課收入的第二大項歲入，對紓解中央財政困難有重大助益。

第五是在歲出方面，遂以防衛臺灣安全的國防支出為主，民國三十九年度占逾總歲出89％之高，雖其後二年都有明顯的降退，四十一年度仍占近74％，此等現象，乃都可稱是"戰時財政"。又，在此期間的後二年，債務支出亦頗具重要地位，分別占逾總歲出的6％至7％；緣如上已述及者，中央政府既是每年都有賒借款項，常以賒借手段調度歲入之不足，自須還本與付息，尤有進者，愛國公債於三十九年春在臺灣向公眾展開勸募發行後，更須按時還本與付息，方能建立債信，以是中央的財政儘管極為困難，仍都予以支應，竟高出事業基金、經建及交通支出甚多。

在上述情形下，中央政府遷臺初期的各方面施政，因欠缺經費，皆難以開展。據了解⑽，在此三個年度，不論是國民大會、總統府、五院、乃至行政院的八部二會等機構，僅有外交部主管部分的支出，尚分別可占總歲出的1.36％、2.69％及2.60％，次為財政部主管部分的支出，係占1.40％至1.67％不等，其餘眾多單位的支出，各年所占比重皆不及1％，以致表列涵括以上各機構在內的"政費支出"，合占總歲出的比重不逮7％至10％，甚屬有限。另舉一例，民國三十九年

⑽《中華民國統計提要》（民國四十四年），行政院主計處編印，未印出版年月。

度，中央政府曾對所屬全體軍公敎人員發給一次年終獎金，總金額爲新臺幣一千二百四十八萬一千餘元，占總歲出0.96％，其後二年即都未再發給，而其時的薪資水準更是甚低，故無論軍民，莫不在過著僅是勉強餬口的生活，自是極爲艱苦的歲月。

第四節　稅捐對日據時期的比較

緣稅捐爲政府施政最基本的經常收入，自應予以較深入的探察。而爲了解臺灣在光復初期與日據時期的稅捐差異，財政部統計處在民國四十年代的中期，曾將此等資料予以彙整，頗具參考價値。惟在此等資料中，對應於日據時期所稱的稅捐，係將專賣（即公賣）利益、規費、以及屬於縣市財政的稅捐都涵括在內，故本節所稱之稅捐，即爲包括分配在各級政府歲入中的全部稅捐收入，乃較前所析述的僅有省及中央等兩部分爲廣。而所謂的日據時期，則係取其兩個年度觀察：一是民國二十六年，爲日本發動全面侵華戰爭之年；一爲三十一年，爲日據時期剔除物價膨脹因素的影響後，實質稅捐收入最多之年，詳見表9-3之附註⑨。從而對於臺灣光復初期各年的稅捐，即有以下五點情況、也是重要特徵應予以指述：

其一是田賦在全部稅捐中，曾占有極爲重要的地位。先是在甫告光復的民國三十五年度，竟占達接近三分之二之高；繼後的二年，雖然其所占比重已頗見下降，但此三年都爲位居首席的稅捐；嗣至三十八年度，方退居僅次於專賣利益的第二位，亦仍占逾五分之一；蓋在此前的四年，工商業都尙待或僅有初步的恢復與整理，故即以來自依附於土地的農業性稅捐爲主，自非正常與合理的現象。迨至中央政府遷臺後，對應於政策上的調整、其他稅捐的整頓與新稅捐開徵，同時，經濟亦有較快速的恢復，於是田賦所占的地位及比重，俱繼續退降，至四十年度退居第五位後，四十一年度所占比重已不逮5%，土地與農業稅捐的相對負荷即大為減輕。

其二是專賣利益恆為重要的稅捐。在此七年間，其於各種稅捐中所居之地位，雖然僅有民國三十八年度及四十一年度居首，但是餘五年仍皆居次席，乃無任何一種稅捐所可企及，而其所占比重除三十五年度不及15%較低外，繼後六年係起伏於18%至略有超過22%之間，粗略的多占至高於五分之一水準，更是其所獨具的特點，對困窘的財政足有重大貢獻。

其三是在上述二者以外，在此七年間都能排列在前七位以內的稅捐，即祇有關稅，雖然其在民國三十五、六年度的序位較低，所占比重更是不高，此亦反映其時自外國之進口不多，但至三十七年度晉居第三位、並在全部稅捐中占逾一成的比重後，對應於進口貿易的繼續增加，迨至三十九及四十年度，遂皆名列第一，乃為最重要的稅捐，而所占比重亦提升到超過五分之一至不及四分之一，已可對政府財政提供強力的支持。

其四是在臺海風雲日緊、臺灣的安全受到嚴重威脅後，為增強防衛力量，政府並未課徵新名目的稅捐，僅是在部分稅、費上附加，稱為防衛捐，其性質乃類似戰時稅課，自民國三十九年度開徵後，在各種稅捐中，連續三年係占第三或四位，自有很高的重要性，而其所占比重，在開徵之年超過17%，更是甚高，惟繼後二年分別占8.30%及10.49%，已大為減降。

其五是除上述四種稅捐外，排名在第三位以後至第七位之間的稅

表9-3 臺灣光復初期之全部稅捐徵收情形①② 單位：③

	項 目	民國35年度	36年度	37年度	38年度	39年度	40年度	41年度
1	關稅	44,454 (五, 2.02)	598,648 (六, 5.15)	10,622,266 (三, 11.08)	25,707 (三, 18.30)	217,967 (一, 24.66)	334,176 (一, 22.08)	519,540 (二, 20.48)
2	鹽稅	14,063	719,786 (五, 6.19)	3,886,184 (七, 4.05)	301	10,398	23,603	24,704
3	礦區稅	76	42,164	543,692	539	2,142	1,236	700
4	所得稅	42,872 (六, 1.94)	299,457	5,056,767 (五, 5.26)	3,870	43,640 (五, 4.94)	138,535 (三, 9.15)	④261,224 (四, 10.30)
5	遺產稅	739	107,342	317,986	122	606	1,127	1,825
6	貨物稅	64,724 (四, 2.93)	905,497 (三, 7.79)	6,717,885 (四, 7.01)	8,212 (四, 5.85)	14,599	73,033 (六, 4.83)	108,719 (七, 4.29)
7	印花稅	25,771	243,419	2,387,776	3,309	27,601	68,707	103,717
8	中央規費	—	—	—		7,693	12,933	16,963
9	田賦	1,449,161 (一, 65.71)	4,255,360 (一, 36.59)	27,513,350 (一, 28.70)	30,495 (二, 21.71)	70,006 (四, 7.92)	86,642 (五, 5.73)	117,684 (五, 4.64)
10	地價稅	—	—	—		10,751	14,121	22,920
11	營業稅	4,373	229,960	4,045,069 (六, 4.22)	7,848 (五, 5.59)	⑤29,074 (七, 3.29)	51,383	106,925
12	使用牌照稅	7,749	27,400	234,898	1,307	7,788	16,086	35,697
13	港工捐	—	—	19,834	2,237	33,086 (六, 3.74)	41,315	54,953
14	工程受益費	—	—	—		—	435	107
15	地方規費	—	—	—		—	16,536	16,094
16	房捐	23,957	145,798	1,537,629	4,413 (七, 3.14)	11,599	32,973	62,767
17	屠宰稅	36,601 (七, 1.66)	295,733	3,371,321	6,569 (六, 4.68)	26,756	64,291 (七, 4.25)	115,472 (六, 4.55)
18	娛樂稅	15,248	76,402	745,157	1,481	3,440	5,507	13,134
19	筵席稅	10,713	86,665	774,135	861	3,400	6,179	11,300
20	戶稅⑥	112,177 (三, 5.09)	884,162 (四, 7.25)	2,444,667	2,588	6,936	60,278	87,582
21	契稅	—	439,925 (七, 3.78)	2,069,665	2,256	8,405	1,387	28,571
22	罰鍰	—	7,507	73,174	574	4,505	6,776	11,392

項　目	民國35年度	36年度	37年度	38年度	39年度	40年度	41年度
23 防衛捐	－	－	－	－	152,090 (三，17.21)	125,572 (四，8.30)	266,144 (三，10.49)
24 已停徵各項捐稅	33,761	145,692	1,801,797	4,665	17,190	1,278	171
25 雜項收入	－	－	－	－	－	2,939	533
26 補收前年度稅款	－	59,322	920,473	1,707	－	－	－
以上合計	1,886,439	9,530,239	75,083,734	109,062	709,672	1,187,046	1,988,836
27 專賣利益⑦	318,875 (二，14.46)	2,099,898 (二，18.06)	20,776,295 (二，21.67)	31,426 (一，22.37)	174,158 (二，19,70)	326,270 (二，21.56)	574,753 (一，21.59)
總　計	2,205,314	11,630,137	95,860,029	140,488	883,830	1,513,316	2,536,589
換算民國26年幣值	25,351	28,870	38,379	64,179	99,553	102,702	139,811
指 民國26年=100⑧	23.83	27.14	36.08	60.34	93.60	96.56	131.45
數 民國31年=100⑨	16.74	19.06	25.34	42.38	65.73	67.81	92.32

附註：①民國三十八年度與四十一年度之"以上合計"及"總計"數，分別較細數相加多出1,000元及2,000元，係因細數四捨五入的影響。

②表內帶有括號（）之數字，係各年排列爲前七位稅捐的順序及占總計數百分比。

③民國三十七年度以前爲舊臺幣千元，自三十八年度起爲新臺幣千元，換算民國二十六年幣值之單位，亦爲千元。

④民國四十一年度起，所得稅區分爲營利事業及綜合等兩種，分別爲新臺幣二億一千九百八十一萬二千元及四十一百四十一萬二千元，合計如表列數字。

⑤另據《財政統計提要》（民國五十四年）所列三十九年度營業稅爲三千四百四十五萬元，但其後二年數字均相符。

⑥另據《臺灣省統計提要》所列戶稅，民國三十五年度爲舊臺幣一億一千四百八十九萬六千元，其後兩個年度分別爲九億八百一十八萬七千元及三十三億九百一十八萬四千元，三十八年度爲新臺幣三百三十一萬七千元，三十九年度爲八百五十一萬九千元，皆多於表列數字，但其後兩個年度相符。

⑦此係全部專賣利益數字，除解繳政府部分外，尚有轉作政府投資、待繳政府款及保留盈餘，故與決算中所列不同。復查其解繳政府款，亦多與政府歲入決算中的公賣利益未盡一致，僅民國四十及四十一年度相符，關於先前的差異，茲從略。

⑧民國二十六年度稅捐總計數爲其時的臺幣一億六千三百三十六萬三千五百五十一元。

⑨民國三十一年度以當年幣值表示的稅捐總計數爲二億五千四百八十八萬三千三百七十八元，換算二十六年幣值爲一億五千一百四十四萬五千八百五十七元，其後以當年幣值表示的稅捐總計數雖仍有增加，但以二十六年幣值表示時，即逐年減少，至三十三年度已減爲僅有一億四千零四千五百四十九元，至三十四年度不明。

資料來源：同表8-1資料來源之⑵。

捐，以其在此七年內出現的年度多寡、參考所占比重高低為序，尚有貨物稅、所得稅、屠宰稅、營業稅、戶稅、鹽稅、契稅、港工捐及房捐等九種稅捐，其中，所得稅在民國四十及四十一年度，且已分別占有超過9％及10％的比重，但主要為營利事業所得稅，而其在此以前及其餘的八種稅捐，所占比重都尚不及8％，雖然如此，亦各具有相對次要的重要性。

將上述十三種稅捐在各年度列為前七位者併計之，其占全部稅捐的比重，民國三十五年度遂占近94％之高，雖然翌年以後已都減至85％以下，但至四十及四十一年度仍都有76％左右，超過四分之三，顯為主體的稅捐。

然後，再將各年的全部稅捐換以民國二十六年幣值表示，以便與日據時期的情況比較，則民國三十五年度的實質稅捐，不僅尚不及日本發動侵華戰爭之年的四分之一，更祇接近日據時期最高之年的六分之一，固屬過於偏低，就是至四十年度，仍分別有所不逮或僅相當於三分之二；嗣至四十一年度，方以經濟已獲得相當程度的恢復，並初有若干新的進展，同時，各種稅捐的整頓與新稅制建立俱告完成，於是全部的實質稅捐即高出二十六年最高之年。在此情形下，光復初期的財政，姑且不論支出需要的增加，實質稅捐收入之不足，亦足以產生重大的困難，至為明顯。

第十章　金融、物價的劇烈動盪與轉機

　　緣金融與物價具有密切的關聯，而臺灣在光復初期的七年間，金融面的通貨發行與銀行放款都激劇增加，明顯的對物價有重大衝擊，以是茲特將其併在本章中述之，並將對應於通貨發行的快速增加，政府所採取的開辦黃金儲蓄存款及優利儲蓄存款等兩項抑制措施予以析述。

第一節　通貨的變革與發行情形

　　由於光復初期臺灣所流通的通貨曾一再變換，茲將其區分為過渡時期、舊臺幣時期及實施幣制改革等三階段簡述之。惟在舊臺幣時期，並有"即期定額本票"之發行流通，亦如同通貨。而各階段的變換，則皆在年中，爰先將光復初期的發行情形以每半年為原則，綜括列為表10-1，以便觀察其變動歷程。

一、過渡時期

　　以本稿第四章中所摘引先已定案的〈臺灣接管計畫綱要〉為依

據，關於臺灣光復後的貨幣，政府原擬發行印有臺灣地名的法幣，並規定其與日據時期貨幣之兌換率及兌換期間。事實是中央銀行據此，亦已在光復前將此種通貨印妥備用，擬稱"臺灣流通券"。如是的設計，原屬用意良善，一方面可立即將臺灣光復後的通貨納入中央銀行發行體制，再一方面並可暫與大陸流通的法幣隔離，以免受到大陸經濟金融已劇烈動盪的影響。

但是，迨至政府派遣前來接管臺灣的人員抵達後，經過縝密的觀察⑴，有鑒於先已收復的淪陷區中，已發生法幣與日人所設偽政府發行的偽幣兌換率遲疑難決問題，繼在並非妥適的決定以後，又引起諸多誤解，而通貨問題必須迅速解決，在此情形下，如將擬發行的臺灣流通券在匆迫中問世，倘有考慮欠周及失當之處，不僅未能阻隔大陸經濟金融劇烈動盪的影響，且有可能引起正在熱情沸騰中的省民失望。因之，儘管財政部根據上稱的〈臺灣接管計畫綱要〉，在民國三十四年十月三十一日，已公布〈臺灣省當地銀行鈔票及金融機關處理辦法〉，將據以發行臺灣流通券，並收換先前的通貨——臺灣銀行券，惟派來接管的省政當局，仍決定擔負起一切責任，暫先繼續流通舊有的通貨，並在十一月七日，另行公布一種〈臺灣省行政長官公署處理省內日本銀行兌換券及臺灣銀行背書之日本銀行兌換券辦法〉，將先前已長久在臺灣流通的日本通貨，以及經由舊臺灣銀行背書而屬於其發行額一部分之大面額鈔券，都予似暫時的凍結，分別作為"日銀特種定期存款"及"臺銀特種定期存款"，以減少貨幣流通量，而

⑴〈勝利前後〉，邵毓麟著，載《傳記文學》第十卷第二期，民國五十六年二月。

表10-1　臺灣光復初期之通貨發行變動情形

單位：百萬元

區分	時間	通貨		即期定額本票②(C)	發行額合計(A)+(C)	區分	時間	發行額	流通額
		發行額(A)	流通額①(B)						
舊臺灣銀券③	民國34年10月底④	2,898	…	-	2,898	新臺幣⑦	民國38年 6月底	56	41
	12月底	2,312	2,222	-	2,312		12月底	198	192
	35年5月18日⑤	2,944	…		2,944		39年 6月底	280	…
舊臺幣	35年12月底	5,331	5,052	-	5,331		12月底	391	365
	36年 6月底	10,251	9,735	-	10,251		40年 6月底	486	…
	12月底	17,133	15,988	-	17,133		12月底	595	559
	37年 6月底	35,750	31,178	-	35,750		41年 6月底	639	…
	12月底	142,041	121,178	78,697	220,738		12月底	798	762
	38年 6月底⑥	527,034	…	1,213,581	1,740,615				

附註：①通貨流通額係發行額減除貨幣機構金庫中所存現金後之餘額，即通稱之通貨淨額或淨通貨，但在舊臺幣時期以前，並未見發表此項數據，表列數字係減除各行庫綜合資產負債表中"現金"所求得。

②此係臺灣銀行為因應市場交易需要較大面額的鈔券，由民國三十七年五月間開始發行之一種"票據"，但亦可在市場流通，遂如同通貨，故併列在表中，並將其與通貨發行額合計之。

③此為舊臺灣銀行券之簡稱。

④實際上此時仍為舊臺灣銀行之發行。

⑤此為舊臺灣銀行券發行截止之日。

⑥此為舊臺幣發行截止之日。

⑦新臺幣開始發行於民國三十八年六月十五日，表列發行額及流通額皆係修正數字。

資料來源：(1)同表8-4資料來源之(1)。

　　　　　(2)中華民國臺灣地區《金融統計月報特輯》第二版，中央銀行經濟研究處編印，民國七十二年十月。

穩定經濟，俟妥籌辦法後，再進行光復後的幣制改革。

　　於是由光復起，在至繼將接述的＂舊臺幣＂開始發行以前，約有近七個月的時間為過渡時期，都仍流通舊臺灣銀行券。在此期間，其發行額的變動，由於有上稱的日銀及臺銀等兩種特種定期存款，分別收回大量的通貨，特別是後者，在起於民國三十四年十一月十日的一個月收存期間，總收存金額接近六億九千四百萬元，故同年十一月及十二月的發行額即俱呈減少變動，十二月底的餘額為二十三億一千一百餘萬元，較光復時十月底的餘額減少五億八千六百萬元或20％強。同時，據此可知，甫告光復的兩個月期間，其時的省政當局並無收入之可言，各方面需要的經費，胥賴發行支應，為此所增加的發行雖有一億七百多萬元，但是較諸日人在同年九、十月所增加的發行多達接近十五億元之鉅，此即表示省政當局係以相當審慎的態度增加發行。

　　繼後進入民國三十五年，一方面是省政的開支主要仍賴發行支應，再一方面是上述暫時凍結的兩種存款，都陸續可以提取，故通貨發行也就回轉為逐月都有增加，至五月十八日為＂舊臺幣＂發行之前夕，舊臺灣銀行券發行餘額雖又增至二十九億四千四百萬元，較上年底增加六億三千二百萬元，增幅為27％強，但較上年十月底不過增加四千六百萬元，僅增1.59％，大致上在此期間的發行膨脹，尚非太過劇烈，而此種情況亦與其時的工商業尚待恢復具有相當關係。

　　惟臺灣既已光復，並暫時繼續流通舊臺灣銀行券，則如何建立其與大陸流通法幣的兌換關係，姑且不論一般的商業往來需要，僅就軍政公款匯撥及來臺軍公人員的贍家匯款言，亦亟須立即解決，為此，省政當局即先行訂定一種暫時性的兌換率，以舊臺灣銀行券1元折合法幣30元，將二者予以聯繫，且在此過渡時期無變動，但對一般商業往來並不適用，以致曾發生套匯情事，然尚不嚴重。

二、舊臺幣時期

　　臺灣於光復之初，仍暫時流通舊臺灣銀行券，此係省政當局的決定，自爲權宜之計，雖旋亦獲得中央政府的認許，但是，臺灣既告光復，自不宜任其流通過久，因之，迨至政府以半年的時間首先將舊臺灣銀行檢查清理完成，並決定設置光復後的臺灣銀行時，即在其章程中明確的規定，可經“……財政部核准，於規定數額內發行臺幣兌換券”，以取代舊臺灣銀行券，而爲光復後的新通貨。此項章程立即獲得政府的核准備案，遂確定其在臺灣發行通貨的權責。

　　光復後的臺灣銀行係於民國三十五年五月二十日成立，立即於第三天、即五月二十二日起發行新通貨，當時係稱“新臺幣”，自係相對於舊臺灣銀行券而言。但是，由於嗣至三十八年六月十五日實施幣制改革所發行的鈔券，在發行辦法中即稱新臺幣，故先前所發行的“新臺幣”，便改稱“舊臺幣”，而在此前的約計三年一個月，即爲舊臺幣時期，亦爲光復後通貨發行最混亂的一段時間。

　　按舊臺幣之開始發行，固屬距光復之日已逾半年，但是，在此期間，政府面對大陸與臺灣的經濟金融都劇烈動盪，乃對臺灣光復後的通貨問題究應如何決定，並未能妥籌善策，遂未訂定發行方案或辦法，而是由行政院核定三點原則，最主要的一點是應“明定最高發行額，報請中央政府核准。”此即確定其爲“最高限額發行制”。繼之，財政部即對發行準備加以規定，嗣更公布一項〈財政部派員監理臺灣銀行發行新臺幣辦法〉，以監控發行。據此，政府旋即核定舊臺幣最初的發行限額爲三十億元，而估計資金的需要，包括軍費、投資、生產與修復農田水利設施等，合計約需十多億元，並無確數，故限額大致上約為需要資金的兩倍。

然而，舊臺幣既已決定發行，根據先前財政部所公布〈臺灣省當地銀行鈔票及金融機關處理辦法〉的規定，舊臺灣銀行券即應由政府定價予以收換，以免持有的人民蒙受損失，但其定價、即收換比率應如何訂定，仍甚難遽加決定。對此，省政當局為避免不必要的誤會及對價格體系產生影響，同時亦為方便收換計，遂未另行定價，而係將二者等值，於是就有三點應予指出的是：

其一，由於在舊臺幣尚未發行前，舊臺灣銀行券在民國三十五年五月十八日的發行餘額已近二十九億四千四百萬元，則新定的發行額便不過僅夠收換舊有之通貨，並無支應上述估計各種新增需要的餘力，故限額不僅不切實際，且自始就勢必超過限額。

再則，更有進者，如是也就將日人前為支持其侵略戰爭所急速膨脹的通貨，特別是至日本已宣布戰敗投降後，在不過三個月期間內，為支應戰後資遣等用項所倍增接近十五億元的通貨，全都承受下來，乃無異於係由我國所開支與負擔，實屬不可思議，卻未為作此等值決定時所慮及。

第三，舊臺幣的發行，明顯的不足以言其為光復後之幣制改革，或可稱仍為權宜措施，故即並未建立新的幣制。

在上述了解下，儘管舊臺幣的發行，財政部派有專人監督與管理，但是，由於光復後百廢待舉，特別是各種產業在戰時都受到嚴重的破壞，不僅亟需大量的資金修復，其修復後所需的生產營運資金亦甚為可觀，且重要的產業已都在接收後改為公營，而政府財政收支短絀，並有龐鉅的軍政墊款開支，無不需以發行支應；同時，大陸內地的經濟金融動盪加劇⑵，終亦波及臺灣，嗣且有大量的內地資金流入⑶，導致投機日趨劇烈，亦都增加對通貨的需要。以是舊臺幣的發行額變動，自始即爲逐月都有增加，就其各年底及結束時的餘額言，分別爲：民國三十五年底已達五十三億三千餘萬元，續較上年底增加1.31倍；其翌年底爲一百七十一億多萬元，再增加2.21倍；迨至三十七年底乃達一千四百二十億餘元，更增加7.29倍；廣至舊臺幣時期結束之三十八年六月十四日，即增達五千二百七十億餘元，遂較上年六月底增加13.74倍之鉅。此即明顯可見，舊臺幣的發行，竟然是呈幾何級數式的累增。

　　對於舊臺幣發行如是激劇快速的增加，其時的臺灣銀行總經理瞿荊洲先生，曾提出報告稱⑷：民國三十八年二月底的發行額，"約爲二千三百億餘元（按爲二千三百四十一億餘元），用在肥料上的，就有一千一百三十五億元，此外還有對於水利的放款、茶葉貸款及小本農戶貸款，差不多有過半數是用在農業生產上。另有各種工礦事業及電力交通等公用事業之放款，尙不在內。這種發行，都是應付生產事業上的必要，……"。儘管如此，亦足對經濟有重大的衝擊。

　　抑有進者，在上述的發行加速增加中，物價也就凌厲的上漲，從而即需要較大面額的鈔券，但直迄民國三十七年五月十六日止，卻尙

⑵略見第六章第一、二節之析述。

⑶參見第六章註⑷。

⑷〈中央政府遷臺前臺灣金融概況〉，瞿荊洲著，民國三十八年三月四日在臺灣省行政會議口頭報告，載《臺灣銀行通訊》第四卷第三、四期合刊，臺灣銀行秘書室編印，民國三十八年三月三十一日。

祇有一百元以下面額的鈔券，故即發生流通鈔券不能配合交易上需要、甚至於不足的現象，並日趨嚴重，於是臺灣銀行就由同年的五月三日起發行"即期定額本票"，雖名爲"臺灣銀行本票"，實際上係與通貨並行流通，其面額在開始時已達五千元，旋即增加一萬元及十萬元者，迨至翌年五月十七日乃有高達一百萬元者誕生，而此等本票都不受通貨發行規定的限制，以是其發行額的膨脹，就較通貨更爲快速。先是在開始發行至同年底的不及八個月期間，年底餘額便已達七百八十七億元，相當於舊臺幣發行額的55.4％；繼至翌年六月十四日爲舊臺幣結束時，乃又在不及五個半月期間，其餘額更增至將近一兆二千一百三十六億元，猶多於同時的舊臺幣發行額1.30倍，較上年底則增加14.43倍，可見其氾濫程度的嚴重。

更將即期定額本票與通貨發行額合計之，方爲眞實的全部發行額，則在民國三十七年底即達二千二百零七億多萬元，遂較上年底的的通貨發行額增加11.88倍，其翌年六月十四日，乃更達一兆七千四百零六億多萬元，分別比較上年六月底增加47.69倍，較不及三年半以前之三十四年底係增加751.86倍，如是鉅幅的發行擴張，惡性通貨膨脹的發生，自即爲必然現象。

而在臺灣銀行發行的即期定額本票外，在當時的經濟金融情勢下，不論是何種金融機構，莫不有存款難以吸收、以致營運資金不足的嚴重困難，以是各銀行遂繼臺灣銀行之後，亦紛紛發行即期定額本票，將其作爲營運資金，乃亦有如通貨，此即益增金融的紊亂。臺灣省政府有鑒於此，遂於民國三十八年五月十日發布通令，禁止臺灣銀行以外的各銀行發行，並限於七日內將已在流通中的數額收回。此時，距舊臺幣的終止時間已甚接近，同時，亦表示改革臺灣的幣制，以重建經濟金融新秩序，實已迫在眉睫，刻不容緩。

　　然而，舊臺幣連同即期定額本票雖有如是劇烈的膨脹，但是，再概觀其與在大陸所流通國幣的聯繫、即兌換率之變動，則為對國幣尚有大幅的升值。上已述及，前由省政當局所暫時初定的兌換率，為舊臺灣銀行券1元兌法幣30元；至舊臺幣發行後，係於民國三十五年八月十一日，首次改訂為舊臺幣1元兌法幣40元，並對一般匯款亦可適用；其後，再經歷八十四次調整，至三十七年八月十八日，乃改訂為舊臺幣1元兌法幣1,635元，於是舊臺幣承接其由舊臺灣銀行券對法幣所初訂的兌換率，即相對於法幣升值54.5倍之多。繼之，政府於三十七年八月十九日在大陸實施國幣改制，以金圓券取代法幣，八月二十三日所初訂的兌換率，原為金圓券1元兌舊臺幣1,835元，但在經過九個月時間、六十四次改訂後，至三十八年五月二十七日，竟是金圓券2,000元兌舊臺幣1元，亦即金圓券1元兌舊臺幣0.0005元，從而舊臺幣兌金圓券的升值幅度，即有如天文數字般接近367萬倍[5]，更遠高

---

(5)根據＂國際貨幣基金＂所訂計算貨幣升值與貶值之公式，係以舊匯率減新匯率後，除以新匯率，再乘以100，其結果如係正值，表示貨幣升值，倘為負值，即為貨幣貶值。準此，舊臺幣對法幣之兌換率，由初訂之1比30，至最後之改訂為1比1,635，透過上述之公式，二者的升貶幅度分別是：舊臺幣對法幣的升值幅度為5,450％，即升值54.5倍。法幣對舊臺幣的貶值幅度為－98.17％，表示最後改訂的兌換率，法幣對舊臺幣僅相當於初訂時的1.83％。至於舊臺幣對金圓券的升貶情形，則分別為：舊臺幣對金圓券的升值幅度為366,999,900％，已近367萬倍；金圓券對舊臺幣的貶值幅度為－99.999973％，金圓券實已無價值之可言。

於先前其對法幣的升幅。國幣如是猖狂的動盪，舊臺幣雖然巨幅的升值，亦仍對舊臺幣具有重大的衝擊，特別是以自大陸之匯入款大量增加爲甚，此其中，並有銷往大陸貨品之價款；因之，儘管省政當局曾對自大陸匯入款加以限制，以爲遏阻，惟仍爲導致舊臺幣連同即期定額本票發行都急遽膨脹的重要因素之一。

三、幣制改革的實施

有鑑於舊臺幣連同即期定額本票的發行，已似山洪暴發般的氾濫，倘不迅採有效的措施，勢必出現極爲嚴重的後果，臺灣省政府遂密向中央政府提出建議立即改革幣制，隨即獲得認可及強力的支持，由中央政府特別撥出所握存的黃金八十萬市兩，作爲改革幣制的基金，另並撥借一千萬美元予省方，以爲進口貿易的運轉資金，於是具備了相當的改革幣制條件，而幣制改革就在民國三十八年六月十五日付諸實施，現稱的新臺幣自此問世；同時，臺灣光復後的幣制改革，在經過三年又七個半月後，至此獲得實現。而綜觀〈臺灣省幣制改革方案〉及〈新臺幣發行辦法〉的規定，內有四點應予引述的是：

其一，新臺幣繼續由臺灣銀行發行；此即仍未納入全國的貨幣體制。

其二，新臺幣亦仍採最高限額發行制，總額以二億元爲度，並與國際上比較穩定的貨幣美元直接聯繫，對美元的匯率爲新臺幣一元兌美元二角，較戰前的幣值略低，以刺激生產與增進出口。

其三，舊臺幣四萬元折合新臺幣一元，此係基於當時的美鈔市價約爲一美元合舊臺幣二十三、四萬元，似覺太高，但爲避免市場波動與發生不景氣現象，亦不宜壓抑過低，爲兼顧出口與進口、生產與消費，故以一美元合舊臺幣二十萬元爲準，再透過新臺幣五元兌一美元的折合率，逐換算如上數。

其四，新臺幣以黃金、白銀、外匯及可換取外匯之物資十足準備，並設置發行準備監理委員會監督，以鞏固幣信，另外，尚可依規定存儲黃金儲蓄存款，期滿可提取黃金，並可結購外匯，藉以穩定幣值。

對於新臺幣的發行，在當時固屬已具有高度的急迫性，但是，鑒於大陸上將法幣改制爲金圓券失敗的教訓，政府仍採取至爲審慎的處理原則，不僅訂有方案及辦法，更對發行數額及準備等予以嚴格的規定，務期能重建幣信，以是所定限額二億元，也就無彈性可言。然而，尚有應予指出的是，舊臺幣連同即期定額本票的實際收換數額，折合新臺幣爲四千三百一十五萬八千餘元，雖將過去長時期累積而激劇膨脹的通貨發行予以終結，惟已占有新臺幣發行限額21.58%的比重，仍頗有可觀。抑有進者，民國三十八年下半年以降，正值大陸局勢混亂達於巔峰的時會，乃有衆多的軍政機構、公營事業及大量軍民遷來臺灣，儘管中央政府對於所需的經費大多已都劃撥抵付，惟仍須轉換爲新臺幣，而對應於人口的驟增，所需的通貨自亦增多。因之，新臺幣在發行後的最初半年間仍爲逐月遞增，同年底已超過一億九千七百萬元，甚爲接近限額。

在上述情形下，二億元的發行限額已勢難固守，臺灣銀行逐建議將新臺幣輔幣自限額中劃出，單獨訂定發行辦法，以免限額在強大的需要下被突破。但是，繼後的實際情形則是：自民國三十九年一月起，輔幣發行額大增；二月以後，更有加印外島地名的省外發行；迨至七月起，對應於增加生產資金的需要及調劑金融季節性運轉，乃不

得不另訂〈限外臨時發行辦法〉，從事限額外的發行，漸且為發行的
主體。於是在繼後的三年，根據四十六年間的修正資料，包括輔幣、
省外及限外之總發行額變動情形，分別為：三十九年底三億九千一百
四十一萬五千元，較上年底增加98.06％；四十年底五億九千四百五
十四萬八千元，再增加51.9％；四十一年底七億九千八百四十五萬三
千元，又增加34.3％。此等修正發行額皆大於原發表數據(6)，表示先
前尚有隱藏的發行；而此三年的增幅固屬都仍甚高，但較舊臺幣時期
已大為收縮，表示發行的膨脹已緩和甚多，新臺幣即獲得初步的成
功。

第二節　銀行放款情形分析

　　臺灣光復的初期，基於諸多原因的共同推動，銀行放款亦如同通
貨發行係呈急速的增加，實際上，發行的增加，主要即由放款（包括
墊款及透支）的不斷擴增而起。

　　上稱諸多的原因，自是錯綜複雜，惟從基本上言，則不外乎：戰
後的經濟殘破停滯，政府財政收入嚴重短絀，乃不論對此甫收復的國
土除舊布新，或推行重大的政策與改革，在在需要向銀行融通資金；
同時，修復前在戰時受到戰火摧毀的產業，所需資金尤為龐鉅，亦有

---

(6)按此三年的原發表通貨發行額及其少於修正發行額情形，分別為：民國
　三十九年底2億9,971萬5,000元，少9,350萬元；四十年底5億1,293萬
　5,000元，少8,161萬3,000元；四十一年底7億4,845萬3,000元，少5,000
　萬元。

賴金□□支持；此外，嗣且受到大陸局勢變化及經濟劇烈動盪的重大影響，□□機之風熾烈，益增對資金的需求。但是，在另一方面，由於時局與經□□動盪不安，銀行吸收存款困難，其營運資金乃嚴重不足，以致至□□□大多係由增加發行來支應，通貨逐急劇的膨脹。

　　緣銀行放□□直在迅速的繼增不已，故至民國三十七年下半年，遂且發生由政府□□與分配放款的現象。先是在八月間，臺灣省政府即逕以通令規定各金□機構，除經省政府特准者外，其餘的放款皆暫緩辦理；嗣至十一月，□□設置全省銀行放款審核委員會，對銀行的放款案件先行予以審核，如□□獲通過，各銀行即不得貸放。此等措施，固屬都明顯的在抑制放款，□而放款仍大幅的增加，因之，在其後的□□□，就特別對民營企業按年分□□訂定嚴格的貸款實施辦法，限以所列舉的□□事業方可申請，且曾規□客戶的還款，須以半數為實物，更是世所未聞□□□創舉[7]；繼之，放款□核委員會並訂定各銀行放款必須遵守的事項，□□□□的作業予以□加限制。但是，儘管如

---

(7)民國三十八年六月八日（尚未實施幣制改革），臺灣省政府公布〈臺灣省三十八年度民營企業貸款實施辦法〉，除規定以所列舉之工、礦事業為對象外，並有資格的限制，免以不動產擔保，而以三家企業連帶保證，貸款期限定為半年，其償還分現金及現金與實物各半等兩種，現金照收利息，實物則不計利息。翌年三月十一日，再公布〈臺灣省三十九年度民營企業貸款實施辦法〉，增加交通事業為貸款對象，貸款期限改為最高不得超過六個月，並取消以實物償還的規定，餘無重大更張。此等貸款，皆須經不同的審核機構或委員會審核，而三十八年度之貸款償還，須以半數為實物，更是一種"創舉"。

此，從各銀行整體的放款言，三十八年仍激劇的增加，直迄進入三十九年以後，方相對的較爲緩和。

在上述的概括了解下，對於光復初期銀行放款的具體變動情形，可區分爲臺灣銀行及其他行庫列如表10-2，從而即可進一步指述以下的三點情況：

其一是綜觀全部的銀行放款餘額變動，在民國三十四年底已逾舊臺灣銀行券、也就是舊臺幣二十億元，其中，雖有大約一億三千二百萬元係光復之初的兩個月所增加，但是主要的仍爲日據末期至最後期

表10-2　臺灣光復初期之銀行放款餘額變動

單位：①

年　底	合　　計		臺灣銀行			其 他 行 庫②		
	金　　額	年增率(%)	金　　額	年增率(%)	占合計%	金　　額	年增率(%)	占合計%
民國34年	2,000,087	97.14	1,494,327	146.44	74.71	505,760	24.28	25.29
35年	8,398,386	319.90	5,788,529	286.59	68.92	2,609,857	416.03	31.08
36年	38,892,164	375.00	33,186,371	473.31	83.19	6,705,793	156.94	16.81
37年	441,009,943	1,005.51	354,129,914	967.09	80.30	86,889,029	1,195.73	19.70
38年③	517,656	4,595.19	470,081	5,209.70	90.81	47,575	2,090.15	9.19
39年	912,472	76.27	865,765	84.17	94.88	46,716	-1.81	5.12
40年	836,573	-8.32	698,683	-19.70	83.52	137,890	195.17	16.48
41年	1,488,207	77.89	1,146,205	64.05	77.02	342,002	148.03	22.98

附註：①民國三十七年以前，爲舊臺幣千元，至三十八年以後，爲新臺幣千元。
　　　②其他行庫以光復後成立時之行名爲準，包括臺灣土地銀行、臺灣省合作金庫、工商銀行（現今之第一商業銀行）、華南銀行及彰化銀行。
　　　③本年的年增率，係將新臺幣換算舊臺幣後計算。
資料來源：同表8-4資料來源之(2)。

間所增加的貸放，乃較上年底已近倍增；迨至三十五年以後，即呈加速度的擴張，特別是三十七、八年，竟分別增加10倍及接近46倍之多，自都非正常現象，各年的增幅相對於前述發行的增幅，都更有過之；繼至三十九年以後，對應於幣制改革後的經濟情況已較為平穩，放款的增幅方較為收斂，其實，除四十年因受臺灣銀行放款頗有減少的影響係轉降退外，另二年的增幅仍都達七成多，持續甚高，此亦表示其時的放款增加，實難抑制。

　　再則，明顯可見，各銀行在光復初期的放款，恆以臺灣銀行的貸放為主。原來在日據時期，就已係如是，而光復後即為繼續維持此種情況，除民國三十五年底所占總放款比重未達七成較低外，餘年都在接近四分之三以上，三十九年底竟占達95％之高。從而其他行庫放款占全部放款的比重，即以三十五年底占逾三成較高，餘年胥在略有超過四分之一以下，而三十九年底竟低至僅有略高於5％，其他行庫的業務經營，自都有重大的困難，但是，此亦為相當特殊的情況，蓋在其時，不僅政府正在採取高度緊縮的貨幣政策，同時，其他行庫的營運資金都嚴重不足，遂有如是的現象發生。

　　第三，上稱政府在民國三十七年下半年以後，曾暫緩及抑制銀行放款，主要即為對其他行庫採取的干預措施，緣其有擴張過速的現象，事實是儘管政府有強力的行政抑制，但同年的其他行庫放款年增率仍近12倍之高，而三十八年即更見劇增將近21倍之多。再將其由三十五年起算七年間的各年放款年增率與臺灣銀行相對比，雖有三十六年、三十八年及三十九年較低，其餘四年皆高於臺灣銀行，但是其他的行庫，多無、或甚少如同臺灣銀行須為政府墊款及支援公營事業修復所需的資金（繼將述及），然而，此與臺灣銀行居於金融樞紐的地位，乃負有較多的責任，亦具有重大關係。

　　由於臺灣銀行的放款占有絕對重要性，爰更以資料之所及，就其區分不同對象的放款情形予以檢視，詳如表10-3，從而可知：

　　臺灣銀行在光復的初期，並未積極辦理直接的對民營事業放款，故在各年底的放款總餘額中，除民國三十八年所占比重微逾8％較高外，餘年都在略超過2％以下，甚至於不及1％，自是甚為有限。分析其原因，此乃一方面是將民營事業所需的資金融通，盡可能保留為其

表10-3　臺灣光復初期臺灣銀行之放款情形①

單位：②

年　底	合　計	放　款　對　象							
		公營事業		民營事業		政府機關		同　業③	
		金　額	百分比	金　額	百分比	金　額	百分比	金　額	百分比
民國36年	33,186	22,157	66.77	213	0.64	7,443	22.43	3,373	10.16
37年	354,130	116,180	32.81	4,781	1.35	64,695	18.27	168,474	47.57
38年	470	138	29.36	38	8.09	260	55.32	34	7.23
39年	865	485	56.07	8	0.92	349	40.35	23	2.66
40年	698	612	87.68	16	2.29	6	0.86	64	9.17
41年	1,146	1,095	95.55	9	0.79	11	0.96	31	2.70

附註：①民國三十四、五年底的放款資料未區分對象，故略。
　　　②民國三十七年以前為舊臺幣百萬元，自三十八年起為新臺幣百萬元。
　　　③本表之數據，係經過整理的資料，原稱對"同業及其他"放款，但經參證《臺灣之金融史料》，所列"對象別"之對"同業"放款，即為表列數字，另外尚有對"其他"之放款，則經整理的資料，實未包括對"其他"之放款在內，因之，本表祇稱"同業"。

資料來源：同8-4資料來源之(2)。

他行庫的營運領域，再一方面亦為其時尚少有重要的民營事業，且一般的規模較小，都有相當的關係。

　　相對的是其對公營事業之放款，即常為最主要的部分，除民國三十七、八年底各占總放款三成左右較低外，其餘各年都占逾56％，至四十一年底遂且占達95％以上，此即由於政府在光復時，既將先前由日人所經營的重要產業接收改為公營，而此等產業在戰時大多受到嚴重的摧毀，政府為恢復戰後的經濟，乃在政策上對修復及營運此等產業所需的資金，都盡力支援，臺灣銀行自應充分的配合，故即為其主要的放款對象。

　　特別值得注意的是，臺灣銀行對政府機關、包括若干軍事機關在內的放款，曾占有重要的地位，在民國三十六、七年底，已占兩成左右，三十八年底乃占逾五成五之高，三十九年底仍占達四成，此等放款，皆為政府財政收入不足的墊款或貸放，由此可同時看出其對臺灣銀行放款的重大影響。惟繼至四十及四十一年，在政府強力整頓稅收及嚴格控管預算後，上述現象已獲得相當徹底的矯正，臺灣銀行總放款中對政府機關放款部分，其所占比重已都急減為不及1％，顯為重大的改進。

　　臺灣銀行除上述的放款外，尚有對同業之放款，為對金融機構提供的資金支援，蓋因臺灣銀行係居於金融樞紐的地位，而各銀行都有營運資金不足的困難，遂多有賴臺銀融通，於是其總放款中，對同業融通亦常占有相當的重要性，特別是民國三十七年底所占比重超過47％之高，至為突出，且應是此一情勢在秋季就已見出現，以致引起省政當局在秋季對其他行庫的放款採取限制措施（上已述及），但是，此等現象當皆為特殊狀況，而在其他的各年看來，並非如是，其對同業放款所占的比重尚都在略高於10％以下。

　　然而，更取表10-3所列之對同業放款餘額，以其與表10-2中之其他行庫放款餘額相對照，則可發現，在表列之各年而言，臺灣銀行對同業提供的資金融通，且多是其他行庫放款的重要、甚至於主要資金來源，除至民國四十一年底祇相當於其他行庫總放款的9％較低外，先前各年底的此項對比分別是：三十六年底爲50.3％，固屬甚高；翌年底竟高達193.9％，此即表示，臺銀對同業的融通，猶多於其他行庫總放款九成多，因即顯示出各行庫向臺銀融通的資金，曾大量的移用於並非放款的用途上，由此即益見其時金融的混亂；而三十八年底係降爲70.8％，三十九年底繼減爲50％，四十年底更降爲46.4％，雖較三十七年底已大見改善，亦都仍甚高。據此，乃可了解，臺灣銀行的放款擴增，自亦受到對其他行庫融通資金及其放款增加的相當影響。

第三節　黃金儲蓄存款始末及拋售美元經過

　　對應於通貨發行及銀行放款皆呈急遽的增加，政府在民國三十七年下半年間，已開始先對抑制銀行放款採取措施，此在第二節已有所語及，續至進入三十八年，就更對收縮通貨發行採取行動，乃開辦黃金儲蓄存款，並輔以拋售美鈔，茲分述之。

一、黃金儲蓄存款之辦理

　　有鑒於舊臺幣在民國三十七年的發行已達氾濫程度，進入三十八年後更有甚之，爲此，曾任臺灣銀行董事長、後任財政部長的徐柏園先生，在過了十多年以後指稱(8)：先在三十八年二、三月間，臺灣銀行已就其金庫中所存的黃金實施拋售，以收縮通貨。而探察此項黃金的來源，主要爲中央政府在上年八月十九日頒布〈財政經濟緊急處分令〉，規定人民應將所持有的黃金、白銀、銀幣及外國幣券等限期向中央銀行或其委託的銀行兌換，臺灣銀行據此曾收兌黃金約三萬餘市兩(9)，但旋即用盡，故尚曾向上海補進黃金以供拋售(10)。從而可知，拋售黃金猶在開辦黃金儲蓄存款之前。

　　嗣至民國三十八年五月十七日，經臺灣省政府核准的〈臺灣銀行黃金儲蓄辦法〉公布實施，於是“黃金儲蓄存款”在臺北等五個大城市開辦，此時仍在舊臺幣時期，故即爲改變與接續稍早的拋售黃金之措施，以收縮舊臺幣的發行。但是尚未滿一個月，臺灣省政府即於六月十五日實施幣制改革，公布〈新臺幣發行辦法〉，並特以第十條規定：“凡持有新臺幣者，得照臺灣省進出口貿易及匯兌金銀管理辦法之規定結構外匯，或照黃金儲蓄存款辦法之規定折存黃金儲蓄存

(8)《政府遷臺後之外匯貿易管理初稿》，徐柏園著，國防研究院印，民國五十六年二月。

(9)根據臺灣銀行資料，政府在民國三十七年八月十九日公布〈財政經濟緊急處分令〉後，臺灣銀行受託收兌之金銀外幣，自八月二十三日起，截止十一月三十日，先後收兌黃金三萬餘市兩，白銀十四萬二千餘市兩，銀幣二萬餘枚，美鈔七十一萬三千餘元，港幣五十一萬餘元，菲幣二千餘元。詳情見《臺灣之金融史料》，陳榮富編著，臺灣銀行經濟研究室編印，民國四十二年五月。

(10)《政府遷臺之後外匯貿易管理初稿》，徐柏園著，國防研究院印，民國五十六年二月。

款。〞從而新臺幣得依規定結購外匯及折存黃金存款，即為鞏固幣信的兩大支柱。同日，省政府並公布上述第十條中所稱的兩種辦法，惟對後者有所修改，而綜括其主要內容，可分為三點：

其一是〝凡在本省之官兵商民，均得以黃金繳存或照黃金公定價格以新臺幣折合繳存之〞，憑身分證明文件每人以開立一戶為限。

其二是此項存款之第一次存入，至少為黃金一市錢（等於3.125公克），續存不加限制；存款分活期與定期兩種，由存戶選擇；利息以年息計算，活期者1%，定期分一個月期者2%，兩個月期者3%，三個月期以上者4%。

其三是每次提取數量亦不得少於一市錢，由存戶選擇提取黃金條塊，或照黃金公定價格折提新臺幣，但以新臺幣折合繳存者，須存滿十天後始得提取黃金條塊，每戶每十二個月累計提取的數量不得超過五十市兩。

據此，緣其最低的存入數額不高，僅有一市錢，且由先前祇在五個大城市收存，至此則擴及各縣市普遍辦理，而實施幣制改革時所初定的公定價格為每市兩新臺幣二百八十元，於是凡稍具能力者，祇需有新臺幣二十八元，即可開戶，而當時的黃金市價每市兩約合三百元左右，則存儲黃金存款即尚有利可圖，故開戶存儲者相當踴躍，乃對收縮新臺幣發行額具有相當的效果。

政府開辦此項黃金儲蓄存款，雖然在規定中，存戶亦得以黃金繳存，但在實際上，初時都無此種存戶，從而即成為政府藉用黃金儲蓄的名義，以公定價格變相的繼續拋售黃金，自應密切注意其市價、乃至國際金價的變動。故至民國三十九年五月黃金市價已顯有上漲後，自六月一日起，曾有一個半月的時間搭配〝節約救國有獎儲蓄券〞，每張金額為新臺幣五元。對於存入者初係每市兩搭配三張（十五元），最高時搭配至三十張（一百五十元），各日的張數並不盡同；而提取者初係搭配兩張，旋增為六張後無變動。如是的搭配，儘管節約儲蓄券至二年期滿時可取回原本，惟存戶在存、取黃金儲蓄存款時，仍感公定黃金價格有所提升。迨至儲蓄券自同年七月十六日起不再發行，乃改為存入時每市兩搭配“愛國公債”一百三十五元，緣公債至滿期時仍應還本，續至同年十月三十日，遂停止搭配公債，而直接將黃金公定價格調升，其存入新臺幣提取黃金者，每市兩為四百一十元，與同日的市價甚為接近；至此，且亦有存入黃金提取新臺幣者，乃為三百九十元。然而，雖有如是的變化，黃金儲蓄辦法仍使政府握存的黃金大量流出，難以為繼，嗣至同年十二月二十七日，臺灣銀行遂宣布暫停收存，繼至四十年八月十三日，省政府方將此項存款辦法明令廢止，乃告正式結束。

　　在上述的演變中，徐柏園先生另尚指稱[11]：政府並於民國三十九年一月十四日成立“貨幣平準基金”，除拋售美鈔外，亦拋售黃金，係由臺灣銀行洽商金瑞山、金再興、益記及美華等四家銀樓辦理，先由各銀樓依黃金儲蓄辦法，以新臺幣折存黃金儲蓄存款，取具存摺，而以存摺為質押向臺灣銀行十足借用黃金，俟滿十日方可提取黃金時再沖抵歸還，但四家銀樓在拋售黃金時，每都投機取巧及套匯，以致流弊滋生，後皆移送法辦。此項拋售主要在同年一至五月間辦理，平均每天拋出黃金一千市兩以上，流出黃金甚多。故至同年九月，尚曾

⑾《政府遷臺後之外匯貿易管理初稿》，徐柏園著，國防研究院印，民國五十六年二月。

向美國聯邦準備銀行購買黃金五萬盎司（合45,359.2市兩），每盎司
購價為35.90美元，以供應拋售。而在實際上，三十九年的黃金進口
量有4,315千美元[12]，約合十二萬餘盎司，相當於十萬九千餘市兩，
在其時外匯甚為困難的情形下，此項進口亦顯示政府收縮通貨與穩定
幣值的苦心。

　　將黃金儲蓄及拋售所耗用的黃金綜計之，民國三十八年自五月間
開辦至年底，政府存金流出590,994市兩，三十九年至宣布停辦之
日，連同自美之購金在內，又流出1,407千餘市兩，兩年合計達1,998
千餘市兩，以政府其時的財力言，自是甚為龐鉅與可觀，惟如都以每
市兩二百八十元計算，亦約回收新臺幣五億五千九百多萬元，為民國
三十九年底的限內、外發行額（不包括輔幣及省外發行）之2.25倍，
對穩定通貨發行與遏制其擴增，足有重大貢獻。至於此等黃金的來
源，主要即為第九章第一節所述，係政府於三十八年春由大陸所搶運
來臺之黃金，至此，已將其大部分用於收縮新臺幣之發行上。

二、美鈔的拋售

　　政府在拋售黃金以外，關於美鈔的拋售，雖然主要目的在抑制美
元現鈔之市場價格，即通稱的" 黑市價格"，但亦具有穩定新臺幣幣
值的重大作用，同時可回收相當數額的新臺幣發行，其拋售的經過情
形，略為：

　　民國三十八年九月開始，美鈔黑市漲逾每元兌新臺幣6元，已高

---

[12]《臺灣金融年報》，民國三十九年，臺灣銀行金融研究室編印，民國四
　　十年六月。

出先前實施幣制改革時所定匯率20％以上，臺灣銀行遂簽准於同月十日起拋售美鈔，僅一週的時間，即售出258,300美元，平均售價為6.10元，自是未能將黑市價格平抑下來，且在十月下旬漲至7.87元。

臺灣省政府有鑒於美鈔黑市價格如是大幅的上漲，自對甫問世未久的新臺幣幣值有重大不利影響，遂於民國三十八年十月間密令臺灣銀行，應設法先行撥出五十萬美元及新臺幣二百萬元，以之設立"貨幣平準基金"專戶，遇外幣市價高於或低於公定價格達到某種限度時，由臺灣銀行委託適當的銀樓代為供售或收購外幣，其價格由參加基金之各機關代表議定最高、最低限度，交由臺灣銀行執行。但是，由於臺灣銀行在當時並無五十萬美元現鈔，且非立即可以籌得，故此項基金並未立即成立。

嗣至進入民國三十九年後，黑市美鈔且已先在上年底漲破新臺幣9元，臺灣銀行遂於一月十一日以8.60元拋出10,000美元，以8.70元拋出1,000美元，其翌日，再以8.70元拋售50,500美元，在此兩天內，黑市美鈔固屬有所回跌，但因臺灣銀行所握存的美鈔有限，故在其後，黑市即又恢復上漲。

貨幣平準基金係延至民國三十九年一月十四日方成立，緣臺灣銀行在當時並無充裕的美元現鈔，故一月下旬之黑市價格雖已更漲至9.6元左右，臺灣銀行竟是未能有所行動。在此情形下，臺灣銀行即再簽准，將幣制改革基金之黃金八十萬市兩提撥50,851.21市兩，於二月十日委託中國銀行緊急空運美國，向美國聯邦準備銀行兌換美鈔，經減除運費、保險費等費用後，實際換得美鈔1,752,122.31美元，於三月初運到臺北。從而臺灣銀行即於三月六日開始先以9.15元的價格拋售，嗣且迭有降低，黑市價格亦曾隨之下跌，並曾在三月下旬降至8.35元持穩約一週，於是臺銀就暫停拋售；然而，黑市又立即迅速的上揚，至四月上旬，已復漲至9元左右，臺銀即再以8.3元的價格進行拋售，但是，緣其餘存的數額已不多，故此次拋售的效果並不佳，黑市價格不僅未見回降，且續有上升，以致餘存的數額旋即售盡，而約在一個月前大費周折空運來臺的一百七十五萬多美元美鈔，也就全部拋出。

繼後，臺灣銀行仍由多方面設法自國外運入美鈔拋售，大略的拋售經過是：民國三十九年五月三十日起至七月間505,870美元，八月份1,511,500美元，九月份2,758,415美元，十月份1,615,630美元，十一月份907,295美元，十二月份330,014美元，四十年一月份922,055美元。其中，三十九年九月以後之拋售，且係挪用臺灣銀行自九月一日起開辦之"僑匯原幣存款"，當時估計此項存款之增加數，當可抵補拋售，但終難持久，故至四十年二月以後，政府即停止拋售美鈔政策。

將上述起於民國三十八年九月所拋售的美鈔亦予以總計之，乃在十五個月內拋出一千零六十二萬二千多美元，相對於三十八年的結匯出口總值不及三千四百萬美元，三十九年為九千三百萬餘美元，可見拋售所耗用的外匯，殊為可觀。而再參證《國際金融統計》（*International Financial Statistics*）中的資料，三十九年底的我國外匯存底僅有二百萬美元，此即顯示出同年的美鈔拋售，不僅是政府的沈重負荷，更且對我國國際準備足為重大的耗損。因之，在三十九年間，臺灣銀行已曾向其時由美國人在我國經營的"民用航空隊"（Civil Air Transport），緊急借用五十萬美元；嗣至四十年初，不僅外匯存底陷於枯竭，且對外尚積欠外匯達一千餘萬美元，以致臺灣銀行開出的信用狀（L／C）即為外國銀行拒絕接受，情勢乃極為危殆⒀，而上稱之美鈔拋售，也就在此情勢下不得不予以結束。

第四節　優利儲蓄存款辦理情形

　　由於〈新臺幣發行辦法〉已將其發行總額限定為二億元，而在其問世後的實際演變，則是對應於仍有諸多需要係由發行支應，儘管在截止於民國三十八年底之半年稍多期間，前述臺灣銀行以黃金儲蓄存款方式所售出的黃金，足可收回新臺幣一億六千五百四十七萬八千元，另外尚有拋售的美鈔，亦可得款一百五十七萬五千餘元，但是發行額仍迅速的增加，年底已達一億九千七百六十二萬八千元，甚為接近於限額，而展望未來，勢必繼續增加，亟須由多方面設法遏制。以是臺灣銀行就先行提出建議，將輔幣排除於發行總額之外，以緩和新臺幣發行超過限額的時間，旋即獲得省政府的同意，乃另有〈新臺幣輔幣發行辦法〉之訂定；繼之，臺灣銀行更聯合各行庫辦理利率特高之“優利儲蓄存款”，自三十九年三月二十五日起開辦，以收縮通貨，並吸收游資，嗣至四月十五日，臺灣省政府遂公布〈臺灣省各行庫舉辦優利儲蓄存款辦法〉，以為共同辦理之依據。

　　優利儲蓄存款在初開辦時，原祇有一個月期之一種，所定利率分一般收存為月息7％，各行庫轉存臺灣銀行為8％，以複利換算年息，乃各達125.22％及151.82％之高，不僅遠高於同時之臺銀存款最高利

⒀《政府遷臺後之外匯貿易管理初稿》，徐柏園著，國防研究院印，民國五十六年二月。

率為二年期定存年息尚祇22％，並高於其他行庫此時僅有一種一個月期的定存利率月息為4.5％，複利年息合69.59％，亦高於新臺幣開始發行前的此兩種利率，分別為5％及79.58％，故即再創銀行存款利率之新高紀錄，惟與當時的臺北市民間借貸利率月息18％、複利合年息628.75％比較，尚遠有不逮。故此種既稱優利的存款利率，如不能訂至上稱的高水準，就難期冀其發生效果。而嗣在省政府公布此項存款辦法後，即更增加半個月期、二個月期及三個月期等三種期別的存款，其一般收存之利率分別為月息6％、8％及9％，後者換算年息已達181.27％。抑有進者，在此項存款辦法中，明定各行庫所收受的此等存款，"應即轉存臺灣銀行"，由臺灣銀行運用，此即明顯的宣示其目的在收縮通貨。但是，繼後隨同經濟金融情況的變化，此項存款的種類及利率都尚頻有改變與升降。而再檢視其效果，將其相對於新臺幣之限內、外發行總額觀察，略如表10-4所示。

據此，在表列的三年間，從各季最後一個月底的優利儲蓄存款餘額變動看來，雖然迭見較其上一季頗有減少的現象，此係由於經濟金融情勢的短期變化所致，而在多數的時期，明顯的係呈大幅度成長，乃至於倍增，故即對於通貨的收縮，具有重大的效果。特別是將其相對於同時的新臺幣發行總額予以對比，在開辦的第一年間，各季的優利儲蓄存款，其相當於新臺幣限內、外發行額之比率尚都在不及17％以下，固屬並不甚高，嗣至民國四十年第三季之九月以後，遂俱上升至接近42％以上，此即顯示出相當強的收縮力量。而更將此三年的發行增加額與優利存款增加額予以對比，此在民國三十九年言，存款的增加雖尚不及發行的增加，但是其後二年即都有過之，則此項政策性的存款，就足對安定金融具有重大的貢獻。

表10-4　臺灣在民國三十九年間開辦之優利儲蓄存款及其利率變動[1]

月　　底	新臺幣限內、外發行額A[2]（千元）	優利存款收存餘額B（千元）	$\frac{B}{A} \times 100$ (%)	主要期別利率(月息%)			
				一個月期		三個月期	
				一般收存	同業轉存	一般收存	同業轉存
民國39年　3月	193,418	2,341	1.21	7.00	8.00	－	－
6月	195,740	32,295	16.50	7.00	8.00	9.00	9.00
9月	245,462	35,453	14.44	3.50	4.00	4.50	4.50
12月	248,544	20,517	8.25	3.00	3.50	3.30	3.50
40年　3月	289,306	27,186	9.39	4.20	4.50	4.50	4.80
6月	344,059	83,306	24.21	4.20	4.50	4.50	4.80
9月	380,121	166,043	43.68	4.20	4.50	4.50	4.80
12月	390,615	163,783	41.93	4.20	4.50	4.50	4.80
41年　3月	438,541	268,846	61.30	4.20	4.50	4.50	4.80
6月	473,329	489,575	103.43	3.30	3.50	3.60	3.60
9月	472,323	538,467	114.00	2.40	2.60	2.60	2.60
12月	589,045	457,326	77.64	2.00	2.15	2.15	2.15
發行與存款較上年增加金額　39年	56,127	20,517	36.55				
40年	142,071	143,266	100.81				
41年	198,430	293,543	147.93				

附註：①優利儲蓄存款開辦於民國三十九年三月二十五日，至四十四年二月四
　　　日起改稱優利定期存款，迨至四十八年一月五日開辦定期儲蓄存款時
　　　，稱為優利之存款即告取消；本表僅列計至四十一年止。
　　　②新臺幣發行額為限內、限外部分，未計輔幣。

資料來源：《臺灣金融年報》，臺灣銀行經濟研究室編印，民國四十三年四月。

　　然而，優利儲蓄存款初訂的利率儘管甚高，實際上實施的時間並
不長。此就一個月期月息7%的高利率言，經過三個月稍多後，至民
國三十九年七月一日，即告劇減一半而為3.5%，再至同年十月一

日，更降爲3％；但是，此次利率的降低，亦出現存款減少的反應，故至四十年三月二十六日，復見大幅的回升至4.2％，並維持歷時十三個月的穩定，在此期間，存款係呈迅速的增加，以是迨至四十一年四月二十八日，其利率即又轉爲下降，嗣且連續的調低，至同年十一月底，已祇餘2％。至於其他期別存款的利率，亦有相對應的改訂。

　　原來此種優利儲蓄存款在開辦時，學術界曾有相當強的不贊成聲浪，認爲如是的高利率，其利率將是政府一項不堪負荷的重擔(14)，但是，在貨幣當局審愼而靈活的運用下，事實證明其爲一項成功的政策。

第五節　瘋狂的物價飆漲及其終獲控制

　　在前述的經濟、財政及金融情況下，對於臺灣光復初期的物價變動，已可毋須縷析其概括性的影響因素，而祇就其具體的變動過程及幅度考察。茲係以政府在其時由民國三十五年始編、而最具代表性的"臺北市躉售物價指數"爲依據，取其環比指數列爲表10-5，從而明顯可見：

　　先是在進入民國三十五年後，除一月因受資料的限制，故其情況不明外，惟推斷亦應是較上月大幅的上漲，蓋在三十四年臺灣不僅受到戰火的慘烈破壞，同時尚有嚴重的颱風災害，以致糧荒相當的嚴重；從而繼自二月起，就連續四個月出現兩位數的月上漲率，且在二月曾見超過32％的鉅大漲幅，聲勢至爲驚人，主要係由糧食類指數劇

────────────

(14)《臺灣經濟發展的啓示》，蔣碩傑撰，吳惠林譯，財團法人中華經濟研究院經濟專論（四七），民國七十三年七月。

表10-5　臺灣光復初期之臺北市躉售物價指數變動 [①]

基期及公式：(見附註)

時間及區分	民國35年	36年	37年	38年	39年	40年	41年
一　月	…	129.02	109.75	136.24	119.58	113.05	102.41
二　月	132.62	150.82	113.41	148.68	110.72	104.27	102.76
三　月	119.45	111.66	114.75	133.85	101.13	97.61	102.61
四　月	113.48	106.77	103.67	151.37	101.72	103.40	101.25
五　月	120.71	111.78	102.01	202.01	102.75	106.98	97.59
六　月	107.60	107.70	104.98	143.43	96.69	101.91	98.22
七　月	104.02	109.04	123.40	107.95	99.75	101.61	99.19
八　月	104.08	114.12	120.21	104.26	107.73	101.82	99.86
九　月	94.82	118.61	123.95	108.83	110.85	101.61	99.58
十　月	103.89	137.49	207.56	121.46	112.15	104.70	99.17
十一月	105.71	119.59	207.10	111.67	101.89	103.31	99.04
十二月	112.45	114.58	90.99	109.44	102.41	103.84	101.83
年平均指數 [②]	9,510.2	45,788.9	381,044.3	218.91	887.76	1,473.54	1,814.31
年指數上漲%	297.32	381.47	732.18	3,405.74	305.54	65.98	23.13

附註：①分月指數皆為環比指數，各以其上月為基期100。
　　　②年平均指數係定基指數，以民國二十六年上半年平均為基期100；公式為簡單幾何平均。
資料來源：《臺灣物價統計月報》，第13期至第99期，臺灣省行政長官公署統計室、臺灣省政府統計處、臺灣省政府主計處編印，民國三十六年一月至四十三年三月。

挺71％所推動，一直延續至第一期稻穀於六月開始收成後，漲勢方轉較緩和，迨至九月第二期稻穀亦上市後，即尚有所回挫。

　　然而，往後的演變，遂自民國三十五年十月起，歷經三十六年全年,直迄三十七年十一月,竟連續逐月上漲二十六個月之久;在此期間,尤其值得注意的是,乃有十七個月、即有接近三分之二的時間,其漲幅都有兩位數,且在三十七年的十及十一月,都呈現加倍上升的情況,此已不是任何飾辭所能解釋的現象,而是經濟脫序的惡性通貨膨脹。

有鑑於上述經濟動盪情況的急迫與嚴重,政府遂採取強力的行政干預抑制措施,以是民國三十七年十二月的指數,尚曾出現光復後的第二度挫降;但是,由於基本情勢並無改變,故已如脫韁野馬的物價,即未能持續受到有效的遏制。踵至進入三十八年,上半年都繼續出現兩位數、以致倍增的飛騰漲幅,雖至六月中實施幣制改革後,益以尚有諸如黃金儲蓄存款等收縮性配合措施,也祇能產生暫時降低漲幅的效果,並未能阻卻其漲勢,故在三十八年十月至翌年二月間,又連續出現兩位數或與其甚為接近的漲幅,惟此與國家局勢正值危急存亡之秋亦有相當關係。迨至三十九年三月起,在國家局勢稍轉穩定後(第十一章將予述及),同時,政府更以極大魄力開辦超高利率的優利儲蓄存款,另外,尚有進口增加及美援在入冬後適時到達,於是有三至七月及十一、十二月等七個月的物價較為平穩,猶為光復四年多以後初見的情況,其中,雖有三個月係呈上漲,惟漲幅已都在2.75%以下,且有兩個月出現連續的下跌;至此,光復後所立即面對、並隨同時間進展而愈趨嚴重棘手的物價問題,在政府實施幣制改革發行新臺幣後,又經過一年的時間,方初獲掌控。

繼後,民國四十年年初的物價,固屬又見兩位數的較大幅度上漲,但已祇是短期的供需暫時失調,益以季節因素的影響,旋即大為收縮,且在此後,除四十年五月的漲幅接近7%較高外,其他上漲各

月的漲幅大多減降至3％以下，迨至四十一年五月起，乃出現連續的
下降局面歷時七個月，從而就脫出了惡性通貨膨脹的陰霾，臺灣光復
後的經濟，至此已獲致相當的穩定，惟此與生產及貿易俱已大致上恢
復或接近光復前的最高水準，也就是基本經濟情況已有全面的重大進
展與改善，具有密切的關係。

　　對於上述的躉售物價變動，更就其逐年的指數變動情形予以觀
察。此項指數係以民國二十六年上半年平均爲基期100，迨至臺灣光
復之三十四年，已達2,393.6，比較日本發動全面侵華戰爭的前半
年，已累積上漲22.93倍。但是，由於光復後在實施幣制改革前的物
價漲勢更爲凶猛，故其年指數的漲幅即呈逐年加速擴大之勢，三十五
年的平均漲幅已近3倍，至三十八年竟達34倍之高。惟三十八年的巨
大漲幅，主要是在尚未改革幣制前的上半年洶湧上漲所致，六月的指
數乃達13,214,952，此即比較三十四年騰漲5,520倍之鉅，而與上年
同月及十二月比較，係分別上漲84.51倍及10.89倍；嗣至實施幣制改
革後，以十二月與六月比較，其漲幅已減爲82％，頗有重大的改善，
同時，以新臺幣計價的指數急遽收縮，全年平均爲218.91，即祇較戰
前約漲1.19倍，可見幣制改革所產生的調整及矯正作用極大。續至其
後的三年，其漲幅遂轉爲迅速的遞降，三十九年固屬仍有3倍強，然
而四十一年已不過上漲23％，不僅是光復後、且爲三十二年起十年以
來年上漲率最低的一年；倘更以四十一年十二月的指數與上年同月比
較，即且祇漲3.38％，當時，不論是一般民眾、學者專家或興論界，
都交相稱讚，普遍的認爲可以容忍與接受，於是四十一年即爲臺灣經
濟在光復後轉向穩定發展的關鍵時期。而四十年以後的物價漲勢大爲
收斂，亦與已無大陸因素的衝擊具有重大關係。

第四篇
臺灣經濟的奠基發展

　　起因於日本貪欲無厭的侵略戰爭，臺灣經濟在光復前所受到的慘重摧毀，既在民國四十一年已大致上恢復，而光復初期所發生的激劇動盪，亦同時獲得初步的控制，轉較平穩，踵繼其後，政府即由四十二年起實施有計畫的經濟建設，至五十三年，已完成三期四年計畫，計歷時十二年。在此期間，由於有政府堅毅正確的領導與推動，積極的進行多方面興革，而民眾更能淬勵奮發、勤勉刻苦的經營，不僅經濟大有進展，並奠定續後邁進起飛的基礎，故此一期間即可稱為調整奠基發展時期。茲即以本篇計有七章的篇幅，將本時期得以進入發展的基本背景，政府在政策上所陸續或同時進行的重大興革措施，以及經濟發展情形，擇要述之。

第十一章 轉化危機與邁向發展的關鍵因素

臺灣在光復後至尚未進入民國四十年代以前，曾經歷極爲嚴重的混亂與動盪，其原因固屬極爲複雜，略如前述，但是嗣即脫出困境，迅速的好轉，並邁向穩定的發展，此亦自有衆多的因素，而最爲重要者，當以恢復堅毅的領導、匯聚大量的建設人才與美國適時的協助等三點最具關鍵性，茲分述之。

第一節 恢復堅毅的領導

民國三十八年初，我國行憲後第一任總統蔣公介石，由於國家局勢的變化，於元月二十一日引退，雖然對繼後的時局具有重大影響，但是中樞尚有李代總統宗仁主持，乃不意在國家局勢嗣即急速的更爲惡化中，中共且於同年秋宣布 " 建國 " 後，李代總統竟然藉病爲名，將國家危局甩手丟棄離國，儘管政府隨即於同年十二月初遷來臺北，卻是元首虛懸，中樞無主，形成國家無人領導的局面。

國家大局演變至上述的地步，儘管蔣總統先對臺灣已有若干安排：如在引退前任命陳誠先生爲臺灣省政府主席；引退後運用其影響

力將中央銀行所握存的金銀等運臺，以增加臺灣的財經實力；嗣在大
陸局勢激劇逆轉中，撤運部分軍隊來臺，以增強防衛力量。而在此同
時，逐亦有大量的民眾及國家精英，或隨軍來臺，或於中央政府南遷
廣州、再西遷重慶時，在其前後先行來臺。但是，臺灣的情勢仍然並
不穩定，特別是美國發表對華政策白皮書後，暗示將不會阻止中共犯
臺（第六章第三節已予述及），中共更提出"血洗臺灣"的恫嚇，而
臺灣境內亦有許多中共的潛伏人員，且幣制改革未幾，經濟金融都仍
在動盪中，祇不過比較幣制改革前之舊臺幣後期有所緩和而已，因
之，臺灣即人心惶惑，甚為不穩，社會則惴惴不安，國脈不絕如縷。

　　在上述的危殆情勢下，緣蔣總統曾先後完成國家統一，對日抗戰
獲得最後勝利，廢除列強桎梏我國逾百年之久的不平等條約，皆為繼
國父建國後的曠世功業，久為國人衷心的崇敬與信賴，於是一方面有
眾多的國人殷切仰望與國內外各界函電懇促，再一方面最重要的仍是
蔣總統基於對國家民族之責任感，遂在國家命運已達繫千鈞於一髮的
險境時，在民國三十九年三月一日宣告復行視事，繼續肩負起領導國
家的重擔。事實是先在三十八年四月二十二日，距蔣總統引退尚不過
三個月，李代總統以有鑒於"和平方針失敗"，已曾請求蔣總統復職
⑴，但未獲同意；而在又經過十個月以後，國家處境已達最艱危的時
刻，蔣總統乃不避險困，宣告復職。

━━━━━━━━━━

⑴民國三十八年四月二十日，政府與中共的又一次"和談"宣告破裂後，
　　二十二日，引退中的蔣總統邀約李代總統等人會晤，李代總統曾向蔣總
　　統表示："和平方針既告失敗，請蔣總裁復職。"見《風雨中的寧
　　靜》，蔣經國著，黎明文化事業公司出版，民國六十三年三月。

　　蔣總統旣告復職，由是也就重新建立起領導國家的重心，民衆心理遂得以較爲安定，正如其時的臺灣省政府主席陳誠先生所說(2)：“總統未復職前，我們有決心而無信心；總統復職後，我們有決心，也有信心。”嗣即更有國際局勢發生重大的變化，臺灣乃得以免於如同大陸併遭赤化的命運，中華民國則在臺灣經過臥薪嘗膽的銳意整頓後再出發。而對於蔣總統之繼續領導國家，現任總統府資政李國鼎先生更曾指稱：“若沒有老總統對抗中共政權的堅決意志力，臺灣早已淪爲另一個海南島，根本沒有發展資本自由經濟的機會；而老總統……的個性，也正是開啓臺灣經濟向上起飛的一股動力。”“老總統知人善任的能力也非他人所能及；……信任專家、專業，充分授權，在那個爲臺灣經濟發展艱苦催生的時代，……大家都義無反顧的拚命向前衝刺。”(3)蔣總統逝世已逾二十年，經國先生辭世亦超過七年，李國鼎先生猶爲此言，自非溢美之辭。

　　關於蔣總統的復職，從而重建國家領導重心，堅定的領導國家再出發，以此作爲臺灣轉危爲安與邁向發展的關鍵因素之一，時至今日，自有人不以爲然。惟對曾經親歷其時的人而言，且能理性的加以思考與體會，觀諸民國三十八年冬初，中共已向金門島及登步島進攻，自爲攻臺的先期準備，如非蔣總統已預有安排，繼且復職領導國家，則在中共挾其席捲大陸的聲勢下，而其潛臺分子更已在準備以“裡應外合”方式接應“解放”，正如前已引述陳故副總統之言：

────────

(2)《早年之臺灣》，嚴演存著，時報文化出版公司發行，民國八十年六月再版。

(3)《聯合晚報》，陳宗仁專訪，民國八十二年十月三十一日。

"民國三十八年,共產黨要打臺灣是很容易的。"臺灣是否尚能支撐至隨後未幾之國際局勢發生劇變時,實難肯定,果如是,臺灣又安能有今日的成就,其理甚明。

第二節　匯聚大量的建設人才

　　緣人才是建設國家的根本,而先總統蔣公更有名言:中興以人才為本。再觀諸美國之興盛強大,實與其能夠吸收容納全世界的精英,足有密切的關係。故一個國家或地區的人才聚散與培養,亦為其發展的重要指標。

　　中華民族立國於東亞,固屬地大物博,各種天然資源皆甚豐富,但是曩昔在清代,因徒有資源而缺乏能善加開發與利用的人才,非唯未能建設國家臻於富強,造福人民,猶且引起諸多國家的垂涎覬覦,進而紛向我國展開弱肉強食的侵略,甚至於曾陰謀欲將我國予以瓜分,人民乃飽受欺凌、荼毒、戰亂之苦難,歷時逾百年之久。

　　臺灣前在日本占據時期,在日本政府的殖民地政策下,雖曾有相當的開發與建設,但是無不都是操控在日人手中,不僅鮮有本省人士參預重要的工作,祇在最基層雇用本省人擔任,且在高等的學校教育方面,除醫科外,甚少錄取與培養本省籍的學生(具如第一章第一節所述),乃對重要建設的規劃、樞紐所在及技術等,均無從了解與研習(4)。抑有進者,日人在臺的重要建設,非唯在日據末期幾盡遭盟軍

────────────

(4)在民國三十六年六月出版的《臺灣銀行季刊》創刊號中,載有交通處提出的一件報告資料〈臺灣光復後之交通事業〉,文中明白指出:"再就

空襲的戰火所摧毀，且在臺灣光復後，由於絕大多數的日本人、包括操控各種建設的日人在內，都隨即被遣返日本，以是臺灣在光復之初，對於修復先前的重要建設，立即遭遇重大困難，進展緩慢，而運作亦難以順遂。

　　政府對於人才的培養，一向極為重視。抗戰爆發後，華北的國土及東南重要城市旋都淪陷，遭日軍占據，其時倉猝遷移大後方的各著名學府，政府猶將其合組為西南聯大，以培養建國所需的人才，雖校舍及設備皆甚簡陋，但是黌宮弦誦不輟，學子則在艱苦生活中益為淬勵奮發。抑有進者，儘管國家其時的財政極端困難，外匯尤其短絀珍貴，至抗戰中期以後，政府更逐年都派遣若干具有相當基礎的科技人才前往美國，進入其廠礦接受最新的技術訓練，並且實地操作練習，俾在專門技術方面更為精進；先是民國三十一年派遣工礦電業各單位之高級技術人員31人，其翌年再派遣143人，此二年的派遣人員實習期間皆為二年，所需經費係由派遣的政府機關如資源委員會或經濟部負擔，迨至三十三年，因有美國的〈租借法案〉撥款支助，乃派遣1200人之多，此等人才於回國後，來臺者甚眾。

　　我國在抗戰勝利後，對於臺灣此一新光復的國土，政府所遴派前來的重要幹部，莫不學有專精，大部分曾在國外留學，同時，尚有不

――――――
　　專門技術人才而言，日管時代鐵路之臺籍人員，皆從事低微工作，即少數年資學歷較高之人員，亦從未經管重要性質或局部管領之事務，服務二十年以上之副站長，猶不能明瞭全部站務，且自稱不敢真正擔任站長，可知人才之缺乏，而國內專才來臺不多，當時足以替代日人職務之適當人選，萬分困難。"從而可概見一般情形。

少的青壯年才俊之士，其中並有一部分係先前在大陸任職的臺籍人士。抑有進者，據曾親身參與的嚴演存先生回憶稱："當時的接收工礦人員，高級人員年紀在三十歲至四十多歲之間，只少數才在五十以上；中級人員多在二十餘歲至四十餘歲間。均朝氣蓬勃，且多數有中國讀書人的節操風度。他們具有基本理化智識及技術訓練，雖不是對於所接收事業已有具體經驗，而均能極快的了解，再從實務中學習。"(5) 由此可概見一般情形。但是，當時相對於實際的需要，仍頗有不足。

嗣至民國三十七年以降，大陸的局勢動盪加劇，其翌年，中央政府即告南遷廣州，西遷重慶，再遷來臺北，在此歷程中，就更有大量的科技建設人才，或先行應聘來臺，或隨同政府來臺，而政府亦盡力的接運與安置(6)，且有在大陸悉為中共占據後尚輾轉來臺者，於是臺灣就匯聚了相當眾多的建設精英。其中，有許多都是原來薈集在我國科技人才寶庫——資源委員會及國營事業中服務的俊彥，在其時，不論是政府部門或較具規模的公營事業，莫不對經營、管理、技術、研發等各方面的專家，都需才孔殷。而臺灣亦因有光復後所建立的龐大公營事業體系，乃能吸納眾多的人才，並補充先前之不足。

茲以了解之所及，不分各人來臺的先後及所歷任之職務為何，從其最初所進入服務的機構或行業言，可略舉一部分如後：

政府財經部門——概有嚴家淦、包可永、何孝怡、趙連芳、張延

---

(5)《早年之臺灣》，嚴演存著，時報文化出版公司發行；民國八十年六月再版。

(6)《資源委員會技術人員赴美實習史料》，程玉鳳、程玉凰編著，國史館印行，民國七十七年五月。

哲、任顯群、張　武、瞿荊洲、徐人壽、尹仲容、江　杓、楊繼曾、
徐柏園、張茲闓、蕭　錚、沈時可等先生。

　　農業方面——概有蔣夢麟、沈宗瀚、湯惠蓀、馬保之、盧守耕、
馬聯芳、李崇實、劉淦芝、錢天鶴、劉廷蔚、蔣彥士、金陽鎬、張憲
秋、歐世璜、龔　弼、朱海帆、章元羲、何衛明、宋載炎、李崇道、
陸之琳、陳同白、楊志偉、盛志澄、劉淸波、胡開仁、謝森中、張訓
舜、楊玉昆、張守敬、鄭仲孚、張德茲等先生。

　　工礦、電力及交通事業方面——乃有湯元吉、嚴演存、金開英、
孫運璿、袁夢鴻、胡新南、凌鴻勛、郝履成、周茂柏、李國鼎、趙耀
東、費　驊、陶聲洋、黃人杰、韋永寧、李林學、楊增梯、李達海、
曾憲樸、沈覲泰、謝　惠、孫景華、袁慧灼、高禩瑾、賓　果、齊世
基、吳梅邨、楊家瑜、郭克悌、郁英彪、曹嶽維、雷寶華、楊玉璠、
張錫齡、張慕林、鄒永基、董世芬、董蔚翹、張光世、戈本捷、費自
圻、吳祖坪、沈彬康、孟昭彝、張明哲、吳德楣、王崇樹、徐國安、
葉樹滋、周啓錦、馮宗道、江齊恩、詹益謙、靳叔彥、黃華生、姚恆
修、許巍文、范運南、李熊標、蔡常義、李國柱、夏之驊、王學理、
李荃蓀、許懷均、陳垚、張衍棠、李珏清、周昌雲、席連之等先生。

　　時間過去四十年以後，溯顧臺灣光復初期至民國五十年代之間，
對臺灣經濟及產業卓有貢獻的碩彥才俊，姑不論諸多埋首苦幹而未著
聲名的才智之士，乃鮮爲世知，就是以可得而知者言，亦不免掛一漏
萬，甚難周全，且以上所列，猶未語及學術界與企業界中人士，自有
不足。而上舉的各位先生，厥即臺灣在光復後，自廢墟中重建，並爲
民國五十年代以後的經濟起飛奠下基礎，分別在不同的經濟領域崗位
上貢獻智慧與能力，都著有業績者。

第三節　關鍵人士

在世界經濟舞臺上，臺灣現在已是一個初步富裕的地區，正在向已開發國家的行列邁進中。但是，飲水思源，臺灣之所以能夠未遭赤化的浩劫，並能臻至今日的境界，最具決定性的關鍵人士，當首推兩代蔣總統。

先總統蔣公，在民國三十九年春，順應輿情與公衆的仰望，及時復職視事，乃將臺灣在其時風雨飄搖、險惡萬分的局勢穩定下來，方使大量匯聚的建設人才，能有施展學養與抱負的餘地，勤奮的銳意擘劃經營；而先總統更能知人善任，信任專家與專業，充分授權，益以繼將述及的美援協助，在人民的刻苦努力下，臺灣經濟旋即脫出激劇動盪的困境，逐趨穩定，進而迅速的改善與發展。

蔣故總統經國先生，且不論其在較早時期爲臺灣出生入死的勳業，祇就其對臺灣經濟的作爲言，民國六十年代初出任行政院長後，果毅的推動十大建設及十二項建設(7)，將臺灣經濟繼民國五十年代之

---

(7)十大建設的名稱分別爲：①中山高速公路，②中正國際機場，③西部幹線鐵路電氣化，④北迴鐵路，⑤臺中港（第一期），⑥蘇澳港，⑦核能發電一廠，⑧中國鋼鐵公司（第一期第一階段），⑨中國造船公司，⑩石油化學工業（內含上游計畫3項，中游計畫20項）。十二項建設的名稱分別爲：①完成臺灣環島鐵路網，②新建東西橫貫公路三條，③延長高速公路至屏東，④擴建中鋼公司第一期第二階段工程，⑤興建核能發電二、三廠，⑥完成臺中港第二、三期工程，⑦開發新市鎮，廣建國民住宅，⑧加速改善重要農田排水工程，⑨修建臺灣西岸海堤工程及全島

起飛後，更推進到一個嶄新的境域，使臺灣蛻變為亞洲四小龍之一。

　　惟兩代蔣總統為國為民的大計決策，仍都需由勤勉任事、公忠體國的襄輔官員具體規劃與執行，就其中特別突出者言，後述的五位，亦都為關鍵人士，對臺灣經濟的穩定與發展，自始都有卓著的貢獻。

　　陳誠先生（民國前14年～民國54年），字辭修，浙江青田人，係一位軍人政治家。民國十一年畢業於保定軍校後，參加國民革命軍，在東征、北伐的諸多戰役中，皆卓有戰勛；抗日戰爭爆發後，迭任戰區前敵總指揮、集團軍總司令、衛戍總司令、戰區司令長官、遠征軍司令長官等要職；並曾兼任湖北省主席，試辦"二五減租"[8]；抗戰後期任軍政部長，勝利後任參謀總長。三十八年初出任臺灣省政府主席，知人善任，旋即於同年五月間開始推行"三七五減租"政策，至九月底完成，嘉惠租耕土地之農民良多；在此期間，並於六月中實施幣制改革，發行新臺幣，對整頓激劇動盪的經濟金融，卓著效果。三十九年春出任行政院長後，更遵照國父遺教積極著手實施土地改革，推行"耕者有其田"政策，至四十二年底順利完成，為繼後的臺灣經濟發展奠下基礎。四十三年當選第二任副總統，四十七年並兼任行政院長，四十九年連任第三任副總統，五十四年病逝，感戴痛哭悼念的民眾甚多。

　　重要河堤工程，⑩拓建由屏東至鵝鑾鼻道路為四線高級公路，⑪設置農業機械化基金，促進農業全面機械化，⑫建立每一縣市文化中心，包括圖書館、博物館及音樂廳等設施。

(8)民國十五年一月，中國國民黨第二次全國代表大會通過之決議案中，有"規定最高租價、最低穀價"一項，同年十月制定為政綱，規定"減輕佃農田租百分之二十五"，此即"二五減租"之由來。

　　尹仲容先生（民國前9年～民國52年），本名國墉，以字行，湖南邵陽人，民國十四年畢業於交通大學電機系。三十八年四月來臺，旋即出任新成立的"臺灣區生產事業管理委員會"（簡稱生管會）常務委員兼副主任委員職務，主任委員爲臺灣省政府主席兼任，實際業務由勇於負責的尹副主任委員主持，強力的整頓劇烈動盪之經濟；三十九年兼任中央信託局長，四十二年生管會結束，另成立經濟安定委員會工業委員會，先生出任召集人，主持第一期經濟建設四年計畫工業部門計畫的設計工作。四十三年出任經濟部長，仍兼任原職；四十六年任行政院經濟安定委員會委員兼秘書長，在此期間，推行發展進口替代工業及扶植民營工業兩大政策。四十七年出任行政院外匯貿易審議委員會主任委員，積極推動外匯貿易改革，先調整匯率，再恢復單一匯率，取消進口物資預算制度，放寬進口管制，擴張出口，同年並兼任行政院美援運用委員會副主任委員，四十九年更兼任臺灣銀行董事長，當時中央銀行尚未復業，由臺灣銀行負責代理。嗣因宵旰積勞，五十二年病逝。尹先生對臺灣經濟的穩定與發展，皆有重大貢獻，尤多興革，身後享有臺灣經濟發展的第一功臣、領港人、工業保母等美譽，其不畏流言而有擔當的風範，直迄於今，仍常爲各界所懷念與欽敬。

　　嚴家淦先生（民國前7年～民國82年），字靜波，江蘇吳縣人，民國十五年畢業於上海聖約翰大學化學系。抗戰爆發後，二十八年任福建省建設廳長，旋改任財政廳長，創立"田賦徵實"制度，旋由中央推行於全國，對戰時軍糈民食的供應與財政調度，皆有重大裨助；三十四年初出任戰時生產局採購處長，數度出國洽商"租借法案"事宜。勝利後，首任臺灣省行政長官公署交通處長，曾參加日本投降受降，翌年調財政處長，臺灣省政府成立後，改任財政廳長；三十八年實施幣制改革，策劃主持，貢獻甚大；三十九年擢任經濟部長，旋改任財政部長，兼行政院美援運用委員會副主任委員，策劃美援爲最有效的利用，樹立模式；四十三年出任臺灣省政府主席，四十七年再任財政部長，在兩任期間，致力於財政收支之平衡，現代化預算制度之建立，並整頓稅制，妥籌財源，健全財政，皆諸多建樹；五十二年出任行政院長，五十五年當選第四任副總統，仍兼行政院長，六十一年當選連任第五任副總統後方獲辭卸，在此期間，對先總統輔弼良多；六十四年先總統崩逝，依憲法規定繼任總統，六十七年任期屆滿，謙沖爲國，無欲無私，卸任公職，時年七十四歲。八十二年末病逝，輿論讚爲臺灣建設的功臣，守憲行憲的典範，新臺幣之父，預算制之師。

李國鼎先生（民國前2年～），南京市人，民國十九年畢業於中央大學物理系，旋考取中英庚款留學進入英國劍橋大學研究核子物理。抗戰爆發後，隨即返國投筆從戎。勝利後，三十七年七月來臺進入臺灣造船公司服務，初任協理，嗣即接任總經理，曾使臺船業務大放光芒。四十二年轉任行政院經濟定安委員會工業委員會專任委員，主持臺灣一般工業發展業務；自此開始，傾心傾力於擘劃、推動臺灣的經濟發展，對尹仲容先生、嚴家淦先生皆輔助良多。四十七年出任行政院美援運用委員會秘書長，進入財經決策核心，對美援的有效利用諸多獻策，並擬訂整體經濟改革的〈十九點財經改革方案〉及對工業發展極具深遠影響之〈獎勵投資條例〉，倡導設置加工出口區。五十二年出任行政院國際經濟合作發展委員會副主任委員，五十四年出任經濟部長，仍兼任前職，持續加強對外雙邊合作計畫，提出諸多產業建設策略，並倡導培養人力資源，促進人力發展。五十八年轉任財政部長，完成國庫集中支付制度的建立，並革新稅務行政。六十五年專任行政院政務委員後，擔任行政院應用科技小組召集人，推動引進高級科學技術帶領工業升級；嗣並獲得行政院長孫運璿先生支持完成〈科學技術發展方案〉，後即有"新竹科學園區"的設置；更成立"資訊工業策進會"，積極發展資訊產業，後亦大放光彩；另外，尚推動建立全臺醫療網。至七十七年七月，在臺服務滿四十週年後退休，總統府聘為資政，但實際上退而未休，仍在為國宣勞，向國際間推介臺灣經濟發展經驗，並倡導以公正與秩序為中心精神之第六倫，以為一般人際關係的準則，促進現代倫理的建設。諸多學術界、財經界及企業界人士，都推尊為臺灣經濟發展的工程師、臺灣經驗的共創人、奠定財經基礎的工程大師、科技資訊工業之父或臺灣的科技教父。

　　孫運璿先生（民國2年～），山東蓬萊人，民國二十三年於哈爾濱中俄工業大學電力系畢業。二十五年進入資源委員會後，參加電廠建設工作；抗戰軍興，曾拆遷、搶運多座電廠至大後方，並興建新電廠。三十一年，政府選派為赴美實習人員三十一人中之一員，在田納西河流開發局見習。抗戰勝利後返國，三十四年十二月來臺加入臺灣電力公司服務逾十八年。來臺之初，檢修前在戰時遭破壞的電力設施，在五個月內恢復全省供電80％，使臺灣未如日人在遣遣返時之預言，"恐怕三個月後可能會一片黑暗"；三十六年日月潭山崩，親入地下三、四十公尺處檢查減壓水槽，以為員工之表率；三十九年升任總工程師後，傾力於擴增電力之規劃及建設，並大力推廣農村用電，對臺灣的電力發展有卓著貢獻，五十一年升任總經理。五十三年，世界銀行在全球性遴選中欲聘為奈及利亞電力公司執行長兼總經理，得到先總統蔣公同意後赴任，協助奈國電力建設及發展，三年合約期滿，堅持返國。五十六年出任交通部長，自此進入中央政府服務，尤其著重農村交通建設及基層建設；五十八年接任經濟部長，旋成立對外貿易發展協會，輔導出口廠商開發新市場，並實施〈農村建設方案〉；六十七年出任行政院長，至七十三年因腦溢血卸任受聘為總統府資政。民國六十年代以後，在國家處境又迭遇重大困逆及世界發生兩次能源危機中，擘劃並執行完成十大建設，嗣且推動十二項建設，同時積極引導高科技及電子工業發展，俱殫智竭慮，獻替良多，獲得國人一致的肯定與稱讚。

臺灣光復後的經濟演進，在戰火餘灰與國家局勢發生劇烈變化中重建，嗣即轉危為安，並進而由穩定至迅速蓬勃的發展，自更需有全民共同努力辛勤的耕耘，但是，由於有政府堅定的領導，乃能匯聚眾多大陸的人才來臺，齊心協力，精心正確的擘劃與推展，實更具關鍵性，事實昭著，中華民國臺灣終未遭赤化而屹立至今，並仍在壯大中。

第四節　美國的協助

本節所稱"美國的協助"，係併指美國對臺灣的防衛協助及經濟援助等兩方面而言。所謂防衛協助，並有兩部分，一為美國海、空軍的協防，一為武器彈藥等軍事裝備的供應，又稱軍援；而經濟援助即通稱之美援。此等協助，皆為臺灣在其時轉危為安、並邁向發展且係外來的關鍵性因素，茲分述之。

一、防衛協助

在自由世界對抗共產集團的時代，臺灣因位於東北亞至東南亞的中心點，具有世界性的重要戰略地位，美國自有了解。此據我國旅美史學家梁敬錞先生之撰文(9)略稱——民國三十七年十一月間，我政府軍於徐蚌會戰失利時，美海軍李海上將曾以說帖密致其國防部長節稱："中國情勢日惡，臺灣澎湖各島的情勢，關係日本與馬來西亞半島間的航路，亦控制菲律賓與沖繩島間的交通，如果落在不友好國家之手，美國遠東戰略地位將受損害，故美國無論如何宜用一切外交及經濟方法，使其長屬於對美國友好的政權。"可見美國軍方對臺灣的重要地位，有充分的認知。

但是，雖然如斯，豈奈美國政府其時在親共分子的誤導及包圍下，仍在民國三十八年八月五日發表《中美關係白皮書》，除推卸其對我國大陸應負的責任外，並表示不再支持我國政府，予我國以沈重的打擊，而大陸旋即沈淪悉為中共所占據；繼後，美國總統且發表聲明，暗示將不會阻止中共進攻臺灣，更增加臺灣的危機。在此期間，儘管政府軍尚曾將進犯金門及登步等二島之中共軍盡皆殲滅或俘獲，而臺灣則有臺灣海峽水域為天塹，惟中共挾其甫告囊括大陸的勝利餘威，仍有隨時傾力進犯臺灣的可能；再證諸中共在其後不久，竟悍然"抗美援朝"，參加韓戰，則其如不顧一切的發動犯臺，自是極有可能，事實是中共亦在不斷的發出恫嚇，要"血洗臺灣"。所以，美國

---

(9)〈卡特"中國牌"政策之歷史背景〉，梁敬錞著，載《聯合報》，民國六十八年三月一日。

在三十八年多，即對其派駐在臺、如在中國農村復興聯合委員會工作的美籍人士，發出準備隨時撤退的通知⑽，當是對於中共之攻臺可能性，已有相當肯定的評估。

然而，不意至民國三十九年六月二十五日，同為蘇俄所卵翼扶植的北韓，竟繼中共席捲大陸之後，向南韓發動突襲，於是爆發了韓戰。至此，美國政府方倏然驚覺事態嚴重，隨即於第三天、即六月二十七日，除派遣海、空軍支援南韓外，並下令其第七艦隊進入臺灣海峽巡邏，協助臺灣，後尚加派其第十三航空隊協防，以穩固其在遠東方面的防堵防線。迨至四十三年十二月三日，遂更有〈中美共同防禦條約〉在美國之簽訂。

美國之協防臺灣，自係以維護美國的利益為前提。但是，對其時的我國臺灣而言，遂在安全上立即增加一層防護網，人心乃大為安定，不再似先前的惶恐；再則，美國所提供予我國的防衛性武器及裝備，不僅可增強防衛臺灣的戰力，且可相對的減少我國自製之財政負荷，舒緩財政困難及減少赤字。凡此，都對經濟的穩定，足有重大裨助。另外，軍援中尚有基地、車輛、船艦、武器、通訊、醫藥設備之維護保養及人員訓練等項目，乃派有軍事顧問團，並設置協防司令部，從而在其"白皮書"發表後不過一年的時間，對我國的立場已完全改變，轉為明確的支持我國政府，對臺灣繼後的發展，亦為重要的影響因素。

⑽《農復會回憶》，張憲秋著，行政院農業委員會編印，民國七十九年二月。

二、經濟援助

　　先是在民國三十七年上半年間，美國國會通過〈援外法案〉，其目的係在協助受援國家（主要是落後國家）穩定經濟，開發資源，俾人民生活水準得以提高，從而加強受援國家的防衛力量，以鞏固自由世界的反共陣營。據此，中華民國即包括在受援國家內，同年七月三日，兩國政府簽訂〈中美經濟援助協定〉，美國的援助款爲四億六千萬美元，第一期援款爲二億七千五百萬美元，在當年度（起於同年七月至翌年六月爲美國的1949年度）便開始動支。但是，其時的大陸局勢正在迅速惡化中，所以第一期援款僅動用一億七千萬美元左右，其中，曾有八百九十三萬八千美元物資運來臺灣，主要爲原油及燃料油、化學肥料與原棉，係於三十八年間到達[11]，餘都未再得到美方的撥款。

　　嗣至政府遷臺後，民國三十九年初，雖然兩國政府曾以換文方式將上稱之援助協定予以延長，但在實際上，因其時美國仍無意支持我國政府，故未撥款。然後，韓戰爆發，美國方改變態度，乃在下半年爲其1951年度恢復，自此開始，臺灣正式獲得美援的協助。而我國更能將其配合自四十二年起實施的經濟建設四年計畫，予以妥善有效的運用，故在經過十二年完成三期四年計畫後，經濟已能自立，迨至五十四年六月三十日，美國遂宣布停止對我國之此項援助，惟因尚有少數的美國〈四八〇公法〉剩餘農產品後續到達，以是實際終止於五十七年，其在此全期間的情況，茲概述之。

---

　　(11)民國四十四年《臺灣金融年報》，臺灣銀行經濟研究室編印，民國四十五年六月。

　　美國對我國臺灣地區歷年提供的經濟援助，累計有十四億八千二百餘萬美元。初係祇有一般性經援，分為防衛支助、技術合作及軍協等三種，但旋即增加其〈四八〇公法〉中之剩餘農產品，嗣再增加其開發貸款基金之貸款，後則更有開發借款及用於技術合作之開發贈款，乃有多種名目的來源，係隨美國對外援助法案的變動而更張。而再概觀美援的運用，則可分為兩大類：一為非計畫性援助，係供我國進口農工原料及民生用品，以充裕物資供應，穩定經濟；一為計畫性援助，則供我國按照經美方同意的計畫進口器材及設備，從事經濟發展，並配合經濟建設及技術上的需要，聘請外籍專家或選派技術人員赴國外接受訓練。關於歷年的美援具體情形，經整理為表11-1，皆以美援年度為準，可分為三個時期，頗有差異。

　　第一個時期為1956年度以前之六年，大部分為贈與性之一般經濟援助，為安定我國經濟時期，總累計金額六億八百八十一萬九千美元，平均每年有一億一百多萬美元。

　　第二個時期為1957-61年度之五年，雖然仍以贈與性的一般經援占多數，但是，其以購買性為主之〈四八〇公法〉剩餘農產品、加計貸款性之開發貸款基金貸款等兩項，所合占的比重已甚高，乃為贈款與貸款並重時期，總累計金額為五億一千三百九十一萬九千美元，平均每年近一億三百萬美元，猶較上一時期略多。

　　第三個時期為1962年度以後之各年，贈與之一般經援與開發貸款基金貸款均告取消，而以新成立的開發借款與開發贈款代替，但贈款甚少，乃以貸款與剩餘農產品為主；其在截止於1965年度以前的四個年度總累計金額為三億二千一百五十五萬九千美元，平均每年逐減為八千萬餘美元；繼後，緣美國已宣布停止對我國的援助，故至1966年

表11-1　臺灣歷年所獲美國經濟援助之到達金額

單位：千美元

年度①	總計②	援款來源				開發貸款基金	480公法剩餘農產品	援款運用	
		一般經濟援助						非計畫型援助	計畫型援助
		小計②	防衛支助③	技術合作④	軍協				
1950	90,831	90,831	80,056	239	10,536	—	—	77,893	12,938
52	75,774	75,374	62,511	220	12,643	—	400	63,461	12,313
53	100,318	100,318	72,026	1,787	26,505	—	—	79,590	20,728
54	108,296	107,796	74,546	1,853	31,397	—	500	79,493	28,803
55	132,036	129,436	97,510	2,435	29,491	—	2,600	96,390	35,646
56	101,564	91,964	78,725	3,275	9,964	—	9,600	69,462	32,102
57	108,102	87,042	77,006	3,358	6,678	—	21,060	65,212	42,890
58	81,609	64,651	53,318	3,504	7,829	—	16,958	51,883	29,726
59	128,842	71,179	62,187	2,554	6,438	30,531	27,132	73,666	55,176
60	101,139	74,437	68,188	2,489	3,760	19,138	7,564	68,728	32,412
61	94,227	50,124	45,741	1,955	2,428	16,149	27,954	70,422	23,805
62	65,888	6,629	3,871	2,758	—	—	59,259	59,259	6,629
63	115,265	21,576	19,751	1,825	—	—	93,689	113,440	1,825
64	83,908	57,706	56,170	1,536	—	—	26,202	37,319	46,589
65	56,498	371	—	371	—	—	56,127	56,127	371
66	4,217	—	—	—	—	—	4,217	4,217	—
67	4,402	—	—	—	—	—	4,402	4,402	—
68	29,302	—	—	—	—	—	29,302	29,302	—
合計金額②	1,482,218	1,029,434	851,606	30,159	147,669	65,818	386,966	1,100,266	381,953
百分比	100.00	69.45	57.45	2.04	9.96	4.44	26.11	74.23	25.77

附註：①係美援會計年度，1951年度爲民國三十九年七月至四十年六月，餘類推。

②總計、小計及合計，都間有因尾數四捨五入關係，致與細數相加未盡相符而相差1000美元者。

③防衛支助截止於1961年度，1962年度以後之三年，均係“開發借款”，合計有79,792千美元，占總合計5.38%，故防衛支助實際合計爲771,814千美元，占總合計52.07%。

④一般經援之技術合作亦截止於1961年度，1962年度以後之四年，均係“開發贈款”之技術合作。

資料來源：(1)*Taiwan Statistical Data Book* 1993, Council for Economic Planning and Development.

(2)《公務統計季報》，行政院經濟合作發展委員會編印，民國五十九年九月。

度以後的三個年度，雖仍有累計金額三千七百九十二萬一千美元物資到達，皆爲後續運到的剩餘農產品，其中有二年僅四百餘萬美元，甚爲有限。

美援的嬗變，由贈與開始，轉爲以贈與爲主、貸與爲輔，再轉爲以貸與爲主、贈與爲輔，經過十五年後而取消，僅餘少部分貸與，正表示出我國臺灣經濟的演進歷程，初時得助於美援者固屬良多，但後即逐減，同時亦顯示我國運用美援的成功。

三、經濟援助的貢獻

臺灣在驚濤駭浪中轉危爲安，進而即迅速的發展，美國提供的防衛協助及經濟援助，自爲關鍵性因素之一，而其所涉及的層面更是甚廣，並有諸多無形的貢獻，但本稿祇取其特爲凸顯的具體情況，分由三方面證述之。

㈠供應大量的物資，並支持經建計畫。

美援的運用，旣分非計畫性與計畫性兩大類，二者在各年間的到達金額高低及分配情形，固屬頗有重大差異，但向以前者爲主，蓋爲前者皆係臺灣所必需的物資，正是先謀經濟的穩定，再圖建設與發展。茲由其實際截止於1968年度的累計數觀察，前者有十一億美元強，占近四分之三，後者亦有三億八千二百萬美元，占逾四分之一，其中，並包括技術合作三千萬美元強。

在非計畫性援助中，另據統計⑿，所供應的物資項目固屬甚爲衆

⑿*Taiwan Statistics Data Book*, 1993, Council for Economic Planning and Development.

多，但以原棉、小麥、大豆等三項農產品爲主，分占23.60%、
22.33%及11.37%，合占57.30%，皆爲民生必需物資；次之者爲化
學肥料占4.58%，對於增加農業生產頗有重大裨助；再則爲五金及其
製品、機器及工具、舟車及零件，合占8.99%，係有助於工礦業生產
所需之物資；而增進國人健康之奶粉及西藥，亦合占4.78%；此等物
資合計，遂占四分之三強，對安定經濟與促進生產頗具重大作用。

　　計畫性援助涵括的範圍頗廣，其所進口的器材及設備，係以發展
電力所用占36.47%最多，其次是工礦事業占24.26%，再則是交通運
輸占13.23%，而屬於農業及天然資源開發使用者亦占8.98%，此四
類即合占82.94%之高，其餘係用於軍協、教育、公共衛生、公共行
政、社區開發及其他事項。另據國民會計統計資料顯示，在民國四十
一年至四十九年間，美援占國內資本形成毛額的比例，高達
40.67%，可見其對經濟建設的重要性。

　　㈡美援爲重要的進口外匯資金來源。

　　前在表8-4中已可看到下述情形：先在民國三十八年，就已有將
近九百萬美元的美援到貨，此雖祇是中、美兩國簽訂經濟援助協定後，
對我國第一期撥款之一部分，已占當年臺灣進口結匯總值的四分之一
強；嗣至三十九年，實際上係至下半年方再有到貨，計有二千萬餘美
元，翌年增爲五千六百多萬美元，乃分占進口總值的16.73%及39.37
%；再至四十一年，更增爲八千九百萬美元，占進口總值43%強。

　　續至民國四十二年以後，將具如後列表16-6（見第十六章第四
節）之所示，在至五十二年止之十一年間，係起伏於七千三百多萬美
元至一億八百餘萬美元，合計有九億六千七百二十五萬八千美元，平
均每年有八千八百萬美元，占同期間進口總值平均數的34.76%。但

是，隨同臺灣的對外貿易逐漸開展，美援的此項比重係呈遞降態勢，在此十一年間，首四年均占逾42％至47％不等，次五年仍都占30％以上至不及40％，後二年已減爲祇分占24.46％及22.59％，雖然較前頗有不及，亦仍具有甚高的重要性。

而再將起於民國三十九年、至實際上終止於五十九年初的美援物資到貨金額累計之，乃有十三億三千七百六十一萬七千美元，爲全部援助金額的90.24％，餘爲包括技術合作在內的勞務性援助。由於有美援的協助，儘管臺灣地區在較早期間的貿易收支，仍常有若干逆差，但已大爲收縮，甚至於偶見順差，此對維持新臺幣之對外價值，更是助益甚大。

　㈢**孳生鉅額的新臺幣資金，除支援各種事業及政府財政外，並對穩定金融有重大作用。**

緣依〈中美經濟援助協定〉的規定，美國以貨物、勞務及其他援助贈與我國政府後，我國政府應以等值的國幣存入中央銀行之特設帳戶，作爲相對基金，再作運用。但是我國的財政對此顯有重大困難，遂於民國四十年六月二十六日在臺灣銀行設置帳戶，將凡因處理美援物資獲得之新臺幣收入悉數存入，並包括撥贈或撥貸予我方之〈四八○公法〉剩餘農產品售價收入、開發借款等在內，皆係由美援所直接產生；另有因進口美援物資所徵收的稅捐、美援貸款的本息，乃間接產生的資金。凡此，皆爲美援臺幣基金，又稱美援存款。

美援臺幣基金自設置起，截止於美援宣布停止的民國五十四年六月底，根據統計⒀，歷年累計有新臺幣三百二十九億六千三百餘萬

────────────

⒀《公務統計季報》，行政院國際經濟合作發展委員會編印，民國五十九年九月。

元，在其時而言，自甚龐鉅，其來源分別為：由美援直接產生者占75.84％，其中贈款占63.14％，計有二百零八億一千四百餘萬元，借款占12.70％，亦有四十一億八千五百餘萬元；而由美援間接產生者係占24.16％，計有接近七十九億六千三百萬元。

但是，美援臺幣基金均係採"計畫方式"運用，乃可區分為：對勞工、教育、公共行政及軍協等計畫之受援人，皆為非營利機構，故援款皆為贈與；而對農業及天然資源、交通運輸、衛生、社會福利及房屋興建等計畫之受援人，間有營利機構，故贈款及貸款並重，惟以贈款較多；另對工礦計畫之受援人，因多為營利事業，遂以貸款占絕大多數。

美援臺幣基金自開始運用至民國五十四年度止，累計金額為新臺幣三百零一億一千七百多萬元，贈款占66.10％，計近一百九十九億九百萬元，餘係貸款及再貸款。關於其用途的分配：乃以軍協有一百零九億五千四百萬元最多，占36.37％；次之者為工礦方面有五十五億四千七百萬餘元，占18.42％；第三是農業及天然資源有四十六億三千八百萬元，占15.40％；再則是交通運輸有十八億六千七百萬餘元，占6.20％；以上合占76.39％，其中用於經濟方面者係占40％強，對經濟建設與發展的貢獻良多。

對於上稱用於軍協的贈款，尚有應明確指出的是，實際上大部分係用於支持中央政府的財政，根據決算資料顯示⒁：在民國四十年度至五十四年度之間，政府之相對基金協助收入累計數有新臺幣八十億三千萬元，乃占同期之全部軍協款73.30％。政府在各年所獲得之此

⒁《財政統計提要》，中華民國五十六年，財政部統計處編印。

項協助收入，以四十年度最少，亦有四千萬元，餘年都超過二億元，
而以四十九年度至五十三年度爲最多時期，各年乃有九億元至十三億
元不等。更以其占總歲入的比重言，係以四十一年度占達15.69％最
高，並有四十四、四十九至五十二年度等五年占逾10％至15％，其餘
各年亦常占至5％以上，遂爲政府收入的重要財源，對平衡財政收支
足有重大的助益。

　　在上述以外，此項基金並爲安定金融的強大力量。根據金融統計
資料⒂，在此期間的美援存款餘額淨額變動，逐年都有增加，民國三
十九年底已有新臺幣一億六千三百萬元，至五十四年底乃達五十六億
六百餘萬元，遂與準貨幣同爲收縮貨幣供給額的主要因素之一，且在
三十九、四十、四十四及四十五年底，其餘額都猶多於準貨幣，對收
縮通貨與穩定金融，皆有重大效果。

　　綜括以上三方面之所述，已可相當具體的了解，美援實對臺灣經
濟、財政及金融等各方面都有重大裨助。另外，尙有兩點應附加指述
的是：一爲美援在基本上所到達的原都是物資及勞務，但應我政府的
需要，根據早期的經合會資料記載⒃，亦曾援助現金四百萬美元。一
爲兩度對我國提供緊急的特別援助：在先的一次是在民國四十年，我
國於四月實施新金融措施時，不祇是外匯存底全部用罄，且積欠國外

⒂《臺灣金融統計月報》，民國五十八年二月，中央銀行經濟研究處編
　印。

⒃《公務統計季報》，行政院國際經濟合作發展委員會編印，民國五十九
　年九月。

銀行一千零五十萬美元外匯，以致臺灣銀行所開出的信用狀，竟遭外國銀行拒絕接受，情勢極為嚴重與危急，我政府與美方懇談後，獲得慷慨的承諾，至六月底即獲得美國核撥之緊急經援四千一百萬美元；繼後的一次是在四十四年外貿會成立時，臺灣銀行的外匯存底又出現負數，淨欠外國銀行外匯三百三十萬美元，適美援公署提出國軍退除役官兵安置計畫，可獲得撥款四千八百餘萬美元，美方遂將其中之二千八百餘萬美元提列為美援商業採購，撥交外貿會核配運用；此兩次之特別援助，即且為救急性的協助，對我國的外匯調度皆裨助良多，方使我國順利度過難關。

美援對我國固屬有多方面的協助，然而，在遇有與其本國利益未盡契合時，美方並不支持，此可舉石油煉製工業為例。緣美國有龐大的煉油工業，乃希望我國的用油及油品都向美國購買，以是對我方所提出擴建與發展此等工業的計畫，均不同意。惟我國在政策上先已有自行煉油的決心(17)，故在資金方面雖有重大困難，仍多方設法克服，以自力不斷的更新，進而擴大，不僅建立起現代化的規模，並開發新產品，為石油化學工業奠下基礎。

我國對美援的運用，自是甚為成功，乃為世界上眾多接受美援的後進地區範例。對此情形，逐與我國能夠珍惜此項資源，妥善的運用，具有密切關係，而最為基本的是，我國係秉持自立自強的精神進行建設，在堅毅的領導下，又擁有眾多優秀的人才，基於自助人助的信念，使美援發揮最大的效果。

---

(17)《中國石油志》下冊，中國石油公司出版，民國六十五年六月。

第十二章 迅速完成土地改革

　　由於進入調整奠基發展時期後的諸多興革措施，首先完成的是土地改革，足對繼後的經濟有深遠影響，旋且馳譽世界，茲即以本章專述之。

第一節　土地改革的意義及內涵

　　在世界上較為落後的農業經濟國家或地區，一般而言，大多存在有土地、主要是農地分配上的重大問題：有部分地主擁有過多的土地，並不自行耕種；而許多有耕種能力的農民，卻耕地不足，或全無耕地，乃需向地主佃租耕作，以致每須將大部分的辛勤收穫物繳歸地主，雖在豐年，亦未必能夠溫飽。我國在曩昔正是如此，臺灣儘管遭日本割據五十一年，亦然。

　　國父孫中山先生為解決我國長期存在的土地問題，特別在民生主義中提出"平均地權"的改革政策，但民國肇建後，國家卻一直是內憂外患，處在戰亂中，而土地改革又是一件至為艱鉅的浩大工程，特別是既得利益者的阻力極強，政府遂未遑及此。惟在抗戰的中期，儘管以軍事第一，陳誠先生於民國二十九年主政湖北省時，猶曾在未淪為日軍占據的十四個縣中實施"二五減租"，試為初步的改革，亦有相當的成效，惜未能繼續及擴大辦理。反而是中共藉"土地改革者"之美名，獲得廣大的呼應，此亦為其能將大陸赤化的重要原因之一。

臺灣光復後，雖然百政待舉，且旋即陷入經濟金融劇烈動盪的困境，但是，政府對於進行土地改革，以改善土地分配，促進土地利用，俾達成"地盡其利、地利公享"的目的，仍積極的策劃，係分為三部分推行。首先是推行"三七五減租"，以改革不良的租佃制度；繼而辦理公地放領，以為扶植自耕農的示範；最後實施耕者有其田，以貫徹農地政策，達到國父的最高理想，完成對農地的改革。此等繁鉅的改革工作，先在民國三十七年間即已開始，而最主要的耕者有其田，係在臺灣經濟進入調整奠基時期之初展開，並迅速完成，不僅對經濟建設與發展皆有重大裨助，並為政治上的優異成就。

第二節　推行"三七五減租"

臺灣原來的農地租佃制度，一般而言，相對於土地收穫物，係以地主與佃農"五五對分制"最為普遍；而在土地肥沃、人口密集的地區，即有"六四分"，甚至於"七三分"的現象，於是佃農的辛勤耕作，大部分為地主所獲得；雖然在土地瘠薄、災害頻多及開墾未久的地區，地租亦有低於五五對分者，但為數甚少。另外，就更有鐵租、副產物租、預收地租、收取押租金，甚至於包租轉佃等情況，亦都各有存在。又，租約多未見諸文字，且未定期，不僅易滋紛爭，地主且可隨時任意加租或撤佃。凡此諸多的弊端，乃使佃農的生計維艱，權益缺乏保障。

　　政府為矯正與消除上述的不合理現象，陳誠先生於民國三十八年初就任主持臺灣省政後，旋即取其曾在湖北省推行"二五減租"的經驗，由同年四月間開始訂定各種有關的法令，並獲得尚未遷臺之中國農村復興聯合委員會的技術及經費支助，在臺推行"三七五減租"，此亦政府在臺實踐國父民生主義土地改革理想的第一步工作，係自五月起開始辦理原有地主與佃農間的租約換訂，至九月底即告完成，祇不過歷時五個月。

　　根據三七五減租各有關辦法的規定，改訂的耕地地租，係以經評定的各種地目等則耕地、其在民國三十七年之正產物全年收穫量為準，不得超過其千分之三百七十五（即37.5％）。原訂租約之超過者，減為以此為準；若原訂的租約較此為低，則從其原約定租額，不得提高。在遇有荒歉災害發生時，由特設之租佃委員會查實減免；但改訂租約後的收成超過評定產量時，則悉歸佃農。同時，訂定統一格式的書面租約，雙方的權利與義務皆詳加列明。又，規定耕地租期不得少於六年，期滿可續約，以保障佃權。惟如佃農不依約繳交地租、積欠達二年之總額時，地主亦可終止租約，以保障地主權益。而原有的轉租、鐵租、副產物租、預收地租等情事，即一概禁止。至於押租金，原已收取者，規定為不得超過全年地租的四分之一，超過者應返還佃農；其先未收取者，不得再收取。

　　在如是的規定下，民國三十八年五月開始實施三七五減租後，同年底的佃農與地主總訂約情形[1]，包括換訂及新訂，計有佃農

　　[1]本章所引用的數據資料，未加註明者均係取自《中華民國臺灣省統計提要》，臺灣省政府主計處編印，民國六十年十月。

296,043戶，占近全省農戶總數48％；訂約則有817,231筆，訂約面積為256,557公頃，相當於耕地總面積30％。其後，此等情況之變動，就截止於實施耕者有其田之前一年為四十一年言，年底訂約戶數增至302,277戶，仍占農戶總數44.47％，訂約數亦增至841,043筆，惟訂約面積因已有相當多的佃農購買租耕地，故減為249,219公頃，乃減占耕地總面積28.45％。而再概觀在此三年期間截止於四十一年之佃農購地情形，乃有37,368戶，購地面積為19,278公頃強。

嗣至民國四十二年政府實施耕者有其田政策後，由於佃農減少，自耕農大量增加，故三七五減租的訂約情形即急遽減少，同年底及其後截止於第三期經建計畫完成於五十三年底之變動，略為；訂約佃農分別為174,450戶及126,247戶，訂約數391,766筆及287,641筆，訂約面積108,757公頃及72,079公頃，且在繼續減少中。而在購買耕地方面，並不包括由政府徵收轉放予現耕農之耕者有其田購買在內，由於四十二年春地價大跌，遂達購買的高潮期，故同年多達28,901戶，購地面積超過15,562公頃，允為前所未見之短時期內私有耕地大規模移轉；繼後，由於耕者有其田政策的實施，佃農戶數及地主之土地都大為減少，故此種購買亦顯見降退，雖然如此，就四十三年至五十三年間的購買情形言，十一年累計，仍有41,163戶，購地面積為21,065公頃。再連前累計，購地佃農遂有107,432戶，購地面積達55,905公頃。至於其後的三七五減租成果，茲即從略。而此前的效益，俟後併述。

第三節　辦理公地放領

緣臺灣在光復前，日本的公私機構及個人等，都各擁有大片的土地，具見第五章所列之表5-1，光復時，係由政府接收改為公有，其中，並有水田、旱田及雜種地十九萬多公頃，仍大多出租予農民耕種及使用。

嗣至民國三十七年，雖然國家局勢劇烈的動盪，但是政府仍決心在臺推行土地改革，扶植自耕農，乃先將公有的部分耕地，配合開墾荒地計畫，試辦"公地放領"，以為倡導，此猶早於實施三七五減租。迨至進入民國四十年代，遂在四十年正式開辦第一期公地放領，其後二年又連續辦理第二、三期，再於四十七年辦理第四期，皆於當年完成；然後，更於五十年辦理第五期，五十三年為第六期，五十五年補辦第六期未完部分，至此，無必要保留及宜耕的公有土地，即告大部分釋出為民有。其後，至六十五年又曾辦理一次，至同年九月二十四日全部辦理完竣。

所謂之公地放領，即將原來出租予農民耕種的公有耕地，由農民購買取得所有權。放領辦法略為：原則上以耕地為限，但田寮、農舍、水池、水道等在使用上不可分離之公地，一併放領；放領對象主要為承租之現耕佃農有優先承領權，如現耕農不願承領，或面積超過標準，或有轉租他人耕作者，應放領予附近區域其他需要耕地之佃、僱農；每戶之承領面積，水田之上等者五分，中等者一甲，下等者二甲，旱田比照加倍；放領的地價，係按照經實際評定的耕地正產物全年收穫總量2.5倍、折成稻穀或甘藷等實物計算，由承領農戶分十年平均攤還，每年並分兩次繳付，期滿取得土地，遇有災害、流失等情事，並予緩繳或減免。

據此，特別應予指出的是，此種公地放領對承領人至為優惠，不僅是無息的分期付款購買，且地價在不超過市價的原則下，實際上甚低⑵，每年繳付數額僅有正產物的四分之一，相當於三七五減租耕地所繳地租的三分之二，但十年後即可取得土地所有權，正可顯示出政府在民國四十年代的財政雖然猶甚爲困難，但仍盡力的照顧佃農。

再概觀公地放領情形，略爲：民國三十七年試辦放領3,281公頃多，主要爲荒地；四十年計有28,486公頃，爲放領最多的一期，係各縣市政府持管之土地；四十一年辦理17,331公頃多，係由各公營事業所劃出，大部分爲臺灣糖業公司管理的土地；四十二年放領接近12,027公頃，乃由臺糖公司撥出70％，各合作農場劃出30％；四十七年辦理9,489公頃多，皆係臺糖公司劃出的公地；五十年復爲一次大規模的放領，計有25,390公頃，係國、省有之出租耕地，並有一部分國有軍用土地；五十三年又放領將近13,477公頃，復以臺糖公司等單位之公地爲主；嗣至五十五年，再補辦上期未完部分之公地1,494公頃多。以上累計，乃釋出公地110,976公頃之鉅，承領農戶多達243,023戶，以其相對於截止五十五年底的三七五減租後佃農所購土地，此項放領的土地面積猶超過86.82％，農戶數且多出1.12倍多，農民受益甚大。

⑵根據臺灣省政府地政局的調查資料，截止民國五十三年第六期公地放領（包括補辦在內），累計總面積爲110,976公頃，放領總地價爲稻穀354,266公噸，甘藷1,022,220公噸，平均每公頃地價爲稻穀3,192公斤多及甘藷9,211公斤。《臺灣光復廿五年》，臺灣省政府新聞處編印，民國五十九年十月。

第四節　實施耕者有其田

繼推行三七五減租及辦理公地放領後，實際上是仍在分別進行中，政府在既定政策下，即更實施耕者有其田，以完成土地改革。其實施經過，係先在民國四十一年四月以前辦理完成地籍總歸戶，翌年一月完成〈實施耕者有其田條例〉之立法，同年五月底確定應徵收放領之耕地，至年底即將全部徵收及移轉的工作完成，至爲迅速。

政府實施耕者有其田亦如同公地放領，均以扶植自耕農爲目的，但是，此係將地主所持有出租的土地予以徵收，再移轉予實際耕種的農民，遂訂有三大原則，據以制定實施的辦法，分別略爲：

其一是不增加耕種農民的負擔，使其取得耕地。以是其移轉辦法即大致上比照公地放領，乃以不超過三七五減租後佃農的地租負擔爲基準，所定地價亦爲各等則耕地正產物全年收穫總量的2.5倍，並以辦理三七五減租時所評定的收穫總量爲標準，皆以稻穀及甘藷等實物計算，平均分十年攤還，每年償付的數額，不過正產物的25％，另外加計年率4％的利息，每年所繳地價穀、連同利息，係按三七五減租時所評定產量30％計算，乃相當於三七五減租後所繳地租的80％，亦配合農作物的收穫季節分兩期繳付，可充分顯示政府照顧耕種農民的政策精神。

其二是兼顧地主的利益。在農業經濟中，地主持有過多的土地，而農民無自有的土地耕種，固屬不符合現代的社會正義原則，但是，我政府進行土地改革，非惟不採取激烈的沒收手段，抑且對地主的利益及生活，皆予以適當的照顧，不僅對所徵收的土地，有合理的補償，並允許地主繼續持有若干土地，以維持其時中等水準的生活。從而政府徵收地主土地所補償的地價，其中的七成，連同附加年息4%的利息，係以實物土地債券的方式發予地主，可按期兌領實物，免受其時尚非甚為穩定的物價波動影響，政府並設置債券還本付息保證基金，以為擔保；餘三成係搭發公營事業臺灣水泥、臺灣工礦、臺灣紙業及臺灣農林等四家公司（簡稱四大公司）的股票，旋即將四家公司移轉民營。關於准許地主保留及出租的耕地部分，係以中等則之耕地為準，水田為三甲（約2.91公頃），旱田為六甲，以其出租，所獲地租足可維持六口之家的生活不虞匱乏。

其三是移轉土地資金投入工業。上已述及，補償予地主之地價中，有三成係公營事業股票，即為此一原則之具體實現，而各公司移轉民營後，政府仍積極的輔導與扶助，藉以引導土地資金進一步流入，俾促進工業的發展。

為實施耕者有其田，土地遭徵收的地主有106,049人，所徵收放領的耕地面積為139,251公頃多，平均徵收每一地主的土地1.31公頃，而承領耕種之農戶達194,823戶，平均每戶受領0.71公頃多；徵收放領的耕地面積，占耕地總面積15.96％。至此，臺灣的土地改革工作，由三七五減租起算，即在不過五年間成功的初步完成。

第五節　綜合分析

政府採取透過建立法制與和平漸進的手段，在臺灣進行土地改革，乃確立農有、農耕、農享的民生主義農地制度，雖然對應於事實上仍有需要，繼續有佃農存在，但已使其合理化，自耕農則大為增加，從而農村結構即出現重大的改變，關於其變動情形，可連同三七五減租後之佃農購地戶、以及承領公地放領農戶彙列為表12-1，遂有較長的時間數列，茲係取公地放領開始試辦、至其在民國五十年代告一段落為準。

　　檢視表12-1，取民國五十二年看來，為實施耕者有其田後農民於

表12-1 臺灣實施農地改革前後之各種農戶變動及結構

單位：戶

年別(民國)	年底農戶數				農戶結構(%)			三七五減租後佃農購地戶數	承領公地放領農戶數
	合　計	自耕農	半自耕農	佃　農	自耕農	半自耕農	佃農		
37年	597,333	211,649	154,460	231,224	35.43	25.86	38.71	－	7,572
38年	620,875	224,378	156,558	239,939	36.14	25.22	38.64	1,722	－
39年	638,062	231,111	162,573	244,378	36.22	25.48	38.30	6,989	－
40年	661,125	249,850	167,962	243,313	37.79	25.41	36.80	11,018	61,782
41年	679,750	262,065	177,113	240,572	38.55	26.06	35.39	17,639	29,814
42年	702,325	385,286	169,547	147,492	54.86	24.14	21.00	28,901	22,785
43年	716,582	412,673	169,330	134,579	57.59	23.63	18.78	3,844	－
44年	732,555	433,115	172,115	127,325	59.12	23.50	17.38	3,638	－
45年	746,318	448,157	173,588	124,573	60.05	23.26	16.69	4,155	－
46年	759,234	455,357	178,224	125,653	59.98	23.47	16.55	3,994	－
47年	769,925	468,701	179,830	121,394	60.88	23.35	15.77	4,422	19,398
48年	780,402	479,391	182,121	118,890	61.43	23.34	15.23	3,715	－
49年	785,592	506,286	166,792	112,514	64.45	21.23	14.32	3,755	－
50年	800,835	517,182	170,460	113,193	64.58	21.29	14.13	4,944	62,180
51年	809,917	526,639	172,069	111,209	65.02	21.25	13.73	3,078	－
52年	824,560	541,706	173,737	109,117	65.70	21.07	13.23	2,493	－
53年	834,827	555,093	171,988	107,746	66.49	20.60	12.91	3,125	34,279
54年	847,242	565,512	174,874	106,856	66.75	20.64	12.61	3,441	－
55年	854,203	573,082	176,025	105,096	67.09	20.61	12.30	3,452	5,213

資料來源：《中華民國臺灣省統計提要》，臺灣省政府主計處編印，民國六十年十月。

五十一年繳清地價之次年，將其與推行三七五減租之前一年爲三十七年比較，在此十五年間的變動，明顯可見：農戶總數雖仍增加38％，完全是因自耕農增加1.56倍所致，半自耕農不過增加12.48％，佃農遂劇減52.81％，不及十五年前的半數。於是農戶的結構，即由先前係以佃農較多，三十七年底占近總農戶數40％，在三七五減租後，至四十年底已轉變爲自耕農略有超過佃農，而在實施耕者有其田後，自耕農在四十二年底已占近總農戶數55％，迨至五十二年底遂趨近66％，至此，佃農已降至稍多於13％，半自耕農所占比重亦由早期之超過四分之一，減降爲略高於五分之一。此等變化，遂使農村經濟徹底的改觀。

　　更就農地改革後出租耕地之地主與佃農收益情形變動予以對比，根據臺灣省政府地政局的資料[3]，一公頃中等水田全年的稻穀產量，在民國三十七年爲3,894公斤，其後因實施土地改革及各種增產措施的成功，產量幾爲逐年都有增加，至五十二年乃達7,239公斤，其分配情形略爲──

　　先就地主言：在三七五減租前，其時的佃租，以一般的“五五對分制”計算，地主可分得1,947公斤，繳納田賦稻穀229公斤後，可淨得1,718公斤；至三七五減租後，由於增加的產量胥歸佃農，以是地主每年可分得的稻穀，即固定於民國三十七年產量的37.5％，減爲1,460公斤，經繳納賦穀後，遂祇淨得1,231公斤；續至實施耕者有其田後，在原來的佃農尚未繳清地價穀以前，地主的收益，即更祇有連同利息之地價穀，爲三十七年產量的30％，不再繳納賦穀，淨得亦僅

　　⑶《內政統計提要》，內政部編印，民國五十四年。

1,168公斤；迨至佃農於五十一年繳清地價穀後，地主就再無來自早先出租耕地的收入。

　　相對的是在佃農方面，其收入不僅不斷的增加，且取得土地的所有權。先是在三七五減租前，係可分得民國三十七年稻穀產量的半數1,947公斤，但是尚須以118公斤稻穀交換化學肥料，故淨得為1,829公斤，相當於產量的47％；嗣至三七五減租後，儘管換肥所需之稻穀亦有增加，惟淨得數量因產量提高，至四十一年仍增至2,955公斤，乃占產量的56.65％，較前增加一千一百餘公斤；再至實施耕者有其田以後，除換肥稻穀續有增加外，且尚須繳付定額的地價穀1,168公斤及原由地主繳納的賦穀，後者至五十一年復有所提高，然而，雖然如此，由於稻穀產量至此已增達6,851公斤，故原為佃農的耕種農民淨得仍增至4,231公斤，占近產量的62％；繼至其翌年，耕種農民因已在前一年將地價穀繳清，故其淨得數量即達5,752公斤，為產量的79％強，乃較實施耕者有其田以前的四十一年再增加2,797公斤，增幅接近95％，而為三十七年尚未推行三七五減租前的3.14倍多，即增加兩倍多，且所受領的耕地已無負債。

　　上稱土地改革在三七五減租後，稻穀單位面積產量迅速的增加，分析其原因，政府採取有效的增產措施，諸如改進水利設施以加強灌溉，增加化學肥料的供應，種植技術的改進，品種的改良，病蟲害的防治等，都為重要的因素之一，而更為重要的是土地改革後，耕種農民的收益提高，激起農民的增產興趣及工作意願，耕種更為勤奮，尤其是耕者有其田實施後，耕地已為農民所有，對安定農民心理的效果很大，農民乃願作久遠的規劃，增加改良土地的投資，傾力經營其田園，故不論水利工程及設備、防風設施、堆肥儲備及使用，皆有顯著進展，而此與收益的增加皆有重大關係，增產的效果甚大。

　　土地改革的成功，農村經濟大為改善，不僅對其時整體經濟及社會的安定有重大裨助，並為繼後的經濟發展奠定穩固基礎；同時，經濟及社會結構因而有變革性調整，當代農民的社會地位、乃至政治地位，固屬都迅速的提升，更有進者，為農村子弟接受完整及高等教育的機會，大為增加，尤具深遠的影響。以是政府在臺灣的土地改革，即並為政治上的輝煌成就，蜚聲國際，獲得普遍的讚譽。

第十三章　匯率的演變與向合理化調整

　　在民國四十年代所進行的諸多興革中，外匯貿易管理及匯率的更張調整，自爲重要的一環，對繼後的貿易開拓與經濟發展，具有重大影響。緣其演進的歷程殊爲複雜，茲係著重在匯率的變動上，亦略有兼及外匯與貿易的管理，將自始的概要經過併述之。

第一節　舊臺幣時期的情況概述

　　臺灣光復後，在截止於民國三十八年六月十四日以前的舊臺幣時期，約計有將近四年的時間，並無單行的外匯貿易管理，完全是遵照中央的統一規定辦理；且在三十六年上半年以前，商家出口貨物僅須覓具兩家舖保，即可結關運出，無需結匯。事實是如第八章中表8-2所示，直迄三十七年，臺灣對大陸以外之外國出、進口貿易，仍都甚爲有限，在臺灣銀行尙未辦理外匯業務以前，皆係向內陸的銀行結購或結售外匯。臺灣銀行係於三十六年下半年起，先行代理中國銀行辦理出口結匯；翌年初，中央輸出入管理委員會臺灣區辦事處成立，方初有出口簽證及進口外匯分配之管理；同年九月，臺灣銀行經中央銀行指定為外匯銀行後，乃更由三十八年起亦辦理進口結匯業務。而在舊臺幣時期的外匯供需，均係由中央銀行統籌調撥。

　　再概觀舊臺幣對外幣的兌換率變動情形，茲係取美元為外幣的代表，事實亦是美元最具代表性，乃略為：先是在光復之初，因有少部分美國軍方的人員派遣來臺，彼等在臺的需費，係向我國借用舊臺幣（包括舊臺灣銀行券）支應，臺灣省行政長官公署為結算此項借款，並收兌彼等零用的美鈔，遂暫先訂定二者的折換率為1美元兌換舊臺幣37.5元(1)，惟僅適用於該一特殊的情況，自不足稱為匯率。至於一般適用的兌換率，即皆根據中央銀行掛牌之國幣（先為法幣、後為金圓券）外匯牌價，以舊臺幣對國幣的匯率套算，但是，由於國幣不僅對外幣、並對舊臺幣都有激劇的變動，以致舊臺幣對外幣的兌換率，即出現重大的震盪起伏，可概述如後——

　　臺灣銀行係在民國三十六年四月二十四日，先僅訂定外幣的買進價格為1美元兌換舊臺幣291元，但美元透過舊臺幣與國幣的套算，嗣竟出現大幅的下降，至六月六日降為176.73元後，暫無變動，舊臺幣猶對美元大幅的升值。

　　繼至同年八月十五日，政府修訂〈中央銀行管理外匯辦法〉及〈進出口貿易辦法〉後，同月二十日，臺灣銀行方掛牌買賣外幣，每1美元之買進價格為577元，賣出價格為638.4元，舊臺幣又激劇的貶值。

　　其後，美元繼續迴旋盤升，至民國三十七年四月六日，臺灣銀行

---

(1)《臺灣之金融史料》，陳榮富著，臺灣銀行經濟研究室編印，民國四十二年五月。

的掛牌買進價格達1,523元，賣出價格為1,562元，舊臺幣賡見劇烈的貶值。

然而，在上述以後，美元竟又見迴旋、且急遽的貶降，至同年八月十八日，臺灣銀行的買入價格乃降至228元，賣出價格為352元，俱猶低於約計一年前開始掛牌時甚多。

嗣至其翌日，政府於大陸上實施幣制改革，發行金圓券，而臺灣銀行在八月二十三日掛牌買賣美元的價格，即復見分別劇升為7,248元及7,432元，舊臺幣再告劇貶。

至於其後的變動情形，臺灣銀行的掛牌，雖然仍迭見舊臺幣在短期內激烈的升降，但就較長的時間言，即為趨降，至民國三十八年二月二日起，遂無買、賣價格之區分，同年四月三十日的牌價已達一美元兌舊臺幣十萬元，惟至臺灣實施幣制改革前，市場價格已漲至二十三、四萬元。

觀乎上述的演變，乃可了解，在舊臺幣時期，臺灣銀行的買賣外幣價格，因係經由套算國幣匯率所求得，故即強烈的升沈，混亂至極，而在實際上，相對於市場價格，猶有偏低，亦即舊臺幣尚有高估。在此情形下，姑不論其時可供對外國出口的物資有限，其不利於出口，亦至為明顯。

第二節　幣制改革後的新匯率及初期演變

由於舊臺幣惡性的膨脹，具如第十章第一節所述，以致幣信蕩然，已難以維持經濟正常的運轉，省政當局在獲得中央撥提黃金八十萬市兩為幣制改革基金、並另外撥借外匯一千萬美元作為進口貿易運轉資金的支持後，遂於民國三十八年六月十五日，公布〈臺灣省幣制改革方案〉及〈新臺幣發行辦法〉，新臺幣乃自此問世；同時，中央並決定將臺灣的進出口貿易及外匯管理，亦交由省府統籌調度辦理，故尙公布一種〈臺灣省進出口貿易及匯兌金銀管理辦法〉，於是臺灣初有單行的外匯貿易管理法規。

　　在新臺幣發行辦法中，政府爲增強幣信，遂將其與美元直接的聯繫，以美元爲計算標準，明訂其對美元的兌換率爲新臺幣一元兌美金二角，亦即一美元兌新臺幣五元，自爲單一匯率。惟再檢視其價位，根據改革方案中對訂定新、舊臺幣折合率之說明，其時的美鈔市價約爲一美元合舊臺幣二十三、四萬元，政府認爲"似覺太高"，爲兼顧出口與進口、生產與消費，遂將美鈔價格有所壓低，係以二十萬元爲標準計算，以是新臺幣一元即合舊臺幣四萬元；但是，如是折算的結果，相對的是新臺幣對應於舊臺幣及美鈔市價，大約高估15％至20％，甚屬明顯。

　　新訂的進出口貿易及匯兌管理辦法，其最基本的規定可綜括爲三點：

　　其一是出口貨物除禁止出口類之貨品外，皆可依規定憑證輸出；進口貨物則分准許進口、暫停進口及禁止進口等三大類，前者復有"無限額"及"限額"之區分，皆可依規定申請進口。

　　再則是出口廠商對外國輸出貨品，應將所售得之外匯，以20％按照匯率結售予臺灣銀行，其餘80％交付臺灣銀行換取等值之結匯證明書，可留爲自用或自由轉讓，亦可照匯率結售予臺灣銀行。

　　第三是進口廠商自外國進口貨品（自爲准許進口類），准以結匯證明書向臺灣銀行提取外匯；結匯證明書除向出口廠商購用外，亦得以新臺幣（或黃金、外幣）向臺灣銀行購買。

　　如是的規定，對於准許出、進口之貨品，即為自由申請制度。此在實施幣制改革之初，約有三個月期間，因有中央政府撥借一千萬美元作為進口貿易運轉資金，雖然美鈔市價在改革幣制後，高於匯率（即官價）約近10％至20％不等，但是外匯的調度運作情形尚屬正常，祇是旋即無法維持，不得不有所更張，遂有下述的初期演變。

　　民國三十八年九月上、中旬之交以後，在大陸局勢益為惡化導致來臺人口迅速增加中，市場黃金及美鈔價格復見出現強勁、嗣且加劇的上漲，同時，物價波動亦轉較劇烈，而進口物資的利益優厚，故至十月以降，進口外匯的申請即日趨增多，儘管臺灣銀行仍維持無限制的供應，但在事實上外匯的供應及調度已日趨困難，如無管制辦法予以遏制，勢將無以為繼。

　　在上述情勢下，至民國三十九年初，其時的財經統籌管理機構為臺灣區生產事業管理委員會，即特設“產業金融小組”（簡稱產金小組），隨即訂定供給進口外匯的優先程序，第一優先為生產所需的原料、肥料及器材，第二優先為重要的生活必需品，第三優先為次要必需品，第四為其他物品，據以供應外匯。另並規定公營事業的外匯，須集中存儲於臺灣銀行，其結匯證明書的買賣及價格，由產金小組決定。

　　嗣至同年二月十四日，臺灣銀行即定出“代購公營事業結匯證價格”，1美元為新臺幣7.5元，雖非調整匯率，新臺幣在實際上即較八個月以前所初訂的匯率貶值三分之一，係適用於進口商申請一般進口貨品，而1美元兌新臺幣5元之匯率即為官價匯率，亦仍存在，祇適用於機器、原料及重要物資等之進口，且須經產金小組核准。同時，在出口所得外匯方面，由於有20％仍按5元的官價結匯，而其餘的80％領取結匯證部分，亦可按7.5元結匯，乃在事實上形成另外一種7元（5×20％＋7.5×80％）的匯率。至此，外匯的管理，固屬已顯有改變，不再是自由申請制，實際匯率亦演變為官價、結匯證價及出口結匯價等三種，遂為"三元"的複式匯率。

　　然而，儘管結匯證價格已大幅的提高，但是外匯的需求不僅未減，且更為增多，以致政府所掌握的外匯益感供不應求。於是產金小組更訂出〈美金寄存證辦法〉，由臺灣銀行授權臺北市進出口同業公會發售美金寄存證，公會會員依訂價向臺灣銀行繳存新臺幣，憑繳款存根向公會換取寄存證，再據以向臺灣銀行換取等值的結匯證進口物資，此項寄存證遂等於結匯證的"期貨"[2]。

　　續至民國三十九年五月十八日，初定的美金寄存證價格為1美元繳款新臺幣8.35元，新臺幣即再較約計兩個半月以前的結匯證價貶值10.18％，較約計十一個月以前所初訂的匯率則貶值40.12％。至此，一般物品進口係適用美金寄存證價，原料、肥料、生產器材等進口改為適用代購公營事業結匯證價，1美元合新臺幣7.5元；同時，出口結匯全部改按美金寄存證價格計算，從而初定的5元匯率即名存實亡，實際匯率遂為"二元"的複式匯率。惟在繼後的兩月間，美金寄存證價格續有四次提高，至同年七月二十日，已升達10.30元，以其與初訂的寄存證價格及匯率比較，新臺幣又貶值19.32％，較十三個月以前則貶值51.69％。

　　經過上述的演變後，新臺幣的實際匯價既已大幅度調降，產金小

―――――――――

(2)《外貿會十四年》，行政院外匯貿易委員會編印，民國五十八年六月。

組旋即決定，將代購公營事業結匯證及美金寄存證等辦法取消，重新規定臺灣銀行結匯證價格，係以寄存證價格爲準，自民國三十九年七月二十五日起，1美元的銀行買進價格爲新臺幣10.25元，賣出價格爲10.35元（嗣至九月五日又略減爲10.30元），所有各種貨品進出口及匯出入款均適用，於是又回復單一匯率。

第三節　複式匯率的再形成及其單一化

上已述及，主要因外匯短絀，民國三十九年二月十四日至七月二十四日間，已有超過五個月的時間採行"三元"或"二元"的複式匯率。繼後，儘管又回復單一匯率，但是，基本的外匯供需情勢並無改變，產金小組逐於同年十二月十九日訂定審核外匯辦法，開始審核外匯，雖然如此，仍未能遏阻擁擠的進口外匯申請。

嗣至民國四十年初，市場美鈔價格又見劇漲，一美元曾達新臺幣十五、六元，套匯及走私異常猖獗；抑有進者，臺灣銀行的外匯存底竟至告罄，並積欠國外銀行外匯達一千零五十萬美元，以是外國銀行即拒絕接受臺灣銀行開發的信用狀，情勢至爲緊急。於是政府在四月九日採取"新金融措施"，其有關外匯方面者及續後的演變，略爲：

自民國四十年四月十一日起[3]，又採行"三元"的複式匯率：其一是將原來的臺灣銀行賣出結匯證價1美元兌新臺幣10.30元，買入爲10.25元，改爲官價匯率；凡公營事業的出口，重要生產器材、原

---

[3]自民國四十年四月十一日起，匯率變動資料皆引自《中華民國臺灣輸出入結匯統計》，行政院外匯貿易審議委員會編印。

料、民生必需品之進口，以及軍政機關的匯出、匯入款，都適用官價匯率。其二是另行訂定新的結匯證買進價格為15.85元，賣出價格為15.95元，新臺幣即又告貶值35.42％，係適用於民間匯入匯出款及一般貨品進口。其三是民營事業出口所獲之外匯，復以20％按官價、80％按結匯證價計算，係合14.73元。同時，進口外匯及匯出款都須經過審核批准，審核則更為加強。

新金融措施實施後，雖然曾有相當的效果，新的結匯證買賣價格且在四十天後之五月二十一日分別降為1美元兌新臺幣15.55元及15.65元，於是民營事業出口之實際匯率即降為14.49元，另外尚有上稱的官價匯率，但是此種情況實際上維持的時間並不長，三個多月以後就又有變化。

緣在民國四十年，物價漲幅仍有66％之鉅，生產成本自是隨同提高，首先有部分公營事業的產品輸出，由於按照1美元兌新臺幣10.25元的官價匯率結匯，不敷成本，對其生產與出口均有重大影響，故即發生將其產品轉交民間出口的現象。有鑒於此，產金小組遂准許此等公營事業祇將其一部分外匯按官價匯率結匯，此係由鹽在四十年九月一日先行開始。但是，繼後的演變卻是不斷擴增適用對象，迨至四十二年一月四日起，乃除糖、米之出口外匯尚有20％適用官價匯率外，其他的公營事業產品出口及匯入款，已都全部適用結匯證價格15.55元結匯；再至四十三年一月四日，糖、米亦係如此。而民營事業的產品出口結匯，即更較早於四十年八月二十一日起，先係對九種滯銷產品的輸出，嗣至四十二年一月四日遂擴及所有的民營事業產品，均按結匯證價格結匯。經過如是的變動後，大致上無論公、民營事業出口或匯入款的買入匯率，已相一致而單一化，都暫無其他的改動，且維持至四十四年二月底。

　　至於同時期的進口物資匯率變動，則自民國四十年五月二十一日起，民營事業進口的匯率降爲15.65元後，在截止四十一年上半年以前，政府、公營事業及美援進口，皆適用10.30元的官價匯率；同年八月起，美援中撥出一部分外匯供爲商業採購進口普通物資，即已改爲適用民營事業之進口匯率；嗣至四十二年一月起，乃不分何種進口及匯出款，均適用15.65元的單一匯率；但至四十二年九月十六日起，因政府對民營事業中工業原料及直接用戶以外的進口，加徵防衛捐20％，合新臺幣3.13元，於是又有一種新的進口匯率爲18.78元，此即復有兩種進口匯率；繼至四十三年一月四日以後，此項新匯率且逐漸擴大適用範圍，至同年八月二十四日以後，各種進口及匯出款亦都適用，從而復爲單一匯率，以迄四十四年二月底爲止。

　　然而，實際上在上述期間及其後，都尚另有並不確知的匯率。先是在民國四十年十月以後，有部分農產及其加工品出口發生困難，產金小組特別撥款一百萬美元，交由中央信託局及臺灣省物資局進口物資，以其盈利補貼此等產品，遂形成一種隱藏的出口匯率。嗣至四十二年七月，政府爲集中事權與分明責任，將產金小組改組爲直轄於臺灣省政府之“外匯貿易審議小組”。該小組成立後，九月十八日起，外匯的管理及申請，改實施“實績制度”及進口物資預算辦法，亦繼續對部分出口產品有匯率補償，最高不超過出口結匯價格的25％，仍有隱藏的無形匯率，且有高低不等的差別。以是上稱之買入、賣出匯率單一化，即非單一匯率，且賣出的實際匯率加徵防衛捐，高於買入匯率約近21％。

第四節　多元複式匯率的複雜運用

　　臺灣雖在民國三十八年六月十五日起，已有單行的外匯管理辦法及直接與美元聯繫之匯率，旋且設置產金小組，經過三年半以後改組為外匯貿易審議小組，相繼擔負管理外貿工作的重任，但是，明顯的此等小組皆為非常設之功能性編組。嗣至四十四年三月一日，"行政院外匯貿易審議委員會"成立，政府中方有專責的常設管理機構，並將此項可稱巧婦難為無米之炊的繁鉅工作，由地方還隸中央。

　　在外貿會成立時，政府並公布一種〈結售外匯及申請結購外匯處理辦法〉，據此，外匯管理及匯率即又見重大的更張，自此建立基本匯率體制，惟仍另附結匯證，且有牌價與市價之區分；輸出係依產品性質發給不同比率的結匯證，輸入則以附繳市價結匯證、並加徵防衛捐等而為不同的運用；旋為爭取國外資金匯入，更訂有優惠匯率。於是就有眾多不同的匯率，茲連同其繼後的更張，將其在轉入另一重大變革的前夕、係截止於民國四十七年四月十三日之三年稍多期間的演進，分述如後：

　　㈠**基本匯率、結匯證及優惠匯率**　前者即先前在民國四十年五月二十一日所略有調降、且包括匯價在內的結匯證價，1美元兌新臺幣之買、賣價格分別為15.55元及15.65元，至此改訂為基本匯價之買、賣價格，稱為基本匯率。另再訂定新的結匯證價格，臺灣銀行牌價為新臺幣6元，市價係隨市場供需情況變動，最初的市價為6.1元，惟自四十四年三月中旬開始，在至五月底之兩個多月期間，已大多起伏於9.5元至11.5元之間，至六月以後，又急遽的下降，乃多在6.1元至

7元之幅域內，但九月以後再暴漲至多在11.5元以上，迄十一月中，曾升達16.8元，波動甚烈，以是外貿會即透過各商業銀行出售另一種結匯證，訂為13.5元，藉以穩定市價。至於優惠匯率，係供收購美鈔及經核准的匯入匯款使用，四十四年五月一日起初定為34元，後曾迭有超過1或2元的升降，四十七年四月一日又調升為36元。

　　㈡輸出及匯入匯款匯率　在外貿會成立時，初訂的實際匯率有六種，分別是：⑴公營事業出口糖、米、石油、鋁、鹽等物資及政府機關匯入款，皆適用最低的基本匯率買入價，1美元兌新臺幣15.55元；⑵公營事業其他產品出口為20.35元，係基本匯價加計臺銀掛牌結匯證價6元的80％；⑶民營事業出口之香蕉為18.60元，為基本匯價加結匯證市價6.1元的50％；⑷其他產品出口為20.43元，係基本匯價加結匯證市價的80％；⑸民間匯入款之全部兌付新臺幣者為21.55元，係基本匯價加臺銀掛牌結匯證價；⑹民間匯入款兌付新臺幣及結匯證者為21.65元，乃基本匯價加結匯證市價。但在兩個月後，加計上稱初訂之優惠匯率為34元，即增加為七種；而在又經過四個月後，同在民國四十四年間，因鹽之出口亦加計牌價結匯證五成為18.55元，遂更增為八種之多，自15.55元至34元不等，差異甚大。

　　更有進者，續至民國四十六年下半年以後，由於國際市場的變化，以致如茶葉、鳳梨罐頭、鮮果、竹筍等農產品及其加工品的出口，都極為困難，於是外貿會就陸續准許此等產品保留出口外匯，並分別訂有不同的保留比例，可用於自行進口物資，以所獲得的利益補貼其出口，而各種進口物資的獲利又頗有差異，此即產生很多不同的隱藏出口匯率，更甚於上述前在四十年多所形成的隱藏匯率，所以，市場上即稱此時的出口及買入實際匯率何止數十種，或謂有百種以上，至爲混亂。

如是衆多而複雜的匯率，旣不公平，尤難管理，故至本階段結束時，上稱的八種匯率已有相當的調整，係歸併爲五種，最低爲20.35元，最高爲36元，仍有重大差距。

㈢輸入及匯出匯款匯率　此等賣出的匯率較爲簡單，在外貿會成立時，係分三種：一爲政府進口及公營事業限價物資進口、政府機關普通匯款、美援重要原料及工業計畫進口等三類，皆適用1美元兌新臺幣18.78元的匯率（官定賣出基本匯價加二成防衛捐），但後者先在兩個月後、前二者乃在又過四個月後，即都改爲適用24.78元的匯率（即再加計結匯證之臺銀牌價）；一爲公營事業之其他進口、美援商業採購普通物資進口、民營事業工業原料及直接用戶進口、民間普通匯款等，皆適用24.78元的匯率；另一爲民營事業之其他進口，爲24.88元（賣出之基本匯價加防衛捐及結匯證市價6.1元），惟在結匯證市價劇漲時，此項匯價即曾高達35.58元，而至民國四十六年年中結匯證市價劇漲後，即以各商業銀行所出售之結匯證價計算，故猶有下降爲32.28元。

外貿會成立後，對外匯貿易管理的更張及匯率調整，自亦爲一種改革，此即開始於民國四十四年春。但是，基本的外貿情勢並未改變，外匯緊絀，調度困難，對外收支有嚴重的逆差，而此種情勢卻非立即能夠予以扭轉或改善，故匯率的改訂或調整，就必須有多方面周詳的考慮：爲避免對甫見較爲穩定未久的物價產生過大衝擊，乃不宜全面的調整匯率，更不宜將新臺幣貶降過多，此其一；爲能夠促進出口，新臺幣又不宜任其過於高估，同時爲期匯率能夠發揮相當的價格機能，以自動限制進口，亦應將新臺幣有所調降，此其二；對美援物資進口適用較低的匯率，可有裨於物價的穩定與對抗通貨膨脹，此其三；為配合財政的需要，乃在進口匯率上附徵防衛捐，亦仍有其必要性，而對政府機關及公營事業進口物資、設備適用較低的匯率，則可減輕財政負擔，此其四。有此各方面的顧慮，以致匯率就更為複雜。

第五節　成功的重建單一匯率

複式匯率在第二次世界大戰後，諸多曾受戰火破壞的國家，如西歐的義大利、法國、荷蘭、奧地利，為重建其經濟及貿易，固屬均曾採用；而日本在盟軍占領期間，亦曾一度實施；另在中南美洲，採用的國家更多。但是，複式匯率在基本上存有重大的缺點，不僅是對匯率平價的否定，使匯率失去其價格機能，足以扭曲資源的運用，並需有高效率的行政力量管制，雖然如此，仍難有圓滿的效果。所以，各國在經濟漸告恢復與穩定後，即逐漸將匯率簡化，進而恢復單一匯率；我政府在臺灣亦然。

民國四十二年起，政府在臺灣推行有計畫的經濟建設，至四十五年，第一期四年計畫完成，雖然在外匯貿易方面仍有重大困難，乃繼續採取複式匯率及嚴格的管理，但是農工業生產廣見顯著的擴張，經濟穩定亦遠較實施幣制改革前後為佳。從而由四十六年起，政府即繼續實施第二期四年計畫，該計畫的第七章為〈國際貿易及收支計畫〉，即特別指稱，應"釐訂合理匯率"，須"兼顧對一般進口物資價格之影響，及一般出口物資在國際市場能適當競爭之外匯成本，不能遷就天然條件不利之出口品"。同年冬，政府遂特別成立"外匯貿易政策小組"，經過反覆的討論，最後決定即行著手推行外匯改革，盡速重建單一匯率。

　　嗣至民國四十七年四月十一日，行政院公布〈外匯貿易管理辦法〉，又一次外匯改革即付諸實施，其步驟係先將多元的複式匯率簡化為二元複式匯率，再逐漸改為單一匯率。而此所謂之二元匯率，雖仍為基本匯價與加計結匯證明書之匯價，但有兩點重要的改革：一是將先前的進口結匯等外匯賣出，須按基本匯率加徵的防衛捐20％予以取消，另在進口關稅上照原稅率附徵，乃使防衛捐與匯率脫離關係而為關稅的一部分；一是對出口結匯一律發給全額的結匯證，以加強其運用，不再有發給80％的差異，乃將構成複式匯率的一項重要因素消除。因之，匯率即得以脫離財政的影響及簡化，其開始實施的時間為同年四月十四日。

　　新訂的基本匯率，係將先前的實際賣出匯價1美元兌新臺幣24.78元，繼續訂為外匯賣出的官價，適用於重要機器、肥料、黃豆、小麥、原棉、石油等甲類進口物資及政府機關匯出款，另訂買入匯價為24.58元，適用於糖、米、鹽等甲類出口物資及政府機關匯入款。

　　而新訂的結匯證明書買賣價格，分別為1美元合新臺幣11.5元及11.6元。於是基本匯率加計結匯證之賣出價即為36.38元，適用於不屬甲類以外的乙類一般物資進口及民間匯出款；買入價遂為36.08元，係適用於甲類以外的乙類物資出口及民間匯入款。

　　對於此次先將匯率予以簡化的外匯改革，尚有應予指出的是，政府頗為著重於加強結匯證的運用，以使其能夠促進出口及調節進口，並調和輸出與輸入的利益，進而平衡外貿收支。以是相對應的外匯申請及審核，亦都有諸多變革，乃在實施改革尚未滿三個月時，且規定凡以出口物資、佣金及匯入款所取得之結匯證申請進口外匯，得優先全數核准，從而由民國四十七年七月五日起，在至翌年八月九日之約計十三個月間，結匯證的市價起伏甚大，係升沈於1美元合新臺幣11.7元至17.8元之間，以致相對應的乙類進、出口及民間匯出、入款實際匯率，最高價位曾分別升至42.58元及42.38元。

惟自民國四十七年十一月二十一日起，先在七個多月以前開始外貿改革時，係分別適用不同匯率之甲、乙兩類進出口物資及政府機關匯出入款，就不再作此區分，都一律適用基本匯率加結匯證價，此一改變，即向單一匯率又邁進一步。然而，在結匯證市價頗有上漲時，政府復由臺灣糖業公司亦掛牌出售結匯證，在四十八年四月九日初訂之牌價為1美元合新臺幣14.75元，嗣且調整為15.25元。於是至同年八月十日起，政府即規定以36.38元為合併的賣出基本匯率，而以24.78元加15.25元為40.03元代表實際匯率。迨至四十九年七月一日，更即以其為匯率標準，旋且通知國際貨幣基金，我國已重建完成單一匯率。但是，此時36.38元的基本匯率仍在名義上存在，係將其作為結匯證市價的最低保障價格，再經過三年後，至五十二年九月二十七日，結匯證方宣告取消，銀行掛牌買進匯率為40元整，並以此為基本匯率，賣出匯率為40.10元，曾維持至六十二年二月十五日歷時九年多皆無變動，足稱穩定。

進入第二期四年計畫期間所積極推行的外匯貿易改革，重建合理的單一匯率，固屬基本的努力目標，同時，對應於出口比較第一期四年計畫期間顯有增加（見第十六章表16-5），外貿會並逐步放寬外匯與進口管制，以使匯率能發揮應有的價格機能。再觀諸自民國四十九年起的出、進口貿易逐年都有增加，且1美元兌新臺幣40元的匯率曾維持九年多之久，此即充分顯示其為成功的改革；而此時的新臺幣比

較幣制改革開始發行時，自是已大幅的貶值，總貶幅雖達87.5％，惟
至此即到達合理的匯率水準。

第十四章　推行有計畫的經濟建設

　　第二次世界大戰後，有若干國家或爲盡速恢復受到戰爭破壞的經濟，或爲推行工業化以促進經濟發展，曾迅速的實施經濟計畫。我國在中央政府遷臺後，緣臺灣的經濟資源並不豐裕，尤其是在戰後經濟甫告獲致初步恢復的時會，對各種資源更須作最佳的有效利用，允應妥適的予以配置，庶免發生浪費與不經濟；同時，美援在民國三十九年下半年間恢復後，援款有計畫型與非計畫型之區分，美國方面乃希望各受援國家亦能提出經濟建設計畫，以爲協助的依據，我國政府自應配合，以善用此項資源。於是自四十二年起，政府即在臺灣推行有計畫的經濟建設，以四年爲一期，曾簡稱“四年計畫”或經建計畫，至民國四十年代結束時，恰好完成兩期，臺灣經濟即顯見改觀，再經過實施第三期四年計畫，遂奠定經濟起飛的基礎，實際上已開始邁進快速成長的時代。

　　然而，尚有應予指出的是：政府在臺實施的經濟計畫，其由政府（包括公營事業）辦理的部分，緣其都爲關鍵性的計畫，在確定後，固屬按照計畫執行；另有相當多的部分，係由民間辦理，並不具強制性，而是由政府引導，由民間企業投資及經營；抑有進者，且有一部分計畫祇是未來發展的方向或預期，作為共同努力的目標，但是，儘管如此，仍對臺灣的經濟建設與發展，足為強大有效的推動力量。在此了解下，茲分別概述前三期經建計畫的訂定及實施情形如後。

第一節　第一期經濟建設四年計畫

原來先在民國四十年間，行政院美援運用委員會所聘請的顧問工程公司──懷特公司，已擬有一種〈民國四十一～四十四會計年度工業計畫〉草案；另外，行政院經濟設計委員會則擬有一種〈臺灣生產建設計畫〉草案。嗣至四十一年間，臺灣省政府及有關單位以訂定一套經濟建設計畫，已甚為需要，於是將二者合併改編為〈臺灣經濟四年自給自足方案〉，預期在完成後，自四十六年起，臺灣經濟即可自立，勿需再賴外援，故所訂各種生產計畫的目標大多甚高，尤以農產品部分為甚，而內容則相當簡單，範圍亦不夠寬廣。

從而上稱的方案在報請行政院核定時，雖幾經研議，皆未能定案。緣其僅以四年的時間，即欲使臺灣經濟能夠自給自足，衡酌當時的經濟情勢，無論如何有效的調配資源，都無可能。為此，行政院旋且將既有的若干有關小組等單位予以合併，改組為行政院經濟安定委員會，以為經濟計畫設計、審議及推動的專責機構，於四十二年七月成立，旋即另行擬定一種〈臺灣經濟建設四年計畫〉，仍以四十二年為開始實施之年，定於四十五年完成。然而，迨至四十六年實施第二期四年計畫時，此一在前的四年計畫，即改稱〈中華民國第一期臺灣經濟建設四年計畫〉。

將第一期四年計畫予以具體的檢視，雖"其主要目的，在求以最有效、最迅速之途徑，從事經濟發展，提高生產水準，內求充裕物資供應，外求平衡國際收支，冀於四年計畫完成後，可接近經濟自立之地位，減少依賴外來援助之需要。"[1]但因此種計畫在我國既無先例，尤其是諸多資料並不齊備，係以最簡單的個別計畫予以彙總，乃僅分爲農業及工業等兩部分，但工業部分包括交通運輸在內，另以"附錄"列示外匯收支及國民所得估計，故計畫的內容即較簡賅。而再概觀本計畫之執行情形，從固定投資金額言，詳如表14-1。據此，遂可獲致三點了解——

其一是對農、工業投資的相對配置，明顯的以工業爲主。蓋因工業投資不僅包括交通運輸在內，且涵括爲增加農業生產所急需之對肥料工業、以及擴建電力的鉅額投資，而農業的發展及投資已都不如工業迫切。關於此點，觀乎其在此四年的累計投資情形，可獲致具體的印證：計畫中的總投資金額爲新臺幣七十七億九千九百萬元，農業係占30.23％，工業包括交通係占近70％；但實際投資因財源不如預期，且在配合上未盡理想，故祇有六十四億四千七百萬元，農業占28.18％，尚略低於計畫，工業占近72％，則較計畫有所超過。

再則是分析各年的實際投資財源分配：在農業投資中，皆以民間爲主，其次是政府，美援殿後。而工業投資除民國四十二年係政府略多於美援外，餘三年均爲美援多於政府，在此時期，民間對工業的投資，明顯的少於前二者之差距甚大；此就四年的累計數爲新臺幣四十六億二千九百萬元觀察，美援占49.76％，已達半數，政府係占

⑴《中華民國第一期臺灣經濟建設四年計畫》，經濟部編印，民國六十年一月。

表14-1　臺灣實施第一期經建四年計畫之固定投資情形①

單位：新臺幣百萬元

項目區分		民國42年		43年		44年		45年		四年累計	
		計畫數	實際數	計畫數	實際數	計畫數	實際數	計畫數	實際數	計畫數	實際數
農業投資	政府	-	86	-	101	-	178	-	172	-	537
	民間	-	175	-	212	-	253	-	280	-	920
	美援	-	49	-	78	-	97	-	136	-	360
	小計	457	310	508	392	662	528	731	588	2,358	1,818
工業投資	政府	-	359	-	368	-	560	-	398	-	1,685
	民間	-	122	-	131	-	131	-	257	-	641
	美援	-	348	-	374	-	758	-	824	-	2,304
	小計	753	829	1,802	872	1,624	1,449	1,262	1,479	5,441	4,629
合計	政府	-	445	-	469	-	738	-	570	-	2,222
	民間	-	297	-	343	-	384	-	537	-	1,561
	美援	-	397	-	452	-	855	-	960	-	2,664
	小計	1,210	1,139	2,310	1,264	2,286	1,977	1,993	2,067	7,799	6,447
達成%②		94.13		54.72		86.48		103.71		82.66	

附註：①緣固定投資之計畫數，未對資金來源為政府、民間及美援等區分，故
　　　缺，此亦顯示本期計畫之並不周詳。表內細數相加，未盡與小計、累
　　　計相符者，係因四捨五入所致。
　　　②達成百分比(%)係實際數對應於計畫數之比率。
資料來源：《中華民國第一期臺灣經濟建設四年計畫》，經濟部編印，民國六
　　　十年一月。

36.40％，民間因財力尚屬有限，僅占13.84％。

　　第三是本期經濟計畫的執行績效，明顯的尚不理想，雖然民國四
十五年的實際投資高出計畫數3.71％，但是前三年皆有不及，尤以四
十三年為甚，實際投資尚不及計畫數的五成半，此係受工業投資的達

成率僅有48.39％的影響，以致四年累計的總達成率尚不及83％。分析其原因，一方面是原計畫不夠周全，且預計投資過高，非其時的經濟能力所能承擔，頗有重大關係；再一方面是民間儲蓄不足，投資偏低，僅占總投資的24.21％，而其對工業的投資即且衹占13.84％，益以所依賴的美援財源未能及時配合，亦有重大的影響。

　　然而，對於第一期四年計畫的實施，更取後以民國五十三年固定幣值表示的國民生產毛額予以綜括看來，四十五年為新臺幣五百四十一億八千九百萬元，較四年前增加33.14％，平均每年經濟成長率為7.42％，整體經濟仍顯有進展。

第二節　第二期經濟建設四年計畫

　　在第一期經建四年計畫即將完成之民國四十五年，政府有鑒於此種計畫確對指導與推動經濟建設，有明顯功能，遂由其時的經安會檢討改進第一期計畫之缺失，踵繼擬訂第二期經建四年計畫，設計方法在基本上仍係採用個別計畫彙總法，但其內涵已頗有調整與充實。全計畫分為八章，分別是：計畫綱要、投資及效益目標、農業部門計畫、工業部門計畫、交通部門計畫、專案及其他建設計畫、國際貿易及收支計畫、財政金融措施之配合，另外並訂有繼續努力的目標，計畫的"主要目的，在繼續開發資源，增加農工生產，加速發展工礦事業，擴展出口貿易，以提高國民所得，增加人民就業，平衡國際收支"[2]，自四十六年開始實施，至四十九年完成。

————————————

(2)《中華民國第二期臺灣經濟建設四年計畫》，編印及出版年月同註(1)。

表14-2　臺灣實施第二期經建四年計畫之投資情形①②

單位：45年幣值新臺幣百萬元

項目區分	民國46年 計畫數	實際數	47年 計畫數	實際數	48年 計畫數	實際數	49年 計畫數	實際數	四年累計 計畫數	實際數
農業投資	1,195	1,149	1,175	1,070	1,144	1,476	1,175	1,450	4,689	5,145
工業投資	2,349	2,639	2,564	3,187	2,658	3,782	2,774	3,910	10,345	13,518
礦　　業	128	83	134	81	136	107	125	110	523	381
製　造　業	1,400	1,867	1,617	2,239	1,702	2,304	1,708	2,300	6,427	8,710
電　　力	821	689	813	867	820	1,371	941	1,500	3,395	4,427
交通運輸投資	609	700	602	844	629	889	633	1,000	2,473	3,433
專案計畫投資	567	-	714	-	647	-	576	-	2,504	-
石門水庫興建	298	-	398	-	200	-	91	-	987	-
海埔地開發	9	-	56	-	237	-	275	-	577	-
退役官兵就業	200	-	200	-	150	-	150	-	700	-
國民住宅興建	60	-	60	-	60	-	60	-	240	-
合　　計	4,720	4,488	5,055	5,101	5,078	6,147	5,158	6,360	20,011	22,096
達　成③	95.08		100.91		121.05		123.30		110.42	
財源 政府	1,345	1,025	1,554	1,368	1,529	1,137	1,409	1,210	5,837	4,740
民間	1,449	1,750	1,584	2,162	1,772	2,485	1,927	2,600	6,732	8,994
美援	1,926	1,713	1,917	1,571	1,777	2,525	1,822	2,550	7,442	8,359

附註：①本期經建計畫中之投資，係包括流動資金投資(或其增加額)在內，各
　　　年的計畫金額及占合計數比率分別為：民國四十六年577百萬元，占
　　　12.22%；四十七年586百萬元，占11.59%；四十八年724百萬元，
　　　占14.26%；四十九年649百萬元，占12.58%；四年累計2,536百萬
　　　元；占12.67%。以是固定投資即為17,475百萬元，係占87.33%。
　　　②專業計畫投資之實際數，係各依其性質併計在農、工業及交通運輸投
　　　資中，故缺。
　　　③達成%同表14-1。

資料來源：《中華民國第二期臺灣經濟建設四年計畫》，經濟部編印，民國六
　　　十年一月。

　　關於第二期四年計畫的執行情形，同以其投資金額觀察，詳如表14-2。但是，緣本期計畫已包括主要是農、工業的流動資金投資，故與第一期四年計畫之僅爲固定投資有所不同。又，本期計畫中之專案計畫投資，在各年執行完成後，係分別依其性質併計入有關產業部門，以致表14-2中僅列有計畫數而無實際數。在此了解下，對應於第一期經建計畫所述的三點情況逐爲——

　　第二期四年計畫的投資配置情形，雖然對交通運輸的投資已單獨列計，且有四項專案計畫投資，亦仍以對工業的投資爲主。同取四年累計數觀察，均係以民國四十五年幣值表示：原計畫的總投資金額增爲新臺幣二百億一千一百萬元，農業係占23.43％，工業即占逾半數達51.70％，交通運輸占12.36％，專案計畫占12.51％；而實際情形是將後者併計入前三者以後，在總投資二百二十億九千六百萬元中，農業占23.28％，祇略低於原計畫，工業乃大幅的超過占至61.18％，交通運輸亦高於原計畫係占15.54％。

　　本期經濟計畫的執行績效：各年的情形，除農業投資在民國四十六、七年有所不及計畫數外，餘皆明顯的超過甚多；而再檢視四年累計數，實際的農業投資亦超過計畫數9.72％，工業投資高出30.67％，交通運輸的超出幅度最大爲38.82％；在此情形下，各年的總合達成比率，雖然四十六年有欠理想約低5％，此主要係受石門水庫改變設計的影響，繼後三年的實際投資皆高於計畫數，特別是後兩年都超過20％以上，而四年累計平均亦仍高出一成。

　　更就本期計畫的投資財源分析：在政府投資方面，由於各年的實際數皆少於計畫數，以是四年累計平均即祇有預期的81.21％，此亦表示政府的財政仍甚困難；但是，經過第一期經建計畫後，民間的財力已頗有增強，故各年的實際投資都大幅度超過計畫，四年累計遂高出33.64%之多；至於美援，則爲在前的二年係實際數低於計畫數，在後的二年又超過甚多，從而四年累計亦尙超過預期12.32%。於是四年累計的實際投資財源分配，政府不過占21.45%，民間占40.72%，美援係占37.83%，相對於第一期計畫，來自政府及美援的投資財源所占比重俱見降退，尤以政府爲甚，而民間投資比重急遽的提升幾近二倍，頗有重大的進展。

　　然而，再檢視第二期四年計畫期間的國民生產毛額變動，同係以修正的民國五十三年固定幣值表示，四十九年雖更增爲新臺幣七百十一億七千七百萬元，續較四年前增加31.35%，平均每年經濟成長率爲7.05%，則猶俱較上期有所不及，此係由於比較的基礎頗有提高，同時工業建設已遭遇相當的困難（繼將在本章第三節述及），都有相當的關係，而最重要的是四十八、九年連續發生嚴重天然災害（第十七章將予述及），遂有以致之。

第三節　第三期經濟建設四年計畫

　　以第一、二期四年計畫所累積的經驗，益以資料方面較前頗有充實，賡續由民國五十年開始實施、至五十三年完成的第三期經建四年計畫，其設計即較前不同，表現的方式亦有差異。全計畫乃分爲兩部分，擴增爲十一章：第一部分爲“總論”，包括對過去“經濟發展之成就”檢討、“現狀及潛力”分析、第三期“四年計畫之設計”、“分類計畫摘要”、第三期“四年計畫之執行”等五章；第二部分爲“分類計畫”，係分農業部門、工礦部門、交通運輸部門、石門水庫建設專案、國際貿易及國際收支、社會建設等六章。

　　惟臺灣至民國四十年代的後期，一方面是人口大量的自然增加，壓力相當沈重，另一方面美援已有明顯的改變態勢，趨於減少；在此情形下，雖然第一、二期四年計畫的實施，已使經濟有重大的改進，但是仍相當的艱困，且遭遇新的投資困難。以是政府在民國四十八年底，先已完成一項〈加速經濟發展方案〉，並提出〈十九點財經改革措施〉，以改善投資環境及促進投資。後者在翌年初定案後，且據以在同年秋制訂完成〈獎勵投資條例〉，旋更列為第三期四年計畫執行之配合措施。

　　在上述情形下，第三期經建計畫的主要目的，即為"繼續提高生產能力，改善人民生活水準，迅速脫離落後經濟形態，並減少對美援的依賴"，乃"必須作更大的努力，使經濟獲得更迅速、更充分的發展"[3]。從而即初訂經濟成長率目標，係參考前兩期計畫期間的國民生產毛額實質增加率，將其予以提高，平均每年為8％，複利計算，四年可增加36％。再檢視實際情形，則為：民國五十、五十一年的經濟成長率分別為7.81％及7.21％，雖低於計畫目標，但是繼後的二年各為9.77％及13.48％，故四年平均每年即達9.57％，超過計畫目標甚多；而同以五十三年幣值表示的國民生產毛額為新臺幣一千二十四億九千二百萬元，即較四年前增加44％之多。

　　根據經濟成長率估計資金的需要，有鑒於消費品工業的內銷市場已達飽和，須向資本密集的產業發展，而不直接生產物資的社會建設

---

(3)《中華民國第三期臺灣經濟建設四年計畫》，編印及出版年月亦同註(1)。

資金所占比重亦須提高，故四年合計預期需要新臺幣五百億一千九百萬元，此且爲民國四十八年的幣值。於是其對各部門的投資配置情形，即爲：農業連同石門水庫專案之歸屬部分占18.91％，工礦業亦同此係占47.19％，交通運輸占13.13％，社會建設包括技術人才培育、公共衛生、都市建設及國民住宅等計畫占5.08％，其他部門包括營建、商業、金融、其他服務等占15.69％。

　　再槪觀上稱的預期投資實際執行情形，以國民所得統計中的資本形成毛額作爲實際投資，同以民國四十八年的幣值表示，就此四年的總投資言，計有新臺幣六百零三億二千七百萬元，乃超過預期20.61％。在各部門看來：其他部門的實際投資每年都超過預期七成至一倍餘不等，四年合計超過86.19％之多，於是其占總投資的比重即提高至32.06％；又，交通運輸的實際投資亦超過24.31％，農業投資係超過6.10％；而工礦業投資僅高出4.82％，此主要係因電力計畫申請美援及世界銀行貸款核准延遲，乃未能如期進行的影響，同時，礦業方面因礦藏不豐，投資收益率偏低，以致二者的實際投資較諸預期皆不及六成半，惟製造業投資仍能超過預期37.82％，使經濟體質的改進有明顯進展，此即與〈獎勵投資條例〉的實施，足有重大的關係。

　　由於前兩期四年計畫的實施，臺灣經濟已有相當的發展，故第三期四年計畫所需資金的財源，即較爲寬裕。同以民國四十八年的幣值表示，祇就國內資金言，四年合計，預計可籌得新臺幣三百三十六億三千九百萬元，分別爲國民淨儲蓄一百七十一億一千九百萬元，固定資產折舊準備一百六十五億二千萬元；另外，估計僑外資流入、國際貸款及尙可獲得的美援等國外資金，亦可有二百二十一億八千萬元

（相當於五億五千四百五十萬美元）。將國內外資金合計之，就有五百五十八億一千九百萬元，但估計投資需要卻祇相當於89.61%，乃猶有約一成計有五十八億元，可用於償付因投資所產生的債務、流入僑外資之本息利潤，並可增加若干外匯準備金。

　　然而，緣實際的經濟情況猶較預期為佳，故此四年的資金籌集，即達民國四十八年幣值新臺幣七百三十四億六千一百萬元，超過預期31.61%之多。其中，國內資金部分，國民淨儲蓄為二百四十九億七千八百萬元，且超過預期45.91%，此亦顯示出後將述及政府實施鼓勵儲蓄政策之效果；固定資產折舊準備之提列為二百零七億四千一百萬元，係超過25.55%。至於國外資金的流入，雖美援在此期間已大為減少，惟僑外投資及國際貸款的增加，已足可抵補而有餘，乃達二百七十七億四千二百萬元，亦超過預期四分之一強。

　　第三期經建計畫的設計方法，固屬較前兩期計畫為佳，抑有進者，並訂有各部門及各業發展的優先順序與配合發展原則六點，略為：㈠兼顧所得、就業及外匯收支三項因素，㈡將遠、近期效益予以配合，㈢以電力及交通為優先，㈣就國內外市場情形進行產業多面化發展，㈤注重農工業原料、資材生產的配合，㈥品質改進與產量擴增並重。此不僅對當期、亦對繼後的經濟，都具有重要性。而第三期經建計畫的完成，即將臺灣經濟推進到自立發展的境域，同時，自此開始進入出口擴張的時期。

第十五章　重要政策與措施

　　臺灣地區經濟在民國四十二年進入調整奠基發展時期後，前三章所述之隨即完成土地改革，將匯率向合理化調整，並實施有計畫的經濟建設，固屬都是政府重要的經濟施政，另外，尚曾訂定採取本章所述之各項政策及措施，亦都特具重要性，或即在本期間已產生顯著效果，或係至稍後發揮強大的作用，皆對推動與促進經濟發展具有深遠的影響，可概括為產業及財稅金融等兩方面述之。

第一節　產業政策

　　在前三期經建計畫中，政府對各種產業所訂定的發展計畫及推動辦法，乃至對應於經濟情勢變化所採取的措施，莫不都是產業政策的一部分，另外，下述的三點，更都對於產業的發展，足有深遠的重大影響。

一、以農業培養工業，以工業發展農業，兼籌並顧

　　第二次世界大戰後，有許多以農業生產為主的經濟落後地區，為

能早日脫出其落後的經濟，都在積極的傾力發展工業，遂對農業有所輕忽。而在實際上，工業發展固屬重要，但如缺乏穩固的農業基礎，為工業提供所需的糧食、原料、人力、資本及市場，不僅工業難以順遂的發展，且會帶來嚴重的經濟問題，甚至於發生如饑饉等重大災難，此等例證即曾在亞洲的國家中出現。以是經濟建設與發展，必須能掌握先後緩急，方能有成。

　　臺灣光復後，政府的經濟施政，係一貫的採取農工業並重方針。

　　先是在光復之初，政府立即緊急撥運大量的化學肥料來臺，並以巨額的資金，分別支持搶修前在戰時受到破壞及失修的水利灌溉設施，以恢復與增加糧食生產；旋且推行三七五減租，同時另行撥出資金供為扶植自耕農貸款，以提高農民生產意願，故農業生產的恢復遂較快速。而在修復工業方面，亦係以基本的電力及配合農業生產所需之肥料為優先。

　　繼之，政府開始推行有計畫的經濟建設，遂在農業已恢復至光復前最高生產水準的基礎上，更確立政策方針為“以農業培養工業，以工業發展農業”，此即以農業所已具有較強的能力促進工業建設，但是，並未偏忽農業，而係以工業增進農業進一步發展的潛力，相輔相成，兼籌並顧。對此，有兩項最具代表性的政策措施，應予指述：一為政府在實施耕者有其田政策以完成土地改革時，特別以撥發“四大公司”股票的方式，作為徵購地主土地的部分地價，不僅對提高農業生產力有重大推動作用，且移轉大量的農業資金導入工業，並使民營企業大為擴展。一為在工業建設方面，將擴建肥料工業列為重點之一，以充裕肥料供應，並增加新種肥料，同時，積極更新與擴建食品及農產加工業，以擴展農產品的利用及提升品質。從而在工業發展中，農業生產亦持續的增加，並無失序現象。

二、推動民營企業發展，建立進口替代產業

　　臺灣由於前在日據時期，重要的產業皆係由日本人經營，至光復後，均由政府予以接收，乃大多改組蛻變爲公營事業，從而即建立起以公營爲主的工業生產體制，故民營企業就相對的甚爲有限。但是，嗣在政府訂定推動民營事業發展的政策後，經過十二年的時間，工業生產即轉以民營事業爲主。

　　根據省建設廳所發表較早時期的資料顯示[1]，臺灣實施幣制改革後，公、民營工業生產淨值的對比，在民國三十八年爲72.4%比27.6%，公營產值爲民營產值的2.6倍多。其後，另據行政院國際經濟合作發展委員會發表的資料[2]，至四十一年，公營事業產值雖仍占57.3%，但民營事業產值亦已占42.7%，較三年前提高甚多，此當與在此期間不但有增設、且有由大陸遷臺的民營企業，皆有重大關係；迨至由四十四年起之三年，因有“四大公司”在實施耕者有其田政策中，已完成移轉爲民營，於是公營事業產值所占的比重更降爲略逾50%，祇略高於民營事業之比重已都超過49%，乃甚爲相近；繼至四十七年以後，逐皆爲民營事業之產值高於公營事業，迨至第三期四年計畫完成之五十三年，民營事業產值占59.5%，即高於公營事業之占40.5%，顯有重大差距。

---

(1)《臺灣省建設統計》（第一期），臺灣省政府建設廳編印，民國五十年十二月。

(2)*Taiwan Statistical Data Book*，CIECD，1969.

　　臺灣在光復後，固屬隨即建立可稱龐大而以公營為主的工業生產體制，但是，政府對民營事業從未輕忽。先是在經濟仍劇烈動盪時期，省政府即曾於三十八年六月八日、三十九年三月十一日，分別公布各年的民營企業貸款實施辦法，並於三十八年七月十二日公布對民營企業緊急輔助辦法，由臺灣銀行或銀行團以資金協助民營企業，使能克服經營上的困難。又在實施耕者有其田時，將“四大公司”移轉民營，以其股票作為搭發予地主的地價，經估價後，四大公司的總值，超過所需搭發之地價，乃將經營情況良好的臺灣水泥及紙業等兩公司股票，全部搭發予地主，而對臺灣工礦及農林等兩公司的股票，係將其眾多單位中之有利者折價予地主，以利開放為民營後皆能順遂營運，至於經營情況欠佳的單位，仍由政府保留另組公司經營。從而可見，政府在政策上，一向是對發展民營企業，深為關注。

　　抑有進者，美援在民國三十九年恢復後，對應於其計畫型援助金額自四十二年間開始增加甚多，當時的經濟安定委員會中之工業委員會，在尹仲容先生主持下，曾研擬提出許多工業計畫，五年間近二百項之多，其能付諸實施者，除電力、肥料及利用臺糖公司副產原料之計畫係由公營外，其餘的在原則上皆交由民間經營，由工業委員會協助代為申請美援貸款，亦有先由公營事業創辦後再售予民營者。在此等計畫中，尤為著名成功的是塑膠粉、粒（PVC）製造計畫，雖然在創辦時曾遭遇相當多的困難，皆由政府協助克服，而投資經營的王永慶先生，更有堅強的魄力及遠大眼光，最後不僅創造出一大片塑膠事業，成為馳譽世界的塑膠大王，且對國家經濟有重大輝煌的貢獻。

　　在推動民營企業發展中，政府並選擇生產規模不大、所需資本不多、勞工技術要求不高、建廠期間不長的勞力密集工業，此可以紡

織、麵粉、食油等工業為代表，建立為進口替代工業，由政府提供美
援之原棉、棉紗、小麥、黃豆等為原料，交予業者代工生產，政府所
付的代工費稱為"工繳費"，相當優渥，因而業者在生產中全無風險
可言。

　　另外，政府對進口替代的工業，尚採取管制進口及高關稅予以保
護，並提供技術諮詢、專案貸款、為需要者代購原料及代銷產品等輔
導，以強化其經營。在此等情形下，民營企業遂蓬勃興起，促進臺灣
經濟迅速的發展。

三、編設工業區，推動建立加工出口區

　　由於臺灣原屬農業經濟地區，政府先前所推行的土地改革，固係
以農地為對象，並對農地設有相當嚴密的保護限制。但是，在民營企
業蓬勃的興起發展中，隨即發生取得設廠用地困難的問題，必需速予
解決。於是在繼將述及的〈獎勵投資條例〉中，就特別對工業用地之
取得及開發為工業區予以規定，以利工業建廠與擴展，此係分別由十
五個縣政府在轄境內遴選後，提出建議，由臺灣省政府建設廳彙總會
同中央有關機關勘選，至民國五十年八月即告迅速的完成，再報經行
政院複勘後，核定五十九處工業用地，計有2,453.39公頃，後即陸續
開發為工業區，不僅其聯外及區內道路與水電等基本設施皆已先行完
備，且有興建一部分標準廠房者，可出租或出售，每一工業區內都設
有眾多各型或相關的工廠，對節省設廠及生產成本，都有裨助。

　　而在此前，民國四十五年間，高雄市的填海工程完成，產生一大
片新生陸地，當時，對其使用的一般構想，都是參照外國既有的利用
方式先例，主張闢建為自由港，但未確定；嗣至五十年前後，李國鼎

先生遂提出一種深具創意的新構想，將此一新生陸地創設爲兼具自由
貿易區與一般工業區雙重功能的加工出口區，爲一個不受國內一般法
令限制的投資環境，以吸引香港等地的資金及技術回國投資，所生產
的貨品，專供出口，不但可增加就業，並可擴張出口，亦爲對正在形
成中的出口導向政策之配合，以促進經濟發展。惟加工出口區的設
置，牽連的因素甚多，非一蹴可成，乃在形成爲政策後，先將其納入
五十三年底修正的〈獎勵投資條例〉中，繼於五十四年就有〈加工出
口區設置管理條例〉的制定頒布，迄至五十五年末，遂首先設置高雄
加工出口區，係李國鼎先生出任經濟部長後所完成，後至五十八年更
有高雄楠梓及臺中潭子等兩處加工出口區設置，以是出口產業就大量
的增加。

第二節　財稅金融措施

　　一般情形，稅收都是各國財政最基本的收入，無論個人或產業界
都有依法納稅的義務，稅負的高低輕重，足對經濟具有重大的影響，
同時亦可用爲調劑經濟的手段；而金融更是產業的活水泉源及潤滑
劑，金融體制是否健全、運作是否有效率、功能是否能發揮，莫不都
與經濟榮枯密切相關。以是臺灣經濟在進入調整奠基發展時期後，政
府遂並採取下述對經濟發展足有深遠影響的政策措施。

一、實施出口退稅，採行出口導向政策，擴張出口

　　臺灣由於地狹人稠，資源不豐，一方面必需有相當的進口物資，
遂需要充裕的外匯，但是在另一方面，以自有資源所生產的物資外

銷，其能力卻甚爲有限，長時期都係以糖、米及若干其他農產品是賴，此在光復後，直迄民國四十二年，都占近總出口值78％以上，或且更高，而所能賺取的外匯，遠不足供應進口需要，三十九年以降，雖有美援的協助，亦未能平衡對外收支，以致常處在外匯短絀的困境中。在此情形下，就必須藉重充裕的人力發展工業，進而擴展工業產品出口，以促進經濟發展。

然而，政府對於出口的貨物，不論是農產品或工業產品，固屬皆未課徵出口稅，但是，其時基於財政的需要，各種進口物資的關稅大多甚高，且有附加稅，又對若干商品不分進口或生產，尚課徵貨物稅，從而以此等課稅物資爲原料的工業，其生產成本即大爲提高，對出口頗爲不利，難以在外國市場競爭。

有鑒於上述現象，益以臺灣的市場規模不大，工業生產難以達到規模經濟的水準，李國鼎先生在民國四十四年春末，即在經安會會議中提出 “推動紡織產品出口” 的議案，建議將棉花進口關稅與棉紗貨物稅應在棉織品出口時退還，藉以鼓勵紡織品出口；此項議案在獲得通過後，財政部雖有財政上的困難，仍立即執行。四十六年秋，李國鼎先生更以深具前瞻性的敏銳觀察力，指出 “將來工業的發展，無疑的……一定寄託在外銷上”，並提出 “出口第一” 的口號[3]，後即演變爲出口導向政策，而前已述及的外匯貿易改革與繼將指述之 “十九點財經改革措施”、制定〈獎勵投資條例〉等興革，莫不與擴張出口具有密切關係，對繼後的出口開拓與經濟發展，皆有深遠影響。

---

[3]《李國鼎口述歷史》，康綠島著，卓越文化事業公司出版，民國八十二年九月。

　　對外銷貨品實施退還其先前進口原料所繳納的稅捐，係開辦於民國四十四年度，政府於當年七月二十七日公布實施〈外銷品退還稅捐辦法〉，同年度的退稅金額為新臺幣二千一百萬元，係相當於所退各稅實徵數1.2％，固屬尚不甚高；但是繼後即逐年都有增加，且迭見超過50％、乃至倍增的大幅度成長，五十三年度乃達十四億六千七百多萬元之鉅，相當於其實徵數的29.6％⑷。自開辦至此，九個年度累計退稅三十八億八千七百萬元，相對於其時的財政規模言，顯甚龐鉅，惟此對減輕外銷商品成本，提高在國外市場的競爭力，以促進出口，則頗有重大的裨助，以是出口值隨即迅速的增加，下章將具體的列示。

二、改善投資環境，制定〈獎勵投資條例〉

　　臺灣經濟前在基本上係因戰爭的摧毀，乃在光復後旋即困入激劇的動盪中，而對應於各種緊急窘迫的情況，政府遂實施諸多的管制，繼更對於若干產業採取相當的保護措施，以加維護。再則，我國在較早時期所訂建的法規及制度，有若干原為以傳統觀念相對於農業社會建立的架構，經過時代的推演，應予修訂者不少。特別是臺灣經濟已因第一期四年計畫的完成，獲致初步的進展，繼至進入第二期四年計畫期間，由於需要更多的投資，再前瞻未來，勢必繼續擴增，但是，對應於光復之初劇烈通貨膨脹的各種管制、繼後的若干保護措施、乃至先前的部分法規建制等，都頗感難以配合，甚至成為阻礙，必須予以解決。

⑷《財政統計提要》，財政部統計處編印，民國五十四年。

　　爲促進投資，以加速經濟發展，對投資環境的改善，至民國四十八年已爲當務之急，而所涉及的層面則甚廣。因之，在同年秋後，經各有關單位密集的會商加以研議，旋即獲得共識，在同年底彙總爲〈十九點財經改革措施〉，於四十九年初定案。其內涵分爲四部分，分別是關於經濟發展的改革有八點，屬於對財政預算的改革有六點，對金融方面的改革提示有三點，餘兩點爲對外匯貿易的進一步改革，都逐項明確的列出。嗣且將其納入第三期四年計畫中，列爲" 執行計畫之配合措施 "。

　　以〈十九點財經改革措施〉爲依據，政府隨即在美援會中設置" 工業發展投資研究小組 "，會同有關機構研究影響投資、特別是對工業發展有嚴重阻滯的各方面因素，發現有四大問題亟待解決：一是稅捐負擔沈重，生產成本過高；一是土地利用太過偏重於農業，工業用地取得困難；一是民間儲蓄偏低，影響長期資金之取得；一是投資手續繁複，曠日費時。其中，如投資手續上的問題，固屬多可透過行政改革予以簡化，但是前三項多須修改法規，則非短時間所能完成，於是該小組召集人李國鼎先生提議增立一項特別法，俾能爭取時效，從而就有〈獎勵投資條例〉之制訂，並在民國四十九年九月十日即行公布施行。

　　初訂[5]的〈獎勵投資條例〉祇有三十五條，由於特別著重於稅捐的減免，其有關此一部分的法條就有二十條之多，對政府財政自有相當的影響。根據統計[6]，以截止於民國五十三年六月之四個年度言，

───────────

[5]緣〈獎勵投資條例〉制定公布施行後，頻有修正，內容及條文數俱有重大更動，故此稱爲初訂。

[6]《財政統計提要》，財政部統計處編印，民國五十四年。

所減免的所得稅、印花稅、營業稅、戶稅及契稅，累計數就有新臺幣十二億一千三百多萬元，但是，此不僅對減輕投資人的稅負，大有裨益，且因對二年以上的個人儲蓄存款利息免徵綜合所得稅，足對儲蓄的增加，頗具效果。至於工業用地的開發，據此，行政院即將若干公有土地改編爲工業用地，工業投資人亦得購買或租用私有農地，以供工業使用。而尤有進者，爲此一條例主要是對發展民營企業所制訂，以是民國五十年代以後的民營企業蓬勃興起，實與此一條例具有重大關係，乃對經濟快速的發展，足有重大貢獻。

三、鼓勵與加強儲蓄

對於一個開發中的地區言，經濟建設與發展，乃不祇是需有大量的、且爲長時期持續的投資，臺灣在進入調整奠基發展時期後，雖有美援財源的投資協助，但從基本上言，則難以持久，仍必須規劃妥籌自有資金的投資，而投資係來自儲蓄。

臺灣光復於戰火劫餘之後，由於生產受到嚴重的破壞，遠不足供應最低的消費需求，旋即陷入經濟劇烈動盪的困境中，無論政府或民間，都不足以言儲蓄。此由金融機構收存的儲蓄性存款看來，雖非整體經濟全部的儲蓄，但常爲其中重要的部分，並爲金融機構最穩定的營運資金，其在較早時期的演變情形，略爲——

先在舊臺幣時期：根據統計[7]，各行庫的儲蓄存款與定期存款合計數，其占總存款的比重，在甫告光復時，民國三十四年底係占

---

[7]《臺灣金融年報》（民國三十六年），臺灣銀行金融研究室編印，民國三十七年六月。

20.47％，已屬不高，遠不及日本發動全面侵華戰爭前的水準⑻；迨至三十八年尙未開辦黃金儲蓄存款以前，四月底係與上年底相同都僅占0.72％，實微不足道，祇不過聊備一格，由此當可見其時儲蓄低落的一般情形。

繼後，新臺幣開始發行，雖仍辦理黃金儲蓄，旋且採取強力的優利儲蓄反通貨膨脹措施，益以另有外幣存款及有獎儲蓄存款之辦理，乃使全體銀行的儲蓄性存款至民國四十一年底已接近四億八千九百萬元，惟在總存款中所占比重，雖已大爲提高，仍祇占26.91％。

踵即進入調整奠基發展時期，至第一期四年計畫完成之年，民國四十五年底的全體銀行儲蓄性存款已增爲九億六千三百餘萬元，儘管較四年前幾近倍增，但在總存款中所占比重卻尙頗有下降爲18.19％，此係受美援存款迅速累積的影響；然而，雖將此項因素剔除，仍不過占25.28％，依然較四年前略低。以是第一期經建計畫之農工業固定投資財源，美援占達41.32％，民間財源僅24.21％（具見表14-1），頗爲偏低。

在上述情形下，第二期四年計畫遂特別指出："爲供應經濟建設所需之資金，並維持經濟之穩定，……必須增加國內之儲蓄。""至於個人儲蓄方面，擬多方促進，尤應加強銀行吸收儲蓄性之定期存款，……以儲蓄性之存款用於資本支出之長期信用。……並逐漸健全長期資本市場，以吸收民間儲蓄。"嗣在第三期四年計畫中，更提出："運用教育與宣傳力量，培養國民儲蓄美德；推行人壽保險等保

⑻臺灣前在日據時期，儲蓄性存款在日本發動侵華戰爭前，民國二十五年底係占總存款46.78％，三十四年底所占比率已不及九年前之一半。

險事業，建立深入民間之儲蓄網，簡化儲蓄手續；利用租稅制度之減稅免稅措施，鼓勵儲蓄，限制消費。"乃較前更爲具體。

配合政府的加強儲蓄政策，金融體制在實施第二期四年計畫期間，即出現重大的變動，各金融機構在民國四十八年開始時，普遍設置先前所無的儲蓄部；而至四十九年九月，政府並開放保險公司的申請新設。繼至第三期四年計畫期間，作爲長期資本市場的臺灣證券交易所，遂於五十一年二月開業；又，專營儲蓄業務的郵政儲金匯業局，亦在同年六月復業。抑有進者，政府且在四十九年秋制定〈獎勵投資條例〉，規定個人存入金融機構之二年期以上存款，其利息免納所得稅。另外，經濟的穩定續有進步，益以所得增加，以是第二、三期四年計畫完成之年，金融機構所收存的儲蓄性存款，頗有大量的累積(9)，仍祇就各銀行的收存言，四十九年底已達四十億三千三百餘萬元，升占總存款33.59％，五十三年底更增至一百三十八億九千六百萬元，乃占45.19％，較十二年前增加27.41倍，不僅爲經濟建設資金的重要財源，並對穩定經濟金融足有重大貢獻。

在上述從金融面所作的分析中，儲蓄性存款的增加，以及其在金融機構總存款中所占比重之上升，固屬概可表達儲蓄的傾向，但不能代表整體經濟的儲蓄全貌。爰更就國民會計資料中的儲蓄率觀察，此爲儲蓄毛額占國民生產毛額的比率，其在此期間的變動情形(10)，略

---

(9)《中華民國臺灣金融統計月報》，中央銀行經濟研究處編印，民國六十四年二月。

(10)*Taiwan Statistical Data Book*, 1980, Council for Economic Planning and Development Executive Yuan.

為：先在尚未進入本時期以前，民國四十一年的儲蓄率爲9.2％，自是不高；嗣在四十二年至四十五年爲第一期四年計畫期間，且尚多有不及，四年平均爲8.7％，可見此時的儲蓄繼續甚低，此當與其時的經濟仍非甚爲穩定及國民總生產亦低，都有重大關係；惟繼至第二期四年計畫期間，儲蓄率即都提升至接近10％以上，四十九年已達12.7％，四年平均爲10.9％，顯有進展；再至第三期四年計畫期間，遂皆在12.4％以上，五十三年已接近20％，四年平均爲15.5％，此即大爲提高。國人在文化背景上素有節儉儲蓄的美德，經濟穩定旣持續的進步，同時，生產頗有增加，儲蓄的意願遂隨同提升，不僅對當期、並對繼後的資本累積及經濟發展，皆爲堅實的支持力量。

第十六章　生產、交通與貿易邁向嶄新的發展

　　對應於實施前所釋述的諸多重要興革及措施，民國四十二年起，臺灣光復後的經濟，即告邁入一個嶄新的發展階段，而經過連續三期經濟建設計畫的完成，雖在第二期四年計畫期間，猶曾經歷戰火威脅與重大天然災害連續的肆虐，但是，不論農、工業生產及交通運輸或對外貿易，在此十二年間，仍都顯有重大的進展，茲分述之。

第一節　農業生產持續大幅的增加

　　臺灣光復後，至民國四十一年，農業生產雖已大致上恢復光復前的最高水準，但是，對應於經濟力量的亟待增強，特別是人口大量增加後，糧食需要增多，同時，工業尚待開發，主要的出口物資仍仰賴農產品及其加工品，遂必須促使農業繼續快速的增加生產，而此在政府迅速完成土地改革後，農民遂更為勤奮敬業的耕耘，益以中國農村復興聯合委員會在多方面深入的協助，乃至新知的傳播與教導，故農業生產即仍有優異的成果，茲分就農業生產指數與傳統主要農產品兩方面考察。

表16-1　臺灣實施前三期四年計畫期間之農業生產指數變動

指數公式：加權綜值式

年別及區分	指數① (基期：民國四十一年=100)					年增率② (%)				
	總指數	農產	林產	畜產	漁產	總指數	農產	林產	畜產	漁產
項　數	139	90	5	12	32	139	90	5	12	32
民國42年	109.8	108.1	100.5	125.2	105.0	9.75	8.14	0.50	25.17	4.97
43年	112.2	109.7	104.3	128.4	122.4	2.26	1.47	3.73	2.56	16.58
44年	112.6	108.0	107.0	133.6	143.6	0.34	-1.61	2.64	4.10	17.38
45年	121.4	117.2	107.3	142.6	151.4	7.81	8.52	0.23	6.68	5.38
四年平均						5.04	4.13	1.78	9.63	11.08
46年	130.0	124.2	123.3	158.6	161.0	7.09	6.04	14.91	11.24	6.39
47年	139.8	131.3	146.0	179.9	174.6	7.50	5.70	18.46	13.42	8.40
48年	141.3	131.7	175.0	177.6	182.0	1.09	0.27	19.86	-1.27	4.27
49年	143.2	134.2	178.5	170.7	190.1	1.35	1.88	2.00	-3.87	4.40
四年平均						4.26	3.47	13.81	4.88	5.87
50年	155.4	143.7	198.0	189.0	226.0	8.54	7.12	10.92	10.72	18.90
51年	158.7	145.5	201.3	200.9	234.0	2.09	1.23	1.64	6.30	3.55
52年	157.9	143.4	198.8	201.8	251.1	-0.48	-1.46	-1.24	0.46	7.32
53年	178.0	163.4	241.3	214.0	271.3	12.71	13.95	21.38	6.01	8.03
四年平均						5.72	5.21	8.18	5.87	9.45

附註：①係就原編以民國五十四年爲基期之指數所改擂。

　　　②年增率仍係按原編指數計算，如以表列改編之指數計算，會有若干差異。

資料來源：《中華民國臺灣農業生產統計》，民國五十八年，經濟部統計處編印。

　　在表16-1中，已將實施前三期經建計畫期間農業生產指數的演變詳予列示，故茲祇指述兩點一般的情況。

　　首先檢視農業生產總指數的變動，在此十二年間，儘管曾有民國四十四、四十八、四十九及五十二年等四年的年增率明顯偏低，都在

1.35％以下，或出現負值，主要皆係天然災害的影響，而在其餘的八年，都有超過2％的增幅，且有六年高於7％，五十三年並曾高達兩位數，以是將三期四年計畫的完成年與其開始實施之前一年比較，可綜括的顯示各期計畫期間的農業成就，第一期係增加21.4％，第二期繼增18.0％，第三期更增24.3％，五十三年乃較四十一年增加78％，仍為相當快速的擴增。

繼觀各大類農業生產的差異，茲即祇以民國五十三年與四十一年為綜括的比較：明顯可見，漁產類增加1.71倍多，最為優異，蓋為海域遼闊，漁藏豐富，漁業投資頗有增加所推動；其次是林產類亦大增1.41倍多，此則與政府為更新林相，從事有計畫的伐木造林，並有相當的木材外銷，具有重大關係；再則是畜產類增加1.14倍，而受限於耕地面積的農產類亦能增加63.4％，此即都以政府實施土地改革，導使農民增產意願大為提升，為最重要的推動力量。

在上述了解下，對於民國四十二年開始實施經建計畫後的農業生產，尚有應予特別指述者，緣其係由前一年已達日據時期的最高水準後，乃由已墊高的基點上出發，但是耕地面積卻無法增加，故其仍能有如是的進展，洵屬優異的成就。

經過三期四年經建計畫的實施，臺灣整體的農業生產，由於林、畜、漁產的擴張，俱遠較農產為快速，生產結構自有相當的改變，但是，農產物仍為主體的部分，而傳統的主要農產物復多具有久遠歷史，都非短時期所能改換，故稻米、甘藷等作物，更可稱為基礎農業，對民生的關係重大，以是茲對先前所述十種主要農、畜產物生產情形，仍予以檢視。

一般而言，民國四十二年開始實施經建計畫後，傳統的十種主要農畜產物產量，都仍迭有進一步的增加，乃歷創突破性的新產量紀錄，至五十三年第三期四年計畫完成之年，多已各再攀登另一新高峰。茲取五十三年的產量，將其與四十一年及日據最高時期的情況比較，具見表16-2。

從而即可具體的顯示：至民國五十三年，傳統的十種主要農畜產物生產情形，莫不較實施經建計畫的前一年續有重大進展，最低的是

表16-2　臺灣實施前三期四年計畫後之傳統主要農產品產量擴增情形①②

名稱	單位	民國53年產量	比較41年增幅(%)	比較日據最高時期增幅(%)	名稱	單位	民國53年產量	比較41年增幅(%)	比較日據最高時期增幅(%)
稻米	公噸	2,246,639	43.09	60.20	菸葉	公噸	19,379	115.99	97.54
甘藷	公噸	3,347,797	60.15	89.14	香蕉	公噸	267,898	150.71	22.56
甘蔗③	公噸	6,746,961	40.54	-47.43	鳳梨	公噸	226,682	261.19	62.03
落花生	公噸	115,727	92.76	265.02	毛豬⑤	頭隻	2,544,696	102.25	112.23
茶葉④	公噸	18,306	58.06	6.65	雞	隻	8,494,171	51.87	26.85

附註：①稻米為糙米，茶葉為粗製茶，毛豬為屠宰數，雞為年底飼養數。
　　　②各項農畜產物民國四十一年之產量見表7-1，日據最高時期之產量見表2-1。
　　　③甘蔗在實施前三期四年計畫期間，最高產量係在開始時之民國四十二年，計有8,394,348公噸，乃較其上年劇增72.77%，但仍較日據最高時期減少35.38%，此係受政府政策因素減少種植的影響。
　　　④茶葉在民國五十二年的產量曾達21,104公噸，逐較四十一年增加82.20%，較日據最高時期增加22.95%，但五十三年欠收，頗有減少。
　　　⑤毛豬在民國五十一年的屠宰量已達2,607,107頭，其同附註④之增幅分別為107.21%及117.43%，惟繼後二年的屠宰量皆有所不及。
資料來源：《臺灣農業年報》，民國五十四年版，臺灣省政府農林廳編印，民國五十四年六月。

甘蔗，其增幅也有四成，而其高者如菸葉、香蕉、鳳梨、毛豬等之增幅，即都以倍數計。惟更與日據時期的最高產量比較，仍有甘蔗頗有不及，此係其生產成本過高，所產製的砂糖外銷缺乏競爭力，但卻不復再有日據時期大多係銷往日本的市場，而省內的消費又有限，政府遂在政策上減少種植所致；至於其餘的各種農畜產物，即多有大幅的超越，尤以稻米及甘藷最具代表性，竟能超出六成以上，毛豬則倍增。綜此可見，儘管臺灣的農地有限，但經由政府以各種促進增產的政策推動，農業生產仍在發展中。

第二節　工業生產急遽的成長

加強工業建設，促進工業發展，原為經建計畫的一貫宗旨，乃對工業的投資最多，具如第十四章所述。從而在前三期經建計畫期間的工業生產，就續有急遽的成長，同時，生產結構及體制明顯的嬗變，於是嗣即進入工業經濟時代，可分述如後。

一、綜述

從表16-3所列工業生產指數看來，其總指數的變動，在此三期計畫、計有十二年期間，不僅逐年都有上升，且有十年的年增率達8％以上，其中更有七年為兩位數；而取各期計畫的完成年與其開始實施之前一年比較，第一期即告增加54.7％，第二期續增56.4％，第三期更增65.0％，逐期都有提高，則以民國五十三年與四十一年比較，遂增加將近三倍之多。於是臺灣的工業生產規模大為擴張，且所建立的進口替代工業，已轉向外銷產業發展。

表16-3　臺灣實施前三期四年計畫期間之工業生產
指數變動　　　　　　　　　指數公式：加權綜值式

年別及區分	指數(基期：民國41年＝100)					年增率(%)				
	總指數	礦業	製造業	水電煤氣業	房屋建築業	總指數	礦業	製造業	水電煤氣業	房屋建築業
項　數	366	19	339	4	4	366	19	339	4	4
民國42年	124.79	95.12	133.33	106.22	100.00	24.8	-4.9	33.3	6.2	-
43年	132.05	95.40	142.56	123.04	106.15	5.8	0.3	6.9	15.8	6.2
44年	149.57	107.86	157.44	130.88	141.54	13.3	13.1	10.4	6.4	33.3
45年	154.70	114.36	166.67	143.09	106.15	3.4	6.0	5.9	9.3	-25.0
四年平均						11.8	3.6	14.1	9.4	4.8
46年	174.79	126.82	190.77	144.70	116.92	13.0	10.9	14.5	1.1	10.1
47年	189.74	136.30	206.15	173.96	176.92	8.6	7.5	8.1	20.2	51.3
48年	211.97	147.13	233.33	195.39	116.92	11.7	7.9	13.2	12.3	-33.9
49年	241.88	165.85	266.67	221.66	129.23	14.1	12.7	14.3	13.4	10.5
四年平均						11.9	9.8	12.5	11.8	9.5
50年	279.49	194.58	300.00	237.10	123.08	15.5	17.3	12.5	7.0	-4.8
51年	301.79	214.11	324.10	269.35	141.54	8.0	10.0	8.0	13.6	15.0
52年	329.49	225.76	354.36	284.79	152.31	9.2	5.4	9.3	5.7	7.6
53年	399.15	239.84	436.41	335.48	181.54	21.1	6.2	23.2	17.8	19.2
四年平均						13.5	9.7	13.3	11.0	9.3

附註：　房屋建築業類指數在民國四十二年始編前，因無資料，乃以四十二年爲
　　　　基期，且未溯編，故本年亦無年增率。

資料來源：*Taiwan Statistical Data Book*, 1984, Council for Economic Planning and Development Executive Yuan.

　　再檢視各大類指數之變動，茲亦祇取民國五十三年與四十一年爲綜括的比較：製造業的成長最爲快速，劇增3.36倍多，且產品種類大爲擴增，在第二、三期四年計畫期間，諸如石油化學原料及產品、塑膠及製品、合成纖維及製品、小汽車、各種工作母機、電動機、紡織

機械及零件、礦山機械及零件、造紙機械及零件、化學機械及零件、耕耘機、冰箱冷氣等家用電器、藥品、洋菇蘆筍及魚肉蔬果等罐頭，都已陸續產製，並列入主要產品範疇；其次是水電煤氣業增加2.35倍多，但發電量在五十三年已達5,914百萬度，則增3.16倍多；而礦業自四十三年起亦能連續的增加，雖然各年的增幅起伏甚大，綜括增幅仍有1.40倍；另外在房屋建築業方面，緣其係以四十二年爲基期，且在第一、二期四年計畫期間均有急遽的降退現象，故增幅較小，僅有81.5％。

在上述情形下，抑有進者，爲企業精神的建立，生產效率的提升，產品品質的改進，此等質的進步，亦爲重要的成就，但皆難以爲量化的表示。而民營企業的迅速發展，更導致工業生產體制結構發生重大的變化。

二、工業生產結構、體制皆有明顯的嬗變

緣政府既在政策上積極的推動民營企業發展，而民間對創辦工業的企圖心復甚旺盛，以是在實施此三期四年計畫期間，特別是至進入第二期計畫期間後，民間投資大量的增加，民營企業即告蓬勃的興起，遂促使工業生產結構及體制都不斷的調整。茲仍由製造業分析，其區分爲十九種產業之產值及公、民營生產變動情形，取民國五十三年與四十一年予以對比，具如表16-4所示，從而即可顯示出實施前三期四年計畫對改進工業生產的概括成果，可選三點予以指述：

其一，首先概觀各種產業在此十二年間的綜括增加幅度，除鞋帽服飾品業及印刷品業因先前尚未爲區分的統計，以致難以對比外，其餘的特別突出者，依序有基本金屬、非金屬礦物製品、金屬品製造、

表16-4　臺灣實施前三期四年計畫後之製造業生產體制及結構變動①

產值單位：新臺幣百萬元

業　　　　別	民國四十一年產值			五十三年產值			增加率②	結構(%)	
	合計	公營	民營	合計	公營	民營	(%)	41年	53年
總計	5,213	2,840	2,373	49,756	17,319	32,438	854.40	100.00	100.00
食品業	1,305	951	354	12,243	7,016	5,227	838.33	25.03	24.61
飲料品業	302	265	37	1,917	1,679	239	535.09	5.79	3.85
紡織業	1,001	274	728	8,365	135	8,230	735.41	19.21	16.81
鞋帽服飾品業	…	—	…	1,755	—	1,755	…	…	3.53
造紙業	238	—	238	1,770	—	1,770	644.77	4.56	3.56
製材及木製品業	277	20	257	2,362	121	2,241	753.09	5.31	4.75
化學品及其製品業	574	357	217	5,344	2,230	3,114	830.72	11.01	10.74
皮革業	27	—	27	76	—	76	177.72	0.52	0.15
橡膠製品業	79	—	79	533	—	533	579.16	1.51	1.07
石油及煤製品業	249	229	20	2,290	2,128	162	819.97	4.77	4.60
印刷品	…	…	…	1,111	123	988	…	…	2.23
基本金屬業	152	90	62	1,785	533	1,253	1,071.24	2.92	3.59
金屬品製造業	53	36	27	950	98	852	1,690.13	1.02	1.91
機械製造業	50	24	26	1,075	159	916	2,035.74	0.97	2.16
非金屬礦物製品業	193	…	193	2,970	38	2,932	1,435.82	3.71	5.97
電氣機械器具業	34	—	34	1,469	—	1,469	4,251.16	0.65	2.95
菸草業	589	589	—	3,029	3,029	—	413.88	11.30	6.08
運輸工具製造業	7	5	2	550	28	522	7,660.72	0.14	1.11
其他製造業	83	11	72	162	2	160	96.16	1.58	0.33

附註：①表列之產值，各業相加或公、民營相加，有未盡與總計及合計相符者，
　　　係尾數四捨五入所致。
　　　②增加率係以民國五十三年與四十一年比較之增幅，皆祇就合計數比較。
資料來源：《臺灣省建設統計》，第五期，臺灣省政府建設廳編印。

　　機械製造、電氣機械器具、運輸工具製造等六業，增幅都超過10倍至
76倍多不等，且除非金屬礦物製品業外，餘五業在基本上與金屬有密

切關係，此五業占總產值的比重，前在民國四十一年不過合占5.70％，至五十三年乃倍增提升爲11.72％，此亦顯示出其時的產業發展方向。

其二，由於產業結構的調整並非短時期即能明顯奏效，故雖經過了十二年，且上述各產業都巨幅的擴增，但是排列在前五位的產業，在民國四十一年，依序原爲食品（以製糖爲主）、紡織、菸草、化學品及其製品（主要爲化學肥料）、飲料品（以酒類爲主）等五業，迨至五十三年，仍以食品、紡織分居前兩位，化學品及其製品則晉升爲第三位，菸草遂退居第四位，祇有飲料品退出而由非金屬礦物製品所取代，可見變動不大；惟排列在前的五業產值，其占總產值的比重，先係合占72.34％，後已減爲62.09％，頗有下降。

其三，再看公、民營生產之對比[1]，在此十二年間即完全改觀。先在民國四十一年時，製造業總產值之大部分占54.48％係公營事業所生產，高於民營事業產值19.68％；嗣至四十三年爲重要的轉捩點，公營產值降占47.06％，民營產值遂超過公營產值12.49％，而此與實施土地改革將"四大公司"移轉民營具有重大關係。繼後的情形，以各期四年計畫完成之年言，公、民營產值之相對比例演變，即爲四十五年係44.53％比55.47％，四十九年爲39.61％比60.39％，五十三年更爲34.81％比65.19％，明顯的民營產值高於公營產值之差幅不斷擴大，至此已超過87.27％。從而可知，政府推動與扶植民營企業發展的政策，固屬正確，同時亦甚成功，於是光復之初所建立以公

---

(1)《臺灣省建設統計》，第五期，臺灣省政府建設廳編印，未印出版時間。

營爲主的生產體制，實際上祇不過維持八年後，即已徹底的改變，而重建以民營爲主體的生產體系，並能迅速的發展，對繼後的臺灣經濟有深遠之正面影響。

三、由農業經濟邁入工業經濟

臺灣原爲一農業經濟地區，生產自係以農業爲主，特別是相對於工業而言，農業產值遠高於工業產值。但是，如前所述，工業生產的成長遠大於農業，於是在實施前兩期經建計畫後，至進入民國五十年代繼續實施第三期四年計畫期間，即告轉變爲工業產值開始超過農業產值，允爲臺灣經濟劃時代的蛻變。

根據國民所得統計資料[2]顯示：民國四十一年臺灣地區的國內生產毛額爲新臺幣一百七十二億五千一百萬元，農業占32.22％，固屬遠高於工業係占19.69％；而再減除固定資本消耗準備後，國內生產淨額爲一百四十五億一千二百萬元，農業且增占35.97％，工業則降占18.01％，祇約爲農業的一半。

迨至進入民國五十年代，就國內生產毛額言，五十一年爲新臺幣七百七十一億五千九百萬元，農業占24.97％，工業升占28.22％，即已開始超過農業[3]；惟國內生產淨額爲六百零九億九千八百萬元，農

---

(2)《中華民國臺灣地區國民所得統計摘要》，民國四十年至七十八年，行政院主計處編印，民國七十八年十二月。

(3)實際上，先在民國四十八年，農業因"八七水災"受損極重，其產值占國內生產毛額的比重爲26.35％，已曾低於工業之占27.10％，但翌年又轉爲高於工業。

業占29.35％，尚高於工業之占25.69％。繼至五十二年，國內生產毛額固屬農業續低於工業，就是國內生產淨額，農業占26.82％，工業占28.13％，亦開始超過農業，為一重要的轉捩點。更就五十三年言，國內生產毛額已達一千零十九億六千六百萬元，農業遂祇占24.51％，工業乃增占30.37％；而國內生產淨額為八百二十億六千萬元，農業係占28.53％，工業則占28.91％，故本年即且為農工業淨生產接近平衡的時期。至此，臺灣遂告脫離農業經濟時代。

第三節　交通運輸迅速擴展與改善

民國四十二年起，臺灣經濟既邁進有計畫的建設時期，對應於農工業生產與對外貿易的發展，交通運輸服務的配合，自須加強，從而不僅是政府對交通運輸建設的投資，並有美援的協助，都大為增加。於是在本時期的十二年間，其內涵各部門的建設與營運業績，莫不迭有顯著的進展與改善，茲分別擇要述之。

一、鐵路　由於投資增加，配合經濟發展的需要，鐵路的新建設即在本時期展開。首先應予指出的是新路線修築，民國四十二年將屏東線林邊至枋寮線復軌，四十六年間新修神岡線，翌年續修東勢線，都迅速的完成，至五十年底的鐵路總里程遂更增至979.1公里，此外尚有深澳線及中和線亦分別開工。再則是柴油電機車的引進，使行車品質及速度都有明顯的提升，同時，大量添購客、貨運載車輛，並將一部分過於老舊的車輛淘汰，至五十三年底，計有機車267輛，客車678輛，貨車則有5,926輛，增加最多。另外，尚有線路彎度與坡度的改進，中央控制行車號誌的新建，行車號誌的自動化，鐵路電訊設施的更新，場站設備的改建，客車鋼體化及座椅、照明的改善，益以行車制度、列車調度及車輛調配的改進，客貨運輸服務的加強與效率提升，遂使鐵路營運邁向現代化。從而鐵路的營運業績：載客由四十七年起超過一億人次，五十三年增爲一億八百多萬人次；貨運係在四十四年已超過一千萬公噸，五十三年遂趨向一千四百萬公噸；行車里程前在四十一年尚祗有一千三百餘萬公里，五十三年乃達二千三百多萬公里；不僅都迭創新紀錄，並仍在發展中。

　　二、公路　臺灣的公路，前在民國四十一年予以全面的清查後，因將公路的標準提高，曾頗有減少，迨至四十九年間施行〈公路法〉後，乃更據以再加整理與普查，五十一年底更減爲14,508.5公里，惟至五十三年底又已增爲14,711.3公里，係分省道1,972公里，升占13.41％，縣道2,905.6公里，亦有所增加，鄉道9,657.5公里，續有減少，市道不再屬公路系統，另有專用公路176.2公里。省道的增加及所占比率上升，可表示出道路係向高級化發展。

　　在本時期內，關於公路方面的變動，特別應予指出的是中部橫貫公路之興修，全在山區，乃至在險峻的崇嶺間施工，工程至爲艱鉅，主線長192.4公里，兩條支線亦各有109.9公里及42.2公里，均由退役的榮民擔任，蔣經國先生曾多次親臨山區步入工地鼓勵。其餘竣工者有麥克阿瑟公路、西螺大橋，對北部及縱貫公路交通的暢通，有重大改善；已開工者有北部橫貫公路及九條尚無公路聯絡的鄉公路，以利民行及產業開發。另外，並大量的整修及改善既有之公路，加舖高級路面，新建、加寬、改善道路的橋樑，大爲提升行車的流暢及安全。

　　從而機動車輛的登記與營運都大幅的成長，取民國五十三年底的情況，並與四十一年底比較：登記車輛已達81,098輛，計增6.57倍；

省公路局營業車輛增爲1,299輛，全年載客達一億六千五百多萬人次，分別增加1.82倍及3.54倍；民營客運有車1,319輛，全年載客一億七千六百多萬人次，各增加1.13倍及2.97倍；公共汽車增至904輛，全年載客竟多達三億六百萬餘人次，亦各增加1.84倍及2.84倍。此可顯示出公路運輸功能的大爲增強，同時營運效率續有提高。

　　三、**港埠船舶**　雖然基隆、高雄、花蓮等三港，在戰後的恢復時期已都修復完成，粗具規模，但是，對應於貿易的逐趨開展，各港的既有設施旋即不敷需要，從而在進入本時期後，隨即分別進行擴建。基隆港先在民國四十二年間開始興建修船碼頭及倉庫通棧，添置裝卸機具及工作船舶，繼於四十三年開始進行外港擴建第一期工程，包括增建碼頭船席、堆貨廣場及倉庫，第二期工程於五十年完成設計後亦隨即開工，包括建造深水碼頭三座，填築新生土地八萬平方公尺，擴建港區聯外公路及鐵路，疏浚港池航道等。高雄港除陸續興修完成的一般碼頭、倉庫、船塢與加建的工作船舶、繫船浮筒及登陸艇碼頭外，配合加工出口區的設置，並訂定一項十二年擴建計畫，分三期進行：第一期工程於四十七年九月開工，至五十三年七月完成，包括疏浚航道、濬挖土方、填築土地、興建岸壁及深水碼頭等；第二期工程係在五十二年十一月開工，五十三年間並提出開闢第二港口計畫。花蓮港亦由四十八年四月開始擴建，包括防波堤、護岸、航道、港面、深水碼頭、倉庫、起重及修船設備等，皆有改善與加強，至五十一年十月完成，翌年九月開放爲國際港。而三港的貨物吞吐量也隨之大幅的增加，五十三年計有8,495千公噸，較四十一年增加2.76倍；其在三港間的分配情形，基隆占26.56%，高雄占69.90%，花蓮占3.54%，顯示高雄港的發展尤其快速。

　　在貿易擴展與港埠增建中，登記的船舶亦續有增加，至民國五十三年底已達2,083艘，重837,502總噸，較四十一年底分別增加1.32倍及55％；但是輪船為199艘，不過增加17艘或9％，而其噸位數為751,066總噸則增48.64％，此即我國航運業的主體，實際上有許多船隻係登記在國外，乃未計入。

　　四、郵政與電信　對應於迅速的經濟發展，無論是工商企業界或一般社會大衆，都對郵政與電信的利用日益增多，從而其在進入本時期後的發展情形，茲僅簡略的指出下述情況：郵政為加強服務，自民國四十五年八月起創辦"限時專送"郵件，翌年起更加強推展鄉村郵務，並改用機車投遞郵件及開闢山地郵路，於是其營業服務單位急遽的擴增，五十三年底已達6,892單位，郵路亦延伸為147,499公里，分別較四十一年底增加3.47倍及1.93倍。在電信方面，市內電話之交換機容量，至五十三年底，僅是自動式者就已擴充為59,600門，尚有人工式者53,318門，總用戶數增至88,209戶，較四十一年底增加2.58倍，其中，並有相當多的鄉村市內電話，表示其利用面頗有擴展；同時，國內長途電話、國際電話及電報的設備，亦都有更新與加強，利用率大為提高。

　　以上所述，已可概見進入本時期後的陸上及海上交通運輸、乃至於通訊，都有迅速的增強與發展，在此情形下，由於航空運輸更有優異的快速性能，非其他的交通運輸載具所可企及，以是在臺灣尚屬興起不久的民用航空事業，亦有快速的發展。而政府為妥善管理，即在民國四十二年五月三十日公布〈民用航空法〉，復因臺灣位於東南亞與西太平洋間必經的國際空中交通孔道上，四十三年三月遂有"臺北飛航情報區"之設置，空域涵括176,000平方浬，建立航路十二條。

對應於此，政府遂自四十四年起陸續在松山機場興建加長及加強之新跑道，以供現代民用最大型飛機起降，增建滑行跑道，以增加跑道使用效率，改進助航燈光及各種電子導航設備，嗣並新建航站大廈於五十二年春完成。另外，花蓮機場與高雄小港機場亦都有改善與加強。從而航線及運輸量都逐年增加，此就五十三年臺北（松山）國際機場的客運言，全年飛行架次已達14,866架次，係較四十一年增加1.90倍，但出、入境旅客達385,461人，則增加13.61倍，航空事業充滿一片榮景。

第四節　對外貿易分階段躍進

　　對應於農工業生產的繼續迅速增加，臺灣在實施前三期四年計畫期間的對外貿易亦有明顯的擴張，本節先概述兩點一般的變動情況。

一、綜述——各期經建計畫期間均有顯著的不同

　　配合資料上的便利，對於臺灣在實施前三期經建計畫期間的出、進口貿易情形，茲係取結匯貿易資料為析述的依據，但亦將通關貿易資料併列在表16-5中，可相互比對以增進了解。兩種資料由於統計基礎上的不同，固屬每有相當的差異，惟以長期趨勢言，仍相一致，乃可相互印證與參考。

　　在表16-5所列的結匯貿易資料中，明顯可見，不論是出口或進口，俱係隨各期四年計畫期間而出現不同的面貌[4]：出口方面，第一

---

　　[4]同表所列通關貿易之換算美元資料，亦可看出此種相似的演變。

表16-5　臺灣實施前三期四年計畫期間之對外貿易概況

年　別 及區分	結匯貿易(千美元)				通關貿易					
	出口		進口		新臺幣 (百萬元)		換算美元(千美元)			
					出口	進口	出口		進口	
	金額	增減%	金額	增減%			金額	增減%	金額	增減%
民國42年	129,793	8.59	190,597	-0.92	1,984	2,754	127,608	9.56	191,700	2.40
43年	97,756	-24.68	203,976	7.02	1,451	3,304	93,299	-26.89	211,433	10.29
44年	133,441	36.50	190,065	-6.82	1,917	3,146	123,275	32.13	201,022	-4.92
45年	130,060	-2.53	228,225	20.08	2,931	4,800	118,296	-4.04	193,695	-3.64
四年平均	122,763	4.47	203,216	3.09	2,071	3,501	115,620	2.69	199,463	1.03
46年	168,506	29.56	252,235	10.52	3,675	5,259	148,285	25.35	212,243	9.58
47年	165,487	-1.79	232,785	-7.71	3,861	5,605	155,814	5.08	226,188	6.57
48年	163,708	-1.08	244,350	4.97	5,708	8,420	156,906	0.70	231,441	2.32
49年	174,195	6.41	252,216	3.22	5,966	10,797	163,982	4.51	296,780	28.23
四年平均	167,974	8.28	245,397	2.75	4,803	7,520	156,247	8.91	241,663	11.68
50年	218,324	25.33	324,050	28.48	7,812	12,894	195,158	19.01	322,116	8.54
51年	244,379	11.93	327,542	1.08	8,735	12,173	218,206	11.81	304,110	-5.59
52年	363,467	48.73	336,787	2.82	13,283	14,483	331,665	52.00	361,636	18.92
53年	469,468	29.16	410,401	21.86	17,362	17,162	432,956	30.54	427,968	18.34
四年平均	323,910	28.79	349,695	13.56	11,798	14,178	294,496	28.34	353,958	10.05

資料來源：(1) *Taiwan Statistical Data Book*, 1984, Council for
　　　　　Economic Planning and Development Executive
　　　　　Yuan.
　　　　(2)《中華民國進出口貿易統計月報》，第136號，財政部統計處編
　　　　　印，民國七十年十二月。

期計畫期間係起伏於不及九千八百萬至一億三千三百多萬美元之間，
各年間的高低差距頗大；第二期計畫期間增至一億六千三百多萬至一
億七千四百餘萬美元不等，相當穩定，各年間的高低差距較前大為收
縮；繼至第三期計畫期間，逐由躍增至二億一千八百餘萬美元後，逐

年續增至民國五十三年已達四億六千九百多萬美元，乃較前有重大的進展。相對的在進口方面，亦有相似的變動與擴張，在此三期四年計畫期間，係由起伏於一億九千餘萬至二億二千八百餘萬美元，增加為升降於二億三千二百多萬至二億五千二百餘萬美元，再晉升至三億二千四百萬美元後，逐增為五十三年計有四億一千餘萬美元，特別是第三期四年計畫期間的發展甚為迅速。

　　再進一步觀察，由於各年間的出、進口增減幅度差異甚大，經將各期四年計畫期間之升降予以平均，乃可概見：出口在第一期計畫期間，相對於民國四十一年，每年平均不過增加4.47％；至第二期計畫期間，係相對於四十五年每年平均增加8.28％，已較上期大為提高；迨至第三期計畫期間，逐相對於四十九年每年平均增加28.79％，明顯的更為飛躍式擴張，此即與前述先在四十七年間開始的進一步外匯貿易改革，具有密切關係，單一匯率的恢復，至此已發揮效果。而在進口方面，在此三期計畫期間與上述出口相同的每年平均增加率，分別為3.09％、2.75％及13.56％，第三期亦較前兩期增高甚多。據此，已可粗略的了解，出、進口貿易在大致上都呈加速的發展，乃已奠立相當的新基礎，更取五十三年的貿易值與四十一年比較，出口即增加3.15倍之多，進口因先前的基數較大，亦增加98.28％，近於倍增。臺灣經濟至此，已面對一個新時代的到來。

二、易貨貿易、美援、貿易收支及外匯存底變動

　　由於本節所為之分析，既係以結匯貿易資料為依據，以是茲即亦將實施前三期經建計畫期間的貿易情形，對應於第八章中所列之表8-4，延續其對外匯之各種區分予以析述，並列為表16-6。據此，逐

表16-6 臺灣實施前三期四年計畫

年別 (民國)	出　　口					對進口之順 (+)逆(-)差
	合計	政府外匯			其他②	
		小計	自由帳戶	易貨帳戶		
42年	129,793 (100.00)	129,793 (100.00)	69,262 (53.36)	60,531 (46.64)	- -	-60,804
43年	97,756 (100.00)	97,756 (100.00)	45,802 (46.85)	51,954 (53.15)	- -	-106,220
44年	133,441 (100.00)	133,441 (100.00)	51,934 (38.92)	81,507 (61.08)		-56,624
45年	130,060 (100.00)	130,060 (100.00)	83,327 (64.07)	46,733 (35.93)	- -	-98,165
46年	168,506 (100.00)	168,506 (100.00)	103,064 (61.16)	65,442 (38.84)	- -	-83,729
47年	165,487 (100.00)	164,433 (99.36)	92,552 (55.93)	71,881 (43.43)	1,054 (0.64)	-67,298
48年	163,708 (100.00)	160,540 (98.06)	92,087 (56.25)	68,453 (41.81)	3,168 (1.94)	-80,642
49年	174,195 (100.00)	169,866 (97.51)	106,441 (61.10)	63,425 (36.41)	4,329 (2.49)	-78,021
50年	218,324 (100.00)	214,041 (98.04)	159,537 (73.07)	54,504 (24.97)	4,283 (1.96)	-105,726
51年	244,379 (100.00)	238,609 (97.64)	238,235 (97.49)	374 (0.15)	5,770 (2.36)	-83,163
52年	363,467 (100.00)	357,542 (98.36)	357,524 (98.36)	- -	5,943 (1.64)	26,680
53年	469,468 (100.00)	463,110 (98.65)	463,110 (98.65)	- -	6,358 (1.35)	59,067

附註：①括號(　)內數字為百分比。

　　　②在表8-4中，出口原無 "其他"，至民國四十年代後半期，主要係對外
　　　國的贈與漸多，雖為不結匯出口，並無外匯收入，亦為出口的一部分。

　　　③同在表8-4中，原稱 "自備外匯" 進口，茲改稱 "其他"，乃因民國四
　　　十三、四年間開始實施的外國人及華僑投資進口，亦係自備外匯，遂併

期間之各種出、進口貿易情形①　　　　　金額單位：千美元

| 年別
(民國) | 合計 | 進　　　　　　口 | | | 美援
到貨 | 其他③ |
| | | 政府外匯 | | | | |
		小計	自由帳戶	易貨帳戶		
42年	190,597 (100.00)	100,569 (52.76)	46,513 (24.40)	54,056 (28.36)	84,007 (44.08)	6,021 (3.16)
43年	203,976 (10.00)	110,217 (54.04)	47,756 (23.41)	62,461 (30.62)	87,840 (43.06)	5,919 (2.90)
44年	190,065 (100.00)	91,640 (48.21)	31,687 (16.67)	59,953 (31.54)	89,170 (46.92)	9,255 (4.87)
45年	228,225 (100.00)	114,360 (50.11)	49,118 (21.52)	65,242 (28.59)	96,486 (42.28)	17,379 (7.61)
46年	252,235 (100.00)	138,797 (55.03)	68,232 (27.05)	70,565 (27.98)	98,745 (39.15)	14,693 (5.82)
47年	232,785 (100.00)	127,652 (54.84)	63,597 (27.32)	64,055 (27.52)	82,339 (35.37)	22,794 (9.79)
48年	244,350 (100.00)	150,366 (61.54)	77,861 (31.87)	72,505 (29.67)	73,424 (30.05)	20,560 (8.41)
49年	252,216 (100.00)	143,233 (56.79)	87,990 (34.89)	55,243 (21.90)	90,892 (36.04)	18,091 (7.17)
50年	324,050 (100.00)	192,362 (59.36)	136,504 (42.12)	55,858 (17.24)	108,176 (33.38)	23,512 (7.26)
51年	327,542 (100.00)	224,604 (68.57)	224,357 (68.50)	247 (0.07)	80,110 (24.46)	22,828 (6.97)
52年	336,787 (100.00)	226,469 (67.24)	226,469 (67.24)	- -	76,069 (22.59)	34,249 (10.17)
53年	410,401 (100.00)	333.967 (81.37)	333,967 (81.37)	- -	39,670 (9.67)	36,764 (8.96)

　　　　稱其他進口。

資料來源：(1)同表8-4資料來源之(1)。

　　　　(2)《臺灣金融統計月報》第74期，臺灣銀行編印，民國四十七年一
　　　　　月。

　　　　(3)《中華民國臺灣金融統計月報》，民國五十二年一月，中央銀行
　　　　　經濟研究處編印。

明顯可見，無論總出口或總進口，俱係與政府外匯中自由帳戶的變動態勢相一致，而易貨帳戶與美援到貨都諸多起伏，並無何進展，但是，此二者仍皆在出、進口中占有重要地位，其中的美援，且為抵補貿易收支赤字的來源，現分述於後。

　　首先概觀對日易貨貿易情形，此項帳戶始建於民國三十九年九月，直迄五十一年初方告結束，前後曾歷時十三年之久。將全期間的易貨貿易值累計之，對日出口有六億七千五百六十一萬三千美元，自日進口為六億六千九百零八萬六千美元，我國有不及1％的順差六百五十二萬七千美元。先是在最初的三年，此項貿易的進展固屬甚為快速，具見表8-4。但自四十二年起，除五十一年為結束之年不計外，易貨帳戶的對日出口都起伏在四千六百多萬至不及七千二百萬美元之間，自日進口則係升沈在五千四百萬至七千二百餘萬美元的幅域內，俱未見隨同總貿易值而擴增。然而，其在各年的貿易中所占比重，出口除五十年已近結束期係占25％較低外，皆在占近36％以上，最高之年曾占逾61％，進口亦除五十年係占逾17％較低外，餘年都占近22％至超過31％不等，則都具有很高的重要性，此皆與地理及歷史因素有密切關係。

　　再綜觀美援到貨在此期間對我國進口貿易的重要性，自是甚高，前在第十一章第四節中已有概括的指述，茲以表16-6接續表8-4就更能清晰的顯現，可不加復述。抑有進者，復將其相對於出、進口貿易的差額看來，由於在截止民國五十一年以前，我國的商品貿易收支，先自四十年起，每年都有超過五千萬至一億六百萬美元左右的鉅額逆差，將此十二年的逆差累計之，即有九億五千八百五十二萬五千美元之多，都端賴美援挹注；雖然各年的美援並未都能將逆差悉予填補，但是同期間的美援累計數有十億三千六百八十七萬二千美元，即可綜括的彌補逆差而有餘，尚多出七千八百三十四萬七千美元。迨至五十二、三年，由於國際糖價劇漲，我國的對外貿易遂且連續二年出現若干順差，爲臺灣光復後初見的現象。

在上述情形下，更檢視我國外匯存底的變動，根據國際貨幣基金所發布的資料[5]，略爲：原來在中央政府遷臺之初，民國三十九年底僅有戔戔之數二百萬美元，故翌年春曾發生嚴重緊急的外匯短絀困難，經美國提供特別緊急經援四千一百餘萬美元後，方度過難關[6]，於是同年底及四十一年底的外匯存底，即告增至三千四、五百萬美元；而四十二年由於出口較上年頗有增加，進口猶有所減少，故至年底更增至四千五百萬美元；但是，續至四十三年，主要因國際砂糖價格暴跌導致總出口值劇減，同時進口係呈增加，以是本年底的外匯存底即見驟減爲僅有二千萬美元，此亦歷年僅高於三十九年之次低紀錄；在此情勢下，四十四年春行政院外匯貿易委員會成立時，我國又發生外匯調度上的重大困難[7]，政府乃一方面採取節省外匯支出的措施，另一方面洽得美援撥出二千八百餘萬美元用爲商業採購，而本年的出口又頗有增加，因之，年底的外匯存底再回增爲四千六百萬美元；其翌年底，更增爲六千三百萬美元，乃已初步脫出外匯短絀的困

---

[5] *International Financial Statistical*, 1971 Supplement.

[6] 《外貿會十四年》，徐柏園〈序〉，行政院外匯貿易委員會編印，民國五十八年元月。

[7] 《外貿會十四年》，徐柏園〈序〉，行政院外匯貿易委員會編印，民國五十八年元月。

境；繼後，在四十六年至五十一年之六年間，各年底的外匯存底，遂起伏於七千一百萬至九千三百萬美元之範疇內，大致上與上述累計之美援超過貿易收支逆差數額差距不大；嗣至五十二、三年，即更因連續二年的對外貿易出現順差，外匯存底遂大量增加，分別增爲一億七千七百萬及二億四千二百萬美元，已足敷其翌年五個月的商品進口需要。

第五節　貿易地區及商品變動分析

隨同各期四年計畫期間的出、進口貿易都有明顯不同面貌，在主要貿易地區及商品方面，亦都續有重大的嬗變，可分述如後。

一、主要貿易地區的轉換

對應於國家局勢的變化，臺灣前在光復初期的對外貿易地區，已曾發生過激劇的轉變，繼至進入調整奠基發展時期後，由於美援與中日易貨協定都仍在持續中，以是美國與日本即爲兩大最主要的貿易地區，另外，遂以對香港出口及自西德進口可稱各較重要，餘爲對其他地區的貿易，然而在實際上，凡此都尙迭見強烈的起伏變化與例外，可具見表16-7，茲並指述六點情況──

其一是對日本的出口，在此期間固屬常居首席，且將本表所列對日出口與表16-6之出口易貨帳戶相對照，各年亦都相當的接近，但有值得注意的是，對日出口占總出口值的比重：先在民國四十二年至四十四年，係由超過46％增至高於60％，猶頗有上升；繼後，即迅速的下降，在截止四十九年以前的五年，係起伏於自35％至不及44％之

表16-7　臺灣實施前三期四年計畫期間之出、進口主要貿易地區①②

金額單位：千美元

年　別	出口					進口				
	總值	對主要地區			對其他地區	總值	自主要地區			自其他地區
		日本	美國	香港			美國	日本	西德	
民國42年	129,793	60,184	7,152	12,526	49,931	190,597	97,600	54,273	1,620	37,104
	(100.00)	(46.37)	(5.51)	(9.56)	(38.47)	(100.00)	(51.21)	(28.47)	(0.85)	(19.47)
43年	97,756	52,661	4,681	8,613	31,801	203,976	106,900	61,822	1,851	33,403
	(100.00)	(53.87)	(4.79)	(8.81)	(32.53)	(100.00)	(52.41)	(30.31)	(0.91)	(16.37)
44年	133,441	80,918	5,765	6,611	40,147	190,065	89,400	58,793	6,042	35,830
	(100.00)	(60.64)	(4.32)	(4.95)	(30.09)	(100.00)	(47.04)	(30.93)	(3.18)	(18.85)
45年	130,060	46,143	6,305	9,422	68,190	228,225	84,363	79,134	6,679	58,049
	(100.00)	(35.48)	(4.85)	(7.24)	(52.43)	(100.00)	(36.97)	(34.67)	(2.93)	(25.43)
46年	168,506	65,532	4,304	15,536	83,134	252,235	93,356	84,908	8,357	65,614
	(100.00)	(38.89)	(2.55)	(9.22)	(49.34)	(100.00)	(37.01)	(33.67)	(3.31)	(26.01)
47年	164,433	72,134	9,954	9,040	73,305	232,785	86,730	81,629	5,803	58,623
	(100.00)	(43.87)	(6.05)	(5.50)	(44.58)	(100.00)	(37.26)	(35.07)	(2.49)	(25.18)
48年	160,540	68,591	14,876	15,772	61,301	244,350	81,763	96,341	14,295	51,951
	(100.00)	(42.73)	(9.27)	(9.82)	(38.18)	(100.00)	(33.46)	(39.43)	(5.85)	(21.26)
49年	169,866	63,485	21,199	19,637	65,545	252,216	102,940	87,208	11,330	50,738
	(100.00)	(37.37)	(12.48)	(11.56)	(38.59)	(100.00)	(40.81)	(34.58)	(4.49)	(20.12)
50年	214,041	60,881	45,290	24,869	83,001	324,050	139,804	104,027	12,046	68,173
	(100.00)	(28.44)	(21.16)	(11.62)	(38.78)	(100.00)	(43.14)	(32.10)	(3.72)	(21.04)
51年	238,609	57,896	58,593	23,618	98,502	327,542	141,342	106,777	12,121	67,302
	(100.00)	(24.26)	(24.56)	(9.90)	(41.28)	(100.00)	(43.15)	(32.60)	(3.70)	(20.55)
52年	357,524	118,420	58,170	28,701	152,233	336,787	150,920	97,095	10,659	78,113
	(100.00)	(33.12)	(16.27)	(8.03)	(42.58)	(100.00)	(44.81)	(28.83)	(3.17)	(23.19)
53年	463,110	140,076	84,021	33,116	205,897	410,401	139,846	140,418	14,343	115,794
	(100.00)	(30.25)	(18.14)	(7.15)	(44.46)	(100.00)	(34.08)	(34.21)	(3.50)	(28.21)

附註：①括號（　）內數字爲百分比。
　　　②出口爲表16-6中之 "政府外匯" 數字，未包括 "其他" 出口；但進口爲表16-6中之全部進口， "美援到貨" 及 "其他" 進口均包括在內。

資料來源：*Taiwan Statistical Data Book*, 1968, Council for International Economic Cooperation and Development, Executive Yuan.

間；續至五十年起之四年，乃都在略高於33％以下，五十一年且不及
25％，已初見低於對美國出口的情況出現，此係由於對日本以外地區
的出口成長較快，而對日本的出口仍以兩國間之易貨協定爲主，並無
何擴展，乃有以致之。

　　其二是美國原非我國的前三位出口地區，在民國四十五、六年且
曾排名第六，直迄四十九年起，方晉升至第二位，而五十一年更曾一
度略多於對日本的出口，迨本階段過後，遂自五十六年起，皆爲超越
日本之最重要出口地區，顯示對美之出口開拓，頗有長足的進展。

　　其三是對日、美以外地區的出口，香港因居民大多爲華人，且有
地理上的鄰近，乃常爲排名第三或四位的重要出口地區，另外尚有對
英國、新加坡及馬來亞、越南及柬埔寨、伊朗等地的出口，都曾具有
相當高的重要性，但市場並不穩定，每見驟增驟減現象，而對西德的
出口係在迅速發展中。

　　其四是來自美國的進口，在此期間，由於有美援的關係，自即爲
我國最主要的進口地區；但是，其間尚頗有升沈，先在民國四十二、
三年時，都曾占逾總進口值的半數，嗣至四十五年迄四十八年間，減
爲祗占33％至略高於37％不等，而由四十九年起至五十二年間，又回
升占至40％至45％。

　　其五是更將自美之進口與前在表16-6中所列美援到貨金額相對
照，雖在民國四十五、六年曾見自美進口少於美援到貨的現象，分別
有一千二百餘萬及五百餘萬美元，此係有較多的美援到貨來自其他國
家所致，而餘年皆爲自美進口多於美援到貨，表示我國在接受來自美
國的美援以外，亦有以政府外匯向美國的採購；此種情況，在第一、
二期四年計畫期間，八年累計，自美進口爲七億四千三百萬美元，多

於美援到貨不及七億三百萬美元，尚不過四千萬餘美元，迨至第三期四年計畫期間，分別為五億七千二百萬美元及三億四百萬美元，即見自美進口多於美援到貨將近二億六千八百萬美元，表示我國在拓展對美出口時，亦積極的增加自美之進口，兩國間的貿易關係大為增強。

其六是將實施三期四年計畫期間的自日進口與對日出口相對比，雖亦有民國四十二、四十四及五十二年曾見順差現象，分別有接近六百萬及二千一、二百餘萬美元不等，合計有四千九百餘萬美元，但是其餘的大多數時期則都為逆差，且在五十一年即接近四千九百萬美元，合計乃多達將近二億一千五百萬美元，遠多於順差，中、日兩國的貿易不平衡問題，早在此時就已經發生。再將表16-6所列進口中之易貨帳戶與本表自日進口相對照，先在截止於四十四年以前，二者尚無重大差距，續由四十五年起，自日進口多於易貨帳戶的情形就迅速增大，祇以四十二年至五十年累計之，自日進口為七億八百餘萬美元，多於易貨帳戶之尚不及五億六千萬美元達26.47%，迥異於對日出口方面的此兩種相對情況並無重大差異。

至於自美、日以外地區包括西德在內的進口情形，其擴增乃遠較來自美、日之進口為快速，因之，其占總進口值的比重，在民國四十二年至四十四年間，不過稍多於20%或且頗有不及，繼後都在趨近25%以上，至五十三年已占近32%，頗有提升；其中，特別是自西德的進口，自四十八年起，已晉升為僅次於美、日的進口來源地，緣西德的機械精良，進口增加，故頗具重大意義。

二、主要貿易商品的變化

一國或一地區的物資供需，在經濟發展中，固屬會隨之而有所轉變，並在出、進口貨品方面亦有反映，但在如十餘年的時期內，通常並無重大的改換，而臺灣竟見下述的調整。

臺灣由於原係農業經濟地區，所生產與可供出口的貨品，遂以農產品及其加工品為主，已有長久的歷史，儘管在政府實施經建計畫後，大力的推動工業發展，惟所出口的貨品，如表16-8之所示，直迄第三期經建計畫完成之民國五十三年，將農產品及農產加工品之出口值合計之，仍占近總出口值56％，較諸尚未實施經建計畫前之四十一年係占達95.23％，在經過十二年後，五十三年所占比重自是已大為降低，但是明顯的仍以傳統出口貨品為主。

而在所出口的農產品及農產加工品中，砂糖及食米等兩項，且不論先在民國四十八年以前都占逾總出口值55％、並迭見出現超過78％的高度集中情況，其後的比重雖已急遽的減降，仍常占達三分之一左右，繼續為最重要的兩種出口物資。相對的是糖、米以外的物資出口，自四十九年超過總出口值的一半以後，遂都占至三分之二至四分之三左右，其中不包括農產加工品的工業產品出口，已能占逾總出口值四成以上，較諸前在四十四年以前都未占至7％，自是顯有長足的進展，此亦同時表示出工業建設的重大成就。

再概觀進口貨品的變動，對應於前在第八章第二節之所述，茲在三期經建計畫完成後，民國五十三年的結匯進口總值已增至四億一千零四十萬一千美元，其前七類進口貨品及占總進口值之比重，遂依序改變如以下之所述，較諸四十一年亦頗有重大的調整。

礦砂、金屬及製品由前居第四位晉為第一位，計有六千二百八十七萬七千美元，乃占達15.32％，此項比重遂較前幾近倍增；

原棉、羊毛及紡織品仍居第二位，計有六千二百零三萬四千美

表16-8 臺灣實施前三期四年計畫期間之結匯出口各大類及主要貨品①

金額單位：千美元

年別(民國)	總出口值	農產品	農產加工品	工業產品	其他	糖及米 小計	砂糖	食米	糖米以外產品
42年	129,793	17,019	103,275	8,288	1,211	101,609	90,255	11,354	28,184
	(100.00)	(13.11)	(79.57)	(6.39)	(0.93)	(78.29)	(69.54)	(8.75)	(21.71)
43年	97,756	14,404	75,648	6,665	1,039	66,480	58,636	7,844	31,276
	(100.00)	(14.73)	(77.39)	(6.82)	(1.06)	(68.01)	(59.98)	(8.03)	(31.99)
44年	133,441	39,416	83,766	8,193	2,066	100,684	67,920	32,764	32,757
	(100.00)	(29.54)	(62.77)	(6.14)	(1.55)	(75.45)	(50.90)	(24.55)	(24.55)
45年	130,360	19,092	93,755	15,454	1,759	88,897	76.060	12,837	41,163
	(100.00)	(14.68)	(72.09)	(11.88)	(1.35)	(68.35)	(58.48)	(9.87)	(31.65)
46年	168,506	27,676	126.215	12,066	2,549	132,021	110,783	21,238	36,485
	(100.00)	(16.43)	(74.90)	(7.16)	(1.51)	(78.25)	(65.75)	(12.60)	(21.65)
47年②	164,433	38,768	104,092	18,571	3,002	113,310	84,689	28,621	51,123
	(100.00)	(23.58)	(63.30)	(11.29)	(1.83)	(68.91)	(51.50)	(17.41)	(31.09)
48年②	160,540	37,992	86,556	33,575	2,417	89,435	65,929	23,506	71,105
	(100.00)	(23.67)	(53.92)	(20.91)	(1.50)	(55.71)	(41.07)	(14.64)	(44.29)
49年	174,195	18,638	96,551	55,615	3,391	78,721	74,401	4,320	95,474
	(100.00)	(10.70)	(55.43)	(31.93)	(1.94)	(45.19)	(42.71)	(2.48)	(54.81)
50年	218,324	30,694	94,068	88,522	5,040	71,176	61,096	10,080	147,148
	(100.00)	(14.06)	(43.09)	(40.54)	(2.31)	(32.60)	(27.98)	(4.62)	(67.40)
51年	244,379	30,978	89,314	116,625	7,462	56,977	49,597	7,380	187,402
	(100.00)	(12.68)	(36.55)	(47.72)	(3.05)	(23.32)	(20.30)	(3.02)	(76.68)
52年	363,467	48,204	158,617	145,348	11,298	129,512	105,987	23,525	233,955
	(100.00)	(13.26)	(43.64)	(39.99)	(3.11)	(35.63)	(29.16)	(6.47)	(64.37)
53年	469,468	68,003	194,730	188,835	17,900	153,448	135,403	18,045	316,020
	(100.00)	(14.49)	(41.48)	(40.22)	(3.81)	(32.69)	(28.84)	(3.85)	(67.31)

附註：①括號( )內數字為百分比。

②民國四十七、八年之出口總值，為表16-6中之“政府外匯”數字，未包括初列之“其他”出口，因其時尚未為分類。

資料來源：同表16-7。

元，占15.11％，雖僅較前略增，但是絕大部分為原料，而紡織品已甚少，不似先前之占逾半數；

機械及工具由第五位晉升為第三位，計有五千三百十四萬八千美元，占12.95％，較前倍增；

小麥、穀物、麵粉及豆類係由第三位退居第四位，計有四千二百二十一萬七千美元，占10.29％，頗有降低，且久已未再進口麵粉；

舟車及零件排為第五位，計有二千七百二十六萬二千美元，占6.64％，先前僅占2.76％，未能排入前七類行列；

原油及燃料油仍排居第六位，計有一千九百十三萬二千美元，占4.66％，係較前略降；

化學原料前亦並未排入前七位中，茲即晉升為第七位，計有一千五百四十五萬九千美元，占3.77％，先前僅占1.10％；

以上七類貨品合計有兩億八千二百十二萬九千美元，係占總進口值68.74％，雖較民國四十一年的前七類貨品係合占72.25％有所不及，亦仍為占逾三分之二的主要進口物資。而前係列在前七位中、且排名第一的化學肥料，即因國內的生產大增，進口猶有減少，再是殿後的西藥，雖其進口仍頗有增加，但是不如舟車及零件、化學原料之進口增加快速，遂皆遭排除。

在上述變化下，尚有應予特別指述者，對應於經建計畫中的加速工業發展需要，機械工具及礦砂金屬等兩類物資之進口，俱急遽的提升，以民國五十三年與四十一年比較，分別增加3.07倍及2.74倍之多，遠高於總進口值同期間係增加98.28％，尚不及一倍。爰更就實施三期經建計畫期間所進口的物資，就其性質區分予以觀察，十二年平均，資本財占24.49％，此即較四十一年大幅的上升，而農工原料占65.47％，消費品占10.04％，都較前有所下降。對於資本財所占比重之大爲增加，一方面固屬反映硬體建設之擴張與累積，同時在另一方面更促使生產力不斷提升，此亦表示進口對經濟發展的密切配合，從而臺灣光復後的工業，即在前三期經建計畫完成時，奠定繼後起飛的基礎。

第十七章　財政、金融、物價穩定的運行

第一節　財政在緊縮政策下配置運作

臺灣在光復的初期，特別是在舊臺幣時期，嚴重的財政困難與混亂，既爲導致經濟金融劇烈動盪、並形成惡性循環的基本原因，直迄實施幣制改革發行新臺幣後，中央政府旋亦播遷來臺，以變賣先前運臺的黃金及物資挹注，並積極的整頓與重建財政新體制，嗣且獲得若干美援的協助，方將先前混亂的財政予以扭轉，而財政對經濟金融的衝擊，亦大爲減輕，遂較爲穩定。於是政府由民國四十二年起實施經濟建設計畫，就更加強對財政的嚴格控制與管理，同時殫精竭慮的開源節流，實際上是節流重於開源，以培養經濟，乃持續採取緊縮的財政政策；關於此點，觀乎其時的軍公敎人員薪資，都壓抑在僅能餬口的最低水準(1)，亦可概見其一斑。在此情勢下，茲對實施前三期經建計畫期間的財政狀況，分由三方面述之。

一、財政規模仍頗有擴張

　　對應於前述在實施前三期經建計畫期間，農工業生產與對外貿易都有大幅的成長，整體經濟顯有進展，政府收入自亦有增加。但是，在另一方面，不僅經濟建設計畫的實施，尚有非經濟面的諸多建設亟待開展；抑有進者，臺灣的安全，雖有美國的協防，卻不能唯美國是賴，且仍受到嚴重的威脅與挑釁，如直迄民國四十七年秋，金門前哨猶爆發震動世界的"八二三炮戰"，臺灣防務自應持續的加強；另外，嗣至其翌年秋，更有空前的重大天然災害"八七水災"發生，須迅速修復；凡此，莫不需要龐大的財力、物力支持，以是政府的支出

---

(1)關於早期的軍公教人員待遇，茲引用兩位友人所保存的私人記帳資料，洵屬可信。一位友人於民國四十三年任中尉軍官，主副食等非現金不計，薪餉每月為新臺幣130元。另一友人於四十四年秋，以高等考試及格資格分發臺灣省物資局（據稱係待遇較好的事業機構），任委任一級公務員，核薪為每月350元，另有食物配給代金90多元及福利金100元，全月總所得不及550元。其時的臺北市公務員生活必需品價格，據《臺灣物價統計月報》第一二四期之列載，舉五種為例，在此二年的年平均價格，分別為：豬肉每公斤17.98元、19.18元，雞蛋每個1.31元、1.32元，中等毛巾每條10.94元、10元，牙膏每支4.5元、4.76元，理髮每次皆為5元。復據《臺灣省財政統計》第三期列載之黃金、美鈔市場價格，月平均計算：四十三年上半年，黃金每臺兩係在1,360元至1,420元之間，美鈔每美元在27.33元至28.50元之間；四十四年下半年，黃金係自1,840元至2,057元不等，美鈔則自36.27元至40.20元不等。兩相對照，可概見其時軍公教待遇甚低之一般情形。

亦不斷增加。從而儘管政府持續採取緊縮的財政政策，財政規模仍逐年擴大。茲即並將區分爲中央、省、縣市、鄉鎮等四級的財政規模變動，皆以其歲入、歲出決算爲依據，分取民國四十一年度與五十三年度的資料予以綜括對比，並檢視其在此十二年間、實際是十一個半年度(2)的餘絀情形，根據統計(3)，分別略爲：

　　中央財政方面，歲入係由新臺幣十八億四千九百萬元增至一百十九億三百萬元，歲出亦由十九億一千八百萬元增至一百十六億八千八百萬元，各增5.44倍及5.09倍；其間，雖有六個半年度、乃爲在較多的時期仍有歲計短絀，歲出大於歲入的差幅，以民國五十年最小，僅有0.77％，餘年係在1.54％至7.55％之間，但在四十二、四十四、四十六、四十七及五十三等五個年度，亦已有歲計剩餘出現，歲入多於歲出自0.66％至2.30％不等，允爲重大的改善。

　　省財政的歲入係由十一億一千萬元增爲五十九億八千二百萬元，歲出則由十億三千三百萬元增爲五十九億五千萬元，亦各增4.39倍及4.76倍；但在其間，除民國四十五年度出現1.35％的短絀爲偶見現象外，餘年都係保持一貫的剩餘狀態，以四十二年度的相對差幅最大，

---

(2)民國四十年代我國的財政年度曾有兩次變革：在四十二年度以前，原係採＂曆年制＂，如四十二年度即爲當年的一月至十二月；嗣爲配合美援作業，遂將四十三年上半年單獨計算，自下半年起至翌年六月稱四十三年度，乃改爲＂七月制＂；繼至由四十八年七月起至翌年六月止之一年，雖仍爲七月制，但更改以其結束之年稱爲四十九年度，從而五十三年度係終止於同年的六月。故四十二年度至五十三年度的實際期間爲十一年半，乃與其他資料之所述有所不同。

(3)《中華民國五十六年財政統計提要》，財政部統計處編印。

歲入多於歲出達6.86％，而五十二年度僅略多0.16％。

　　縣市財政係其時二十二個縣市局(4)之合計數，歲入係由八億九千五百萬元逐增至三十八億七千四百萬元，歲出乃由八億七千七百萬元增至三十六億三千四百萬元，即各增3.33倍及3.17倍；其間，雖亦有較多的時期係呈短絀狀態，歲出大於歲入的差幅自0.28％至1.62％不等，但是，其於民國四十四至四十七及五十三等五個年度所出現的歲計剩餘，歲入多於歲出係在略高於1％至6％之間，則大於短絀甚多。

　　至於最基層的鄉鎮財政狀況，亦為各鄉鎮之合計數，歲入逐由三億二千七百萬元增為十億七千一百萬元，歲出係由三億三百萬元增為十億一千萬元，乃各增2.27倍及2.33倍；而在其間，鄉鎮財政係每年都有剩餘，歲入多於歲出自0.65％至6％不等。

　　觀諸上述情形，各級政府的財政規模，莫不皆有相當大幅的擴張，但在相互之間有重大差異，依序係以中央最高，其次為省，繼為縣市，最低的是鄉鎮。經將四級政府的財政予以合計，則整體的歲入增幅逐為4.46倍，歲出增幅亦有4.40倍。然而，再將其相對於國民生產毛額在同期間係增加4.91倍(5)，此即明顯的表示，財政的擴張固屬可觀，尚落後於生產的增加有相當差距，乃未加重經濟的負荷，足可表現出財政緊縮政策的效果。

───────

　　(4)民國三十九年調整行政區，全省分臺北、宜蘭、桃園、新竹、苗栗、臺中、彰化、南投、雲林、嘉義、臺南、高雄、屏東、臺東、花蓮、澎湖等十六縣，臺北、基隆、臺中、臺南、高雄等五市（皆省轄市），另有陽明山管理局。

　　(5)《中華民國臺灣地區國民所得統計摘要表》（民國四十年至七十六年），行政院主計處編印，民國七十六年十二月。

二、各級政府收支配置的差異

由於各級政府的職能並不相同，其財政收支自存有若干基本上的差異，而此在實施前三期四年計畫期間，如就各級政府歷年的財政資料均予以對比觀察，緣其數據過多，自有參差，即難以獲致具體的了解，以是茲係將各級政府在此十二年間的各種歲入、歲出決算予以彙總，具如表17-1，從而可知——

首先概觀各級政府歲入的主要差異：中央政府係以稅課收入占逾全部歲入的半數爲主，公賣利益占逾17％次之，然後是相對基金占逾9％，國營事業繳庫盈餘占逾7％，亦都有相當高的重要性，此四種歲入合計占85.49％；省政府則以公賣利益占逾47％居首，其次方爲稅課收入占29％，繼爲省營事業之繳庫盈餘占近10％，此三者合計即已占86.71％；縣市政府係以省政府補助占近45％爲收入的主要來源，稅課收入亦占逾43％次之，此二者合計竟占達87.98％；鄉鎮公所乃以稅課收入占逾43％爲主，其次是縣市政府的補助占近39％，此二者合計係占82.28％。

據上所述，明顯可見，各級政府收入的差異甚大，尤其是縣市政府及鄉鎮公所都殷切仰賴其上級政府的補助，而中央政府並有省政府的協助，此等移轉性收入，亦爲各級政府收入之一大特徵。

另外，尚有四點應予指出者：其一是各級政府固屬都持有若干公有財產及公營事業，但縣市及鄉鎮之持有不多，故此等收入都甚爲有限，其中的財產出售，且早自民國四十三年度起停止。再則是中央政府對公債的運用，在三十九年發行愛國公債後，曾停止數年，直迄四十七年度方再恢復發行。第三是相對基金雖曾對省府提供協助，但自

四十三年起即告停止，乃全部歸屬中央，而爲中央最重要的＂差額抵
補收入＂(6)；然而，中央在各年度所獲得的數額，卻差異甚大，民國
四十三年上半年僅稍多於新臺幣六千萬元，四十五年度且無此項收
入，以致當年的決算出現短絀近一億七千五百萬元之鉅；概括言之，
相對基金在四十七年度以前除上述以外其餘的各年，係在二億九百餘
萬元至不及四億一千二百萬元之間，而在四十九年度劇增1.61倍後，
遂升沈於九億一千萬元至不及十二億九千萬元之幅域內，明顯的並不
穩定。其四是中央政府遷臺之初，三十九年度雖由省府撥出公賣利益
一億六百萬元協助中央，惟其後的二年，中央俱無此項收入，嗣自四
十二年度起，即逐年都爲其重要歲入的一部分。

　　繼觀相對的歲出情形，各級政府間的主要差異，分別爲：中央政
府歲出的絕大部分占73％係用於國防，其次是包括國民大會、總統
府、五院及各部會的政費支出尚未占至10％，餘以補助省政府、債務
還本付息及教育科學文化支出各亦較多，合計占近10％；省政府的歲
出乃以協助中央占逾37％居首，其次是補助縣市政府占近20％，而用
於經濟建設及交通的支出占逾14％居第三，再次是教育科學文化支出
占近10％，後兩項方爲省政府最主要的眞實支出；縣市政府則以教育
科學文化支出占近31％居首，而後是政費支出、補助鄉鎮公所、經濟
建設及交通支出、警政支出等，分別占近12％至超過17％不等；至於
鄉鎮公所的歲出，遂有將近43％係用於政費居首，其次是經濟建設及

(6)中央之差額抵補收入可分三種，其在此期間的累計數各爲：財產收回及
　售價收入十八億六萬三千元，公債收入二十七億八千二百三十六萬八千
　元，相對基金協助收入六十九億三千九百三十萬七千元，遠多於前二
　者。見《中華民國五十六年財政統計提要》，財政部統計處編印。

表17-1 臺灣實施前三期四年計畫期間彙總之各級政府歲入、歲出決算①

（民國四十二年度至五十三年度） 單位：新臺幣千元

科目及區分		中央政府		省政府		縣市政府		鄉鎮公所	
		金額	百分比	金額	百分比	金額	百分比	金額	百分比
歲入	合計	75,190,135	100.00	41,388,487	100.00	26,259,673	100.00	7,370,244	100.00
	稅課收入	38,571,884	51.30	12,150,899	29.36	11,330,033	43.14	3,211,886	43.58
	公賣利益	13,229,031	17.59	19,631,864	47.43	–		–	
	財產出售	1,800,063	2.39	1,023,875	2.47	4,386	0.02	6,800	0.09
	營業盈餘	5,538,793	7.37	4,104,053	9.92	44,191	0.17	67,256	0.91
	協助收入②	1,650,688	2.20	185,748	0.45	–		–	
	補助收入②	–	–	552,288	1.33	11,774,811	44.84	2,852,079	38.70
	公債	2,782,373	3.70	–		–		–	
	相對基金	6,939,777	9.23	103,201	0.25	–		–	
	其他收入	4,677,526	6.22	3,636,559	8.79	3,106,252	11.83	1,232,223	16.72
歲出	合計	76,384,180	100.00	40,855,640	100.00	26,066,718	100.00	7,181,037	100.00
	政費支出	7,559,877	9.90	1,355,987	3.32	4,543,381	17.43	3,065,117	42.68
	國防支出	55,617,678	72.81	–		–		–	
	教科文支出	2,092,994	2.74	4,062,761	9.94	8,055,971	30.91	1,339,270	18.65
	經建交支出	555,085	0.73	5,968,123	14.61	3,228,888	12.39	1,569,017	21.85
	保警支出	1,061,336	1.39	1,344,608	3.29	3,124,692	11.99	159,234	2.22
	協助支出②	–	–	15,218,672	37.25	–		–	
	補助支出②	2,825,348	3.70	7,996,902	19.57	3,535,859	13.56	96,107	1.34
	債務支出	2,470,374	3.23	199,807	0.49	73,792	0.28	21,550	0.30
	其他支出	4,201,495	5.50	4,708,780	11.53	3,504,135	13.44	930,712	12.96

附註：①表列之科目，一部分係節稱，分別為：歲入中之財產出售係財產收回
　　　及售價收入；營業盈餘包括事業收入，係各級政府所經營事業盈餘之
　　　心繳庫數。歲出中教科文支出係教育科學文化支出，經建交支出係經
　　　濟建設及交通支出。
　　②協助收入及協助支出係由下級政府對上級政府所提供之收支，而補助
　　　收入及補助支出係由上級政府對下級政府提供之收支。
資料來源：根據《中華民國五十六年財政統計提要》資料整編，財政部統計處
　　　編印。

交通、教育科學文化支出各占20％左右。

　　上述情形，大致上可顯示出其時各級政府歲出配置的重點所在，同時表示各級政府施政及所擔負任務的差異：中央政府係在傾力的維護臺灣安全，但是，尚有應予指出者，在此期間，其總歲出中國防支出所占的比重，較諸前在表9-2中所列遷臺之初期二年，已頗有降低，事實上至民國五十三年度已減降為68.21％，雖仍甚高，惟較三十九年度係占89.43％，顯有大幅的收縮；而經濟建設除美援的協助外，即由省政府負責，縣市配合，中央在此一方面的支出甚少；關於縣市，遂以教育為主；至於鄉鎮，緣其為政府體制之最基層建構，歲出即以政費為最主要的支出。其時的國家政務及事務，即係在如是的經費配置下運作。

三、稅捐分析

　　對應於第九章中所列之表9-3，將該表為對照日據時期稅捐所涵括之各種規費及罰鍰剔除，茲對實施前三期四年計畫期間之稅捐，即祇就稅課及公賣利益為全部稅捐予以檢視，特別指述以下五點：

　　其一，稅課加公賣利益之總稅捐變動，在實施經建計畫之前一年，民國四十一年度為新臺幣二十三億六千五百萬元，至第三期經建計畫完成時，五十三年度增為一百二十八億三百餘萬元，總增幅為4.41倍，尚略低於前述各級政府整體的歲出增幅為4.46倍，亦較國民生產毛額之增幅為4.91倍仍有相當差距。但是，同期間的稅課係由不及十九億四千三百萬元增為九十九億五千七百餘萬元，祇增4.12倍，而公賣利益係由四億二千一百萬元(7)增為接近二十八億四千六百萬元，則增加5.76倍，顯示菸酒嗜好品之增幅高於稅課甚多。以是公賣利益在總稅捐中所占的比重即較前顯有提高，四十一年度係占17.81％，五十三年度遂占22.23％，五十一年度且曾占達26.67％，自進入實施經建計畫期間後，皆為最重要的稅捐，惟對經濟之影響因其為嗜好品則較小。

　　其二，在各種稅課中，與上述同期間的主要稅課變動情形，概為：貨物稅由於工業發展，課稅品項目迭有擴增，民國四十一年度不過六種，五十三年度增為二十一種，以是貨物稅的增幅達15.45倍之高；而在工商業發展中，營業稅亦增4.49倍。從而在不計附徵的防衛捐時，排列在前五位的稅課及其占總稅課之比重，前在四十一年度，依序分別為關稅占26.73％，所得稅占13.44％，田賦占6.06％，屠宰稅占5.94％，貨物稅占5.59％，合占57.76％；迨至五十三年度，顯有重大的嬗變與調整，乃依序分別為關稅降占22.55％，貨物稅大增占17.96％，所得稅係減占11.30％，營業稅取代屠宰稅而占5.89％，田賦由第三位退居第五係占5.62％。惟在其中，尚有應予指出的是，所稱之所得稅，都係以營利事業所得稅為主，其在全部所得稅中，四十一年度占79.56％，五十三年度仍占73.44％。從而即可顯示隨同工商業的發展，來自工商的稅課所占比重大為提高，相對的農業稅課遂有減輕。

　　其三是由民國三十九年開始在若干稅、費上附加之防衛捐，至四十三年三月起，並擴及對進口結匯附徵，嗣至四十七年四月間，再改為隨同關稅附徵；以是此等屬於戰時性的稅課，其重要性猶曾頗有提

⑺此係公賣利益之解繳政府部分，遂與表9-3所列不同，但與表9-1所列相一致。並參見表9-3附註⑺。

高，特別是在四十三年度，其在全部稅捐中所占比重竟達16.94％之高，實際上在至四十六年度以前，都占逾14％，逐為僅次於公賣利益及關稅的重要稅捐，但至四十七年改隨關稅附徵後，繼且在四十九年度以後縮減附徵之稅、費項目，經此兩度調整，其徵收金額及所占比重即不斷減降，至五十三年度已降為不及全部稅捐的7％。

其四是另曾兩度課徵附加稅捐：一為對應於民國四十八年秋在臺灣中南部發生極嚴重的"八七水災"，為重建災區，政府緊急自同年九月一日起至翌年六月底止，以十個月為期，特別隨同多種稅、費開徵"水災復興建設捐"，預計徵收金額為新臺幣八億零八十萬元，實徵金額為八億四千七百四十八萬元。一為續至五十一年初，政府為"加強戰備，充實國防"，再以附加於多種稅、費的方式，開徵"國防臨時特別捐"，係自五十一年五月開始，至翌年六月底如期停止，預計徵收二十三億七千萬元，實際收入接近二十三億八千九百萬元。此兩次附加稅捐的徵收，時間都不長，徵收績效亦都良好，對政府財政頗有裨助。同時，此亦表示政府至此在遇有特殊的經費需要時，係以定時、定額加徵稅捐的方式籌措，已摒棄足對經濟具有強大衝擊的金融手段、或以增加發行方式調度資金，尤為重大的改進。

其五是儘管政府分別在民國四十八年及五十一年，各開徵一種上述的附加稅捐，以支應其時的急迫需要，但對有利於經濟發展的稅捐退減，仍繼續辦理及開辦。此在先由四十四年度開始之外銷品退稅看來，原係祇核退進口原料之關稅及其附徵防衛捐與貨物稅等三種，後尚增退港工捐及鹽稅，此等退稅自開始至截止於五十三年度的累計數，計有新臺幣三十八億八千四百萬元，相當於其在同期間實徵此等稅捐數的14.53％，已不可謂不高，而更就最主要的關稅言，退稅占實徵數的比率且達17.20％（五十三年度乃達38.80％）。再看"獎勵投資條例"於五十年度實施後的稅捐減免，將截止於五十三年度之四年累計之，所減免各稅的減免金額及相對於其實徵數所占之比率，分別爲：所得稅接近五億八千八百萬元，占17.08％；印花稅三億七千二百萬元，占24.50％；營業稅二億七百餘萬元，占10.25％；戶稅四千三百萬元，占3.16％；契稅三百餘萬元，占0.92％；合計有十二億一千三百餘萬元，平均占13.97％，對促進投資，頗具積極的效果。

第二節　金融平穩發展

　　由於諸多錯綜複雜因素的糾結，臺灣光復的初期，尤其是舊臺幣時期的金融，遂激劇的動盪與膨脹，以致物價飛漲，經濟混亂，至民國三十八年六月十五日改革幣制後，方逐漸獲得初步的抑制，嗣在進入實施經濟建設計畫期間，必須繼續維持金融的穩定，即爲政府重要的施政方針。

　　但是，對應於前述農工業生產及對外貿易均有大幅的增加，爲配合經濟發展，以致金融的各個層面，在此期間仍都有迅速的擴張與重大變革，茲即改以整個銀行體系的綜合資產負債表，取其中的八項重要數據彙列爲表17-2，綜括爲五點述之。

一、貨幣供給穩定的快速增加

　　由於現代的貨幣，除發行的通貨鈔券（包括硬幣）外，尚有存款貨幣，係銀行體系所收存政府機構以外的活期性存款，且在愈是信用制度先進與健全的國家，存款貨幣的重要性愈高，而此在臺灣經濟於

表17-2　臺灣實施前三期四年計畫期間之重要金融情況概觀

單位：新臺幣百萬元

年別(年底)(民國)	貨幣供給額*			準貨幣	美援存款	政府存款	對政府債權	對公營事業等債權	對民營事業等債權	國外資產淨額
	合計	通貨淨額	存款貨幣淨額							
41年	1,311	762	549	630	353	461	962	1,875		461
42年	1,654	918	736	822	637	603	1,121	1,477	1,005	842
43年	2,096	1,140	956	1,070	630	824	1,621	1,724	1,345	652
44年	2,523	1,368	1,155	1,290	1,405	1,031	1,884	2,147	2,219	1,042
45年	3,161	1,540	1,621	1,417	1,485	1,322	2,156	2,764	2,590	1,093
46年	3,740	1,896	1,844	1,982	1,651	1,752	2,467	3,189	3,666	1,214
47年	5,041	2,351	2,690	3,332	1,553	1,787	2,363	3,702	5,069	3,005
48年	5,486	2,572	2,914	4,515	1,835	2,051	2,622	4,035	6,833	3,278
49年	6,037	2,666	3,371	5,933	2,624	2,140	3,197	4,666	7,954	3,690
50年	7,231	3,076	4,155	9,501	3,404	2,385	4,398	5,867	10,760	5,510
51年	7,832	3,396	4,436	12,145	3,955	2,980	4,516	7,513	13,674	4,895
52年	10,060	4,127	5,933	15,510	4,711	3,303	5,263	6,491	16,627	9,796
53年	13,259	5,198	8,061	19,702	5,614	3,644	6,061	7,444	21,393	12,848

附註：*在此期間的貨幣供給額，尚未爲 M_{1A}、M_{1B} 及 M_2 之區分，祇計算現稱 M_{1A} 之一種，後亦有所修正。

資料來源：《中華民國臺灣金融統計月報》，中央銀行經濟研究處編印，民國六十六年二月。

民國四十年代轉趨穩定後，亦係如是的演進，爰將二者併述之，爲狹義的貨幣供給額。

　　然而，尚有應予先行指述者，此即新臺幣的發行，至中央銀行於民國五十年七月一日復業後，立即發生兩點重大的變革：一爲中央銀行將發行權收回，惟仍委託臺灣銀行辦理發行事務；一爲不再有“限內”、“限外”的區分，即將其在先前已維持十二年的名目上“限額＂取消。但是，其為＂十足準備發行＂及逐月檢查公告等基本要點，仍都維持。

在上述改變下，新臺幣對應於人口增加與經濟發展，由於交易大為擴張，其發行額在此十二年間，固屬逐年都續有顯著的增加，但其年增幅已大多起伏於11％至不及27％之間，民國四十九年為最低的一年，乃僅4.61％，十二年平均為17.81％，遠低於先前，而五十三年底的發行額為五十七億五百萬元，將其與四十一年底尚不及八億元比較，已不過增加6.15倍。

再看貨幣供給額的變動情形：由於金融機構庫存的現金提高，將發行額減除此一部分尚未進入流通界的通貨後，係稱通貨淨額，其在民國四十一年底為七億六千二百萬元，至五十三年底增為五十一億九千八百萬元，總增幅即減為5.82倍，平均每年係增加17.35％，都較發行額之增幅為低。但是，在此期間之存款貨幣淨額，此係以支票存款減除待交換票據後之淨額，再加計活期存款之合計數，則由五億四千九百萬元增為八十億六千一百萬元，遂激增13.68倍之多，平均年增率達25.09％，遠高於通貨淨額之成長，惟此亦為一項重要的進展，表示經濟及信用制度均較前大為改善。於是貨幣供給額由十三億一千一百萬元增為一百三十二億五千九百萬元，係增加9.11倍，平均年增率為21.27％。而其結構，亦由四十一年底係通貨淨額多於存款貨幣淨額38.80％，至五十三年底蛻變為後者超過前者55.08％，頗有重大的差異。

二、儲蓄性存款飛躍的累積

在中國文化久遠的薰陶下，國人素有刻苦耐勞勤儉儲蓄的美德。

以是儘管在此期間的國民所得尚低，但經濟已較為穩定，而政府更在政策上推動加強儲蓄，於是一般的國人每都縮衣節食，或為蓄積子女的教育費，大多存儲若干資金，從而金融機構收存的儲蓄性存款，此即表17-2中所列的準貨幣，竟見躍進式的累積，民國四十一年底尚不過新臺幣六億三千萬元，僅為貨幣供給額的48％，至五十三年底已達一百九十七億二百萬元，乃多於貨幣供給額48.59％，累計增幅有30.27倍之高，平均年增率為33.78％，不僅為金融機構提供穩定的中長期營運資金，並對安定經濟、金融及增加產業投資，皆有積極重大的貢獻。

三、政府財政對金融的壓力大為減降

前曾述及，在光復初期，政府財政困難對金融具有強力的衝擊，為通貨膨脹的重要原因之一，此在民國四十一年底而言，雖已較前顯有好轉，銀行體系之對政府債權為新臺幣九億六千二百萬元，仍占其總資產淨額的29.17％，為政府存款的2.08倍多。迨至經過本時期十二年的繼續改善後，至五十三年底，儘管對政府債權更見增至六十億六千一百萬元，猶較四十一年底增加5.30倍，但其占銀行體系總資產淨額的比重已減為僅有12.69％，較前大為降低，而其相對於政府存款逐祇高出66.33％，亦較前收縮甚多，故其對金融的壓力即大為減輕。另外，政府尚握有常多於政府存款的美援存款，將此二者併計，即皆多於銀行體系之對政府債權，足對金融的安定具有強力的效果。

四、對民營事業等授信急遽擴張後，遠多於對公營事業債權

配合前述政府在政策上扶植民營企業，事實是在此期間，民營企

業亦迅速的興起與發展，以是銀行體系以放款為主的授信業務，隨即出現重大的調整。先在民國四十五年以前，原係以對公營事業債權多於對民營事業等債權，對應於資料之所及，四十二年底的情況，前者有新臺幣十四億七千七百萬元，多於後者僅有十億五百萬元接近47％，或後者祇約為前者的68％，略高於三分之二；嗣在第一期經建計畫完成後，繼由四十六年起，即皆為對公營事業債權少於對民營事業等債權，且差距不斷的擴大，迨至五十三年底，二者分別增為七十四億四千四百萬元及二百十三億九千三百萬元，相對於四十二年，前者不過增加4.04倍，後者竟增20.29倍，於是前者即祇約為後者的35％，後者則為前者的2.87倍多，顯示銀行體系的經營方針，已在基本上有重大改變。

五、逐漸累積適度的國際準備

在表17-2中，所列以新臺幣表示的國外資產淨額數列，即為我國在其時所持有貨幣用黃金及外匯等國際準備之變動情形：先在實施經建計畫以前，民國四十一年底為新臺幣四億六千一百萬元，經過十二年後，五十三年底為一百二十八億四千八百萬元，總增幅達26.87倍，明顯的甚高。但是，尚有應予指出的是，由於在此期間的黃金價格及外匯匯率都有重大變動，乃應將此等因素的影響剔除，從而在不考慮國際準備中各有多少黃金與外匯的情形下，皆概括為外匯，並分別以當時的外匯折換率還原[8]，1美元在四十一年底係兌新臺幣10.25

---

(8)《中華民國臺灣金融統計月報》，中央銀行經濟研究處編印，民國六十四年二月。

元，五十三年底為40元，遂各相當於四千五百萬美元及三億二千一百萬美元，雖然總增幅縮減為6.14倍，亦仍為大幅的增加。

由於上述之黃金與外匯並未區分，更以我國報至國際貨幣基金所發表的資料(9)予以參證，雖然難以相互吻合，但卻可以獲致進一步的了解。先是在民國四十一年底，分別有黃金三千九百萬美元，外匯為三千四百萬美元，二者合計有七千三百萬美元。此時的外匯，較諸前在三十九年底僅有二百萬美元，固屬已大幅的增加，實際上仍甚有限，對應於翌年包括美援到貨在內的結匯總進口值（下同）為一億九千一百萬美元，僅約夠兩個月的需要；而在其後至四十三年底，外匯復曾減至二千萬美元，故翌年春即又見嚴重的外匯短絀；此等現象及繼後的變動，並可參見第十六章第四節關於外匯存底的析述。迨至五十三年底，遂有黃金五千五百萬美元，外匯二億四千二百萬美元，皆與四十一年底比較，前者係增加41.03％，後者遂增加6.12倍，相對於翌年的結匯總進口值為五億五千六百萬美元，足可供應五個多月進口的需要；至此，全部的國際準備遂有二億九千七百萬美元，已累積至可稱適度的水準。

綜括以上五點之所述，明顯可見，在實施前三期經建計畫的十二年間，雖然政府繼續採取金融穩定政策，實際上金融的各重要層面，都有重大的改變與發展。另外，尚有兩點應予指述者：

其一是銀行體制的重整與擴大。原來前在臺灣光復後，中央銀行並未來臺開設分行，於是即建立以臺灣銀行為樞紐的銀行體制；民國

---

(9)*International Financial Statistics*, 1971 Supplement.

三十八年底中央政府遷臺後，對隨同遷臺的中央銀行及其他先未設置分支機構之國家行局，係採取保留名義暫停營業的政策，從而此等金融機構即皆處於靜止狀態。嗣在經濟逐漸發展中，所需的金融配合與支援亦須加強，故至四十九年初以後，不僅由大陸遷臺的國家行局開始復業，且在其上年年中及秋季，先有新設的金融機構及外國銀行開業；對應於此種演變，中央銀行遂於五十年七月一日復業，於是恢復以中央銀行為樞紐的完整金融體制，並較前擴大，繼後且不斷的發展。

再則是前在光復的初期，金融的擴張，皆係由銀行體系之對政府債權及對公營事業債權等二者主導，俱曾為促使通貨發行、乃至貨幣供給迅速增加的主要因素，在進入民國四十年代以後，其影響力即逐趨減降，特別是至四十九年以後，二者餘額的合計數，猶低於對民營事業等債權之餘額，此在五十三年底看來，前二者之合計數已不過相當於後者的63％強，而民國五十年代以後的信用擴張，也就主要由對民營事業等債權迅速擴增所推動，如是的轉變，遂使金融邁入正常化發展。

第三節　物價已能承受嚴酷的考驗

臺灣的物價變動，前由光復前日本宣布戰敗投降之時起，立即出現躍進式的倍漲後，曾持續有六年之久，年上漲率皆係以倍數表示，尤以民國三十八年為甚，竟上漲達34倍之高；繼至四十年，固屬已急遽的收歛，祇漲近66％，其翌年，即更見縮減漲幅為23％強，無論政府或民間，莫不交相稱賀臺灣已脫出嚴重通貨膨脹的泥淖，具如第十章第五節所述。續至實施前三期四年計畫期間，緣生產與進口都大幅的增加，物資供給不似先前緊絀，同時，財政、金融俱已獲致相當嚴格的控制，以是物價雖仍有上漲，但即益見緩和，且迭見相當平穩的時期。茲併取躉售與消費者等兩種物價指數彙列爲表17-3，從而可見──

　　躉售物價在民國四十四、五年，又在四十八、九年，此四年的漲幅都尙超過10％至略逾14％不等，遂爲較高的時期，但較四十一年已更爲縮小；並有四十二、四十六及五十二年等三年的漲幅，係在超過6％至不及9％之間，爲次高時期；而四十三、四十七、五十、五十一及五十三年等五年的漲幅，即祇有超過1％至略高於3％，已皆屬發展中經濟的正常現象。其在各期四年計畫期間的累積上漲幅度，第一期四年係漲43.16％，第二期繼漲36.84％，第三期祇漲16.04％，逐期都有收縮。更以五十三年與四十一年比較，在此十二年間的累積漲幅遂爲1.27倍多，平均每年上漲7.08％，惟第三期的年平均上漲率僅有3.79％，明顯的已不甚高。

　　相對的在消費者物價方面，乃有民國四十二及四十九年的漲幅均超過18％，四十四、四十五及四十八年的漲幅都在10％左右，此五年的漲幅仍皆較高；而四十六年及五十年的漲幅，亦胥超過7％、不及8％；但是，四十三、四十七、五十一及五十二年的漲幅均係在不及2.5％以下，更有五十三年係下跌0.18％，雖然跌幅不大，卻是光復後所初見的現象。於是其在各期四年計畫期間的累積上漲率，分別爲第一期46.69％，第二期42.63％，第三期祇有12.58％，前兩期的漲幅儘管較大於躉售物價，後一期的漲幅則較小；因之，同取五十三年與四十一年比較，消費者物價在此十二年的累積漲幅爲1.35倍多，平

表17-3　臺灣實施前三期四年計畫期間之物價變動①

基期及公式：②

年別	蔓售物價		消費者物價		年別	蔓售物價		消費者物價	
	定基指數	環比指數	定基指數	環比指數		定基指數	環比指數	定基指數	環比指數
民國42年	108.76	108.76	118.79	118.79	48年	171.62	110.27	176.62	110.57
43年	111.33	102.36	120.77	101.67	49年	195.50	114.15	209.22	118.46
44年	127.02	114.09	132.74	109.91	50年	202.23	103.23	225.62	107.84
45年	143.16	112.71	146.69	110.51	51年	208.38	103.04	230.92	102.35
46年	153.50	107.22	157.73	107.53	52年	221.83	106.45	235.95	102.18
47年	155.63	101.39	159.74	101.27	53年	227.32	102.47	235.53	99.82

附註：①蔓售物價爲臺北市蔓物價指數，消費者物價在民國四十七年以前爲
　　　臺北市公務員生活費指數，至四十八年以後爲臺灣省都市消費者物價
　　　指數。
　　　②兩種指數之定基指數皆以民國四十一年爲基期100，蔓售物價所用公
　　　式在四十七年以前爲簡單幾何平均，至四十八年以後爲加權總值式，
　　　消費者物價所用公式均爲加權總值式。

資料來源：*Taiwan　Statistical　Data　Book*, 1980, Council for
　　　　　Economic Planning and Development, Executive Yuan.

均每年上漲7.40％，其都高於蔓售物價的差幅並不甚大，而第三期的
年平均上漲率且僅3.01％，遂祇相當於十二年平均值的四成。

　　據上析述，遂可了解，臺灣在實施前三期四年計畫期間，兩種物
價的基本變動態勢，並無不同，各期的累積漲幅皆爲逐期收縮，至第
三期已都不大。但是，由於蔓售物價與消費者物價的性質與內涵皆有
不同，通常是前者涵括的項目，遠多於後者，而後者所涵括的勞務等
服務性項目爲前者之所無，以是兩種物價的變動幅度，不僅每有參
差，且可看到懸殊、乃至相反的重大差異，此可舉下述二年爲例：

　　民國四十二年的蔓售物價係漲8.76％，主要係由於食物類上漲

28.53％及燃料類上漲12.60％所推動，衣著類、金屬電料類及雜項類等工業產品價格猶都頗有下跌；而消費者物價竟漲18.79％，為躉售物價漲幅的2.14倍多，乃除食物類亦漲27.66％、燃料類係漲25.92％外，房租類更暴漲58.42％，蓋為其時的房屋嚴重不足，房租已連續四年都激劇的挺升，遂有以致之。

再看民國五十三年的兩種物價，逐為躉售物價係漲2.47％，主要因食物類上升4.59％所致，其餘的各大類指數大多持平；而消費者物價則下降0.18％，蓋為其食物類的漲幅祇有2.73％較小，益以其餘的各大類指數跌多漲少，遂見與躉售物價相異的現象。

然而，另外亦尚有三個時期，此兩種物價的變動情形，應分別予以指述：

其一是在民國四十四、五年，兩種物價的漲幅都較大，皆係由外匯因素所主導，新臺幣不僅大幅的貶值，且又見外匯嚴重的短絀。緣自四十四年三月起，主要的進口匯率，係由先前為1美元兌換新臺幣18.78元調整為24.78元，嗣且有35.58元的匯率，於是進口原料價格及生產成本皆大幅的上升，同時，外匯存底曾一度告罄，於是兩種物價皆連續的大幅提高。

其二是民國四十七年的此兩種物價漲幅，都僅稍高於1％，不僅是光復後所初見，亦為已有超過二十年所未見的現象，此方足稱為平穩。但是，在本年秋，防衛臺灣安全的兩大前哨，先是金門在八月二十三日傍晚開始，遭遇中共持續激烈的炮擊，旋亦擴及馬祖受到嚴重的威脅，臺灣海峽情勢自是十分緊張，臺灣當須傾力運補支援，財力、物力均有鉅大的消耗，足對物價有強大的壓力，然而，本年的此兩種物價竟是都幾無明顯反應。

　　其三是民國四十八、九年的此兩種物價，又見較大幅的連袂上揚，都係起於重大天然災害的肆虐。四十八年八月七日，超強的熱帶低氣壓引起中南部豪雨，山洪傾瀉，一夜之間，造成臺灣自建立完整氣候紀錄後六十二年以來空前的大水災，受災人民達305,234人（其中死亡667人，失蹤408人，受傷942人），房屋全倒22,426戶，半倒18,002戶，農地受害面積有159,352公頃之多，並有大量的流失，此外，道路、通訊、工廠、物資、水利及電力設施等亦毀損甚重，損失總金額高達新臺幣三十七億四千二百餘萬元(10)，相當於同年的國民生產毛額7.28％；而四十九年八月一日復有強烈颱風"雪莉"過境，續在中部地區形成水災，亦有相當重大的損失；此等情況，自對物價具有強大的衝擊，但都仍遠低於前在四十一年已稱緩和的漲幅。

　　臺灣由於資源不豐，人口稠密，較早時期並無深厚的經濟實力，乃為一淺碟式經濟，物價對任何經濟的與非經濟的因素變動或發生，都每有敏感的反應，但是，此在經歷嚴重與惡性通貨膨脹後尚不及十年，又連續三年遇到上述如是重大的意外衝擊及災害，物價猶能維持平穩或並無過於激烈的上漲，大致上可表示經濟已具有相當的韌性及承受能力。

---

(10)《臺灣省八七水災救濟與重建工作》，行政院編印，民國四十八年九月。

結　語
——重振齊心開創精神繼往開來

　　中華民族原爲吸收融匯眾多族群的集合民族，立國於東亞；而臺灣歸入華夏的版圖，已有長久的歷史。元代之末，順帝時在澎湖設置巡檢司，隸屬泉州同安，距今已逾六百三十年。迨至三百七十年前，明末天啓以後，遂更有大量的漳泉人口、乃至饑民集體移入，篳路藍縷，以啓山林。續至清代，雖曾禁止沿海人民私自來臺，惟絡繹渡海而來者仍眾。清末，甲午之戰，清軍慘敗，日本強向清廷將臺灣割據後，亦有許多仁人志士以及一般民眾返回大陸。五十年後，臺灣重告光復，旋且因大陸局勢激劇的動盪與變化，來臺者眾多。從而臺灣現今的居住民，不論由何時、何地來臺或在臺出生，莫不皆爲中華民族的族裔。

　　我國係在歷經八年的艱苦浴血抗戰勝利後，方將前清所喪失予日本的國土（臺灣）光復。但是，臺灣經過日本爲支援其侵略戰爭的竭澤榨取後，雖破銅爛鐵亦搜刮罄盡，益以戰爭末期受到戰火慘烈的摧毀，以致元氣耗損殆盡，經濟殘破不堪，民不聊生。而我國大陸更是精疲力竭，困乏至極，卻猶繼有戰亂不已。在此情形下，戰後大陸地區經濟固屬持續劇烈的動盪與混亂，臺灣地區經濟亦困陷入失序的窘境，直迄中央政府遷臺後，傾力的支持與整頓，方逐獲改善，至民國四十一年，生產乃大致上恢復光復前的最高水準，同時，經濟亦出現初步的較爲穩定局面，對應於繼後的演進與發展，遂爲重要的分界線。

惟在上述臺灣光復後的初期，尚有應予特別指述的是：我國抗戰勝利後，即將臺灣光復，至民國三十八年中共席捲大陸時，身爲自由民主世界領導者的美國，不祇在同年八月五日發表其《中美關係白皮書》，並已秘密通知其在臺人員準備隨時撤離，乃已在政策上擬將臺灣與大陸一併摒棄於自由民主世界以外。而臺灣之處境極危，亦爲事實：經濟混亂，人心惶恐，社會動盪；另一方面，中共並派有許多人員及組織潛伏，甚至於在山區隱藏相當的武裝力量，則在三十九年六月二十五日韓戰爆發前，中共挾其甫在大陸大獲全勝的聲威，由其潛伏在臺灣各階層的人員策動我方軍政官員叛降，或製造其最爲擅長的動亂，再以其在山區所隱藏的武力發難爲配合，乃不必進行渡海的攻擊，亦有可能即將臺灣 " 解放 " 入其囊中，從而繼後縱是仍有韓戰爆發，但爲時已晚，殆難改變既成的事實。

抑有進者，假如臺灣在民國三十八年底前後最危殆的時期，竟爲中共所占據，且不論其是否眞會如所恫嚇的 " 血洗臺灣 "，祇觀乎其在席捲大陸後，曾以長達超過四分之一個世紀的時間，連續的進行清算鬥爭、沒收土地、三反五反，進而建立人民公社，推動大躍進、土法煉鋼，乃至於其在事後亦自承曾掀起一片狂熱的文化大革命爲 " 十年浩劫 "，莫不都是重大的劫難，如中共在其時亦竟占臺灣，當不會獨厚臺灣而不在臺灣實施，自可肯定，則今日的臺灣，將是何等局面？

　　臺灣實屬萬幸，在千鈞一髮、萬分危急的時會，中央政府於民國三十八年底遷臺，而先總統蔣公更已預爲綢繆，有所部署，雖以在野之身，仍運用其影響力先自大陸接運若干金銀物資等來臺，以補充經濟，同時尚調集六十萬國軍捍衛臺灣，此外，並復職向世人宣示固守臺灣的決心，"退此一步，即無死所"，強撐危局，力挽狂瀾，方穩住臺灣驚惶萬狀的局勢，乃未爲漫天灑地的赤焰所吞噬。然後，韓戰旋即爆發，美國亦幡然醒悟，改變政策，對臺灣進行協防，而臺灣的安全即頗有加強。

　　繼後，臺灣在中央政府以全力支持與督導下，淬勵奮發，銳志改革與建設，同時，人民都能同心協力，勤勉敬業，發憤力爭上游，乃能先以不過三年的時間，至民國四十一年，經濟情況已頗有轉機，踵即連續實施三期經濟建設計畫，爲未來之經濟迅速發展奠定紮實的基礎。故在其後即告邁入經濟起飛時期，歷時達十六年之久，此由五十二年至六十七年間的經濟成長率看來，乃有十年竟都超過10％，其中並有四年高於13％，特別是六十七年正值"十大建設"的巔峰期，高達13.99％，另有四年在接近9％以上，祇有六十三、四年因受世界第一次石油危機的衝擊，明顯偏低，分別僅有1.16％及4.44％，雖然如此，十六年平均仍有10.28％。臺灣經濟在此期間遂脫胎換骨，突飛猛進，引起世界的矚目，乃獲得亞洲四小龍之一的讚譽，經濟實力自是大爲提升。

　　然而，我國在另一方面，由於國際間一向是祇重利害關係，實際上並無正義可言，以是儘管臺灣未爲中共所吞噬，中華民國仍屹立於世，且經濟成就傲人，並持續發展，至民國七十年代更已成爲新興工業國家之一，但先自六十年十月二十五日遭排擠被迫退出聯合國後，我國在國際社會的處境即日趨艱困，乃至於與日、美等國亦都斷交，祇能維持非正式的外交關係交往，對我國的衝擊甚大。所幸，我國的經濟，在旣已奠定的基礎上，仍不斷的成長茁壯，故雖已有相當長的時期，未獲得應有的尊重與公平待遇，惟不論是邦交國或非邦交國、先進工業化國家抑開發中國家，甚至於東歐及前蘇聯地區，莫不都對我國在經濟方面的優異表現頗爲重視，經濟逐爲我國猶能在詭詐的國際社會中立足、並與衆多國家維持實質關係的憑藉，事實是國際間的交往，經濟實力與軍事實力同爲基本的決定性因素，我國允應善爲珍重與繼續壯大經濟實力。

　　臺灣光復至民國八十四年已滿五十年，係由戰後一片殘破中重建與發展，最具關鍵性的期間在民國四十年代奠立基礎，民國五十年代迄七十年代中期的經濟逐迅速成長，其間，雖曾經歷一次嚴重水災及兩次世界性石油危機的重大阻挫，但是大致而言，在此約計三十五年間的發展相當順遂，各方面大多能圓滿充分的配合，尤其是政治穩定，社會秩序良好，爲吸引投資的兩大重要因素，國民總生產乃不斷的增加，國民所得隨之提高，臺灣逐爲一個相當繁榮富裕的地區。

　　惟至近十年來，臺灣已又有急遽的變化。其中，起於經濟因素而發生的蛻變，仍可藉經濟的手段逐步調整，不必深慮。祇是連年以來社會風氣的敗壞，勤勉奮發的精神不復可見，貪婪驕奢淫逸之風盛行，有太多的人想＂白吃午餐＂，不勞而獲，以至於先前稱爲豐裕勤奮、而依恃爲經濟迅速發展重要因素的人力資源，竟在人口增達二千一百餘萬之多時，尚不得不大量的引進外籍勞工，並有對大陸勞工的暗中非法僱用。同時，社會充斥著一片私利重於公益的現象，對整體及國家的利益則十分淡漠，此種情況且在迅速的蔓延。抑有進者，泛政治化的活動與紛擾，極為頻繁，聚眾脅迫，譁眾取寵，滋生事端，以致司法公然受到嚴重的破壞，公權力幾已蕩然，乃使諸多產業都曾蒙受可觀的損失，並有許多重要建設未能及時進行，對經濟自有重大戕傷；而在基本上言，仍屬絕大多數的善良民眾，雖祇期望繼續能過安居樂業的生活，卻是已不可得，每感無力而憂心忡忡。

破壞容易重建難，創業維艱，守成匪易，臺灣在光復後積四十年持續的努力經營，方有當今的相當成就，但臺灣畢竟是一個幅域不廣、資源有限的海島，乃為一淺碟式經濟，而既有的經濟實力亦仍不夠豐厚，不僅禁不起狂飆的摧殘，且尚待重振先前的齊心開創精神，繼往開來，尤須恢復社會秩序，以利經濟之更上層樓。為此，本稿特將較早期的經濟演進歷程及事實予以縷述，庶能有助於時人的了解與反省，國家幸甚！人民幸甚！

撰述人附言

一、本稿係承潘志奇教授之引介所撰述，並承審閱，更承行政院經濟建設委員會前主任委員葉萬安先生詳為審閱後，提出諸多指正及補充意見，均衷心感謝。惟稿中如有任何不妥或疏失之處，仍應皆由撰述人負責。又在撰述期間，承中歐貿易促進會前理事長曹嶽維先生諸多協助，併此致謝。

二、本稿完成於民國八十四年，是以〈緒論〉中所引述之若干數據，皆以八十二年資料為主，距本稿刊行已逾四年，惟對全稿並無影響，故未修改。

索　引

本書承蒙　中國技術服務社工程教育基金資助，謹誌謝忱。

中華民國經濟發展策略研究計畫執行委員會　謹誌

中華民國經濟發展策略叢書
光復前後的臺灣經濟

1998年7月初版　　　　　　　　　　　　　定價：新臺幣380元
有著作權・翻印必究
Printed in Taiwan.

主　　編	李	國	鼎
著　　者	袁	穎	生
執行編輯	鄭	秀	蓮
發 行 人	劉	國	瑞

出 版 者　聯經出版事業公司
臺北市忠孝東路四段５５５號
電　　話：23620308・27627429
發行所：台北縣汐止鎮大同路一段367號
發行電話：２６４１８６６１
郵政劃撥帳戶第０１００５５９-３號
郵撥電話：２６４１８６６２
印 刷 者　世和印製企業有限公司

行政院新聞局出版事業登記證局版臺業字第0130號

ISBN　957-08-1817-4(精裝)

國家圖書館出版品預行編目資料

光復前後的臺灣經濟 / 李國鼎主編 .
袁穎生著 . --初版 . --臺北市： 聯經，1998年
面；　公分 .（中華民國經濟發展策略叢書）
　　ISBN　957-08-1817-4(精裝)

Ⅰ . 經濟發展-臺灣

552.2832　　　　　　　　　　　　　87007936

【中華民國經濟發展策略叢書】
——李國鼎主編——

光復初期台灣通貨膨脹的分析
潘志奇著・定價120元

外匯貿易政策與貿易擴展
劉鳳文著・定價120元

農企業的發展
張研田著・定價180元

國際資金流入
葉學晳著・定價120元

工業區的開發
陳聖怡著・定價150元

改善投資環境
劉敏誠、左洪疇合著・定價150元

人口政策的形成與檢討
鎮天錫著・定價150元

人力政策的形成與實施
鎮天錫著・定價150元

運輸發展策略
趙捷謙著・定價180元

國際經濟技術合作
孫金生著・定價120元

加工出口區的創設
葛震歐著・定價120元

民營企業的發展
潘鋕甲著・定價150元

農業發展策略
熊中果著・定價200元

公營事業的發展
劉鳳文、左洪疇合著・定價180元

美援的應用
趙既昌著・定價200元

公用事業費率與資本形成
沙燕昌著・定價300元

我國經際發展策略總論(上、下)
李國鼎、陳木在合著・定價450元

光復前後的台灣經濟
袁穎生著・定價380元